U0903040

Multiculturalism in America: Theories and Practices

美国多元文化主义：理论与实践

王恩铭 著

上海外语教育出版社
外教社 SHANGHAI FOREIGN LANGUAGE EDUCATION PRESS

图书在版编目(CIP)数据

美国多元文化主义:理论与实践 / 王恩铭著.
— 上海:上海外语教育出版社, 2019
ISBN 978-7-5446-5973-4

Ⅰ.①美… Ⅱ.①王… Ⅲ.①多元文化–文化研究–美国
Ⅳ.①G171.22

中国版本图书馆CIP数据核字(2019)第156812号

出版发行:上海外语教育出版社
(上海外国语大学内) 邮编:200083
电 话:021-65425300(总机)
电子邮箱:bookinfo@sflep.com.cn
网 址:http://www.sflep.com
责任编辑:奚玲燕

印 刷:上海信老印刷厂
开 本:890×1240 1/32 印张 7.25 字数 200千字
版 次:2020 年 1月第 1版 2020 年 1月第 1次印刷
印 数:1 100 册

书 号:ISBN 978-7-5446-5973-4
定 价:25.00 元

目 录

前言

我对美国多元文化主义的兴趣萌生于20世纪八九十年代的留美经历。那时，我就对美国多种族、多族裔、多宗教、多文化的现象感到十分好奇。由于其他课题项目的干扰，我除了撰写了两篇有关美国多元文化主义的论文之外，一直没有足够的时间和精力专门研究此课题。

起先，在阅读国内学者撰写的有关美国多元文化主义的文章和论文后，我以为多元文化主义比较简单，没有深奥晦涩的理论，仅是一种政治议程和行动纲领。但是，自几年前正式开始研究此课题时，我才发现多元文化主义不仅有理论，而且它的理论还相当丰富和复杂。于是，我开始"老老实实""规规矩矩"地研读其理论文献。一本一本书啃下来之后，才慢慢对多元文化主义理论有了一点感觉。与此同时，我还阅读了大量有关多元文化主义政治行动的文献，了解多元文化主义如何具体在美国教育界的实施和争辩情况。于是，就有了本书的书名——《美国多元文化主义：理论与实践》。

关于多元文化主义理论，美国学术界出版了大量的著作。有从后现代主义角度探讨它的，有从解构主义视角研究它的，也有从话语权角度剖析它的。此外，还有从"承认政治""差异政治"和"平等政治"视角解释多元文化主义现象的。我在研读过程中，发现后者更实实在在、更具有解释力和说服力、更贴近多元文化主义精神。于是，我决定用“承认政治”“差异政治”和“平等政治”作为介绍和阐释美国多元文化主义的理论框架，用细读的方式，详细、清晰地分析和解读这三个政治理论概念。与此同时，我在阅读有关多元文化主义政治实践的基础上，对多元文化主义的政治行动计划给予充分的关注，力图通过对这些政治行动计划的讨论和解释，说明多元文化主义理论中的“承认政治”“差异政治”和“平等政治”与多元文化主义在教育界的政治行动计划的关系，以证明多元文化主义的理论不是“灰色”的，而是具体的、鲜活的。

作为一个对美国文化始终保持浓厚兴趣的人，我对美国多元文化主义也“情有独钟”。于是，我在这些年研究和思考的基础上，写下了下面的文字。如同任何做文字工作的人一样，我在写作过程中也从各种渠道获得了大量的帮助，其中最重要的就是本书中引用的著作之作者。此外，作为一个项目，本书在写作过程中获得了上海市教委的资助。为此，我谨向上述提及的作者们和上海市教委表示感谢。毋庸说，书中出现的任何不当或错误之处，责任由我自己承担。

王恩铭
上海外国语大学美国研究中心
2018年10月

第一章

承认政治
——多元文化主义理论（1）

作为一种思想理论或者说意识形态，多元文化主义思潮滥觞于20世纪80年代末，其中查尔斯·泰勒（Charles Taylor）1992年出版的《多元文化主义与“承认政治”》论著在该思潮中占据着举足轻重的地位。该论著发表后不久即被译成意大利语、法语和德语等多种文字，在学术界引起了强烈反响。学者们针对泰勒提出的“承认政治”观点展开了激烈的争论，在思想界和学术界掀起了一场文化大辩论。[①] 在反对和赞同多元文化主义两大阵营的“对峙”过程中，争辩焦点之一就是“承认政治”问题。它既涉及“承认政治”概念之理论内涵，又关乎“承认政治”所隐含的一系列政治和文化意义。显然，要理解和认识多元文化主义，首先有必要澄清“承认政治”这一政治理论问题。

---

① Charles Taylor and Amy Gutmann (ed.), *Multiculturalism: Examining the Politics of Recognition*, New Jersey: Princeton University Press, 1994, p.ix.

第一节　真实性、承认与认同

作为一名政治哲学家，泰勒倾向于社群主义理论，强调社会机构和政治体制在“形成个人认知观念和发展个人身份认同”方面的重要性。[①]基于这一思考和关切，泰勒在《多元文化主义与“承认政治”》这一论著中开宗明义地指出，在当今政治领域，社会各个群体开始对*承认*（recognition）表示出极大的兴趣，有时甚至明确要求*被承认*。泰勒指出，提出*承认*的人群，大多代表或来自社会少数弱势群体，如黑人和女性等，他们构成了当今西方政治舞台上的多元文化主义政治。[②]

泰勒指出，多元文化主义旗号下提出的*承认*问题，在社会弱势群体政治文化意识日益增强的形势下，显得愈益突显和急迫。因为这些社会少数群体清楚地认识到，*承认*与*身份认同*之间存在着密切的关系：只有确定了自己的身份，他们才可能明确自己是谁，了解自己作为人的最基本特性。[③]泰勒认为，社会成员的自我身份认同，相当一部分取决于社会*承认*他们与否。如果社会不*承认*或者*误认*，那么，不管是作为个人还是作为群体，人们都会因此受到损害。如果社会出于诋毁、羞辱乃至贬低之心，刻意把某个人或某群体描绘成可笑、可恶、可恨的形象，那么，不仅该个人或该群体的身份会遭到严重歪曲，而且他们的自我身份认同也会因此而变得扭曲。简言之，“不*承认*或*误认*会造成伤害，会构成压迫，会限制人们的生存空间，会扭曲他们的存在方式，会强迫他们生活在狭小遮蔽、虚假伪造的世界”[④]。

---

① http://www. ask. com/wiki/Charles_Taylor_(philosopher)?lang=en.

② Charles Taylor and Amy Gutmann (ed.), *Multiculturalism: Examining the Politics of Recognition*, New Jersey: Princeton University Press, 1994, p.25.

③ Ibid.

④ Ibid.

泰勒对*承认*与*身份认同*所做出的这个论断振聋发聩、令人深思，因为在他的论证中，主流社会对社会少数群体*承认*与否，不只是一般的“名份”问题，而是关乎其身份认同及与此相关的生存方式问题。换言之，缺少来自主流社会的*承认*，意味着社会少数群体失去*身份*，并因此而影响到自己的生存方式。泰勒的理论也许有点抽象，但只要略微具体考察一两个社会少数群体的情况，其论点之深刻便不言自明。仅以美国黑人和女性这两个社会群体为例。众所周知，在很长一段历史时期里，美国白人主流社会以贬低的方式向社会投射黑人形象，把他们描绘成智商低、喜欢玩、好吃懒做、不求上进、得过且过、饱食终日、无所事事、胸无大志的人群，有时甚至把他们描绘成热衷于感官刺激、纵情于性欲毒品、缺乏自尊自律、生性野蛮暴力、倾向于犯罪犯法的人群。一句话，黑人是白人眼中的“他者”，是低人一等的“非我族群”、是美国黑人作家拉尔夫·埃里森（Ralph Ellison）所说的“隐形人”（Invisible Man）。既然黑人是“他者”、是“非我族类”、是“隐形人”，那么，白人主流社会有什么必要*承认*他们呢？这里所说的*承认*，主要指政治和文化上的*承认*，即政治上不赋予黑人平等的公民地位，文化上否认黑人的生活方式。这种政治和文化上的不*承认*对黑人会造成什么影响呢？且不论其他方面，仅从泰勒有关*承认*与身份认同关系之视角来推论，我们就可以得出几点结论。首先，因为没有得到*承认*，黑人被剥夺平等的公民权利；其次，因为被剥夺平等的公民权利，黑人“名不正、言不顺”，无法确定自己的身份；第三，鉴于身份认同无法确定，黑人始终处于无身份状态，“隐身”于美国社会；第四，因为“隐身”于美国社会，黑人的生活方式与美国主流社会格格不入，被排斥在主流社会之外。于是乎，在遭受白人主流社会拒绝*承认*的情况下，黑人被迫“自绝于”主流社会，“生活在狭小遮蔽、虚假伪造的世界”。长此以往，大量黑人就此“认命”，按主流社会为他们设计的生活模式过日子，依主流社会为他们框定的思维模式思考和看待自己的命运。当然，相当多的黑人不甘于这种“无名无份”的生活方式，试图通过各种途径改变自己的命运。但是，当努力屡屡碰壁、斗争频频受挫后，他们开始丧失信心和希望，一步一步走上自暴自弃、“破罐破摔”、自惭形秽的道路，无形或无意中用自己“歪打正着”的行动，去“印证”白人为他们勾画出来的扭曲形象。这就是泰勒所说的不*承认*或*误认*所造成的结果。

相当程度上讲，美国女性也因被拒绝*承认*或被*误认*而和黑人一样经历不幸遭遇；只是黑人因肤色不同而沦落为“隐形人”，而女性则是因性别问题而被主流社会“打入另册”，“蜗居”于远离主流社会的狭小世界——家庭。略微考察一下美国女性的情况，我们便不难发现，如同黑人被白人主流社会拒绝*承认*一样，以白人男性为主体的主流社会长期以来也拒绝*承认*包括白人女性在内的女性。譬如，自父系家长制实行以来，女性在“男尊女卑”的权力结构和思维定式下，始终处于从属低下的地位。不管是从政治法律意义上讲，还是从社会经济角度上讲，抑或是从宗教信仰层面上讲，美国女性长期以来一直没有获得由白人男性主导的主流社会之*承认*。且不说殖民地早期和合众国初建阶段美国女性没有财产权和财产继承权，没有诉讼和被诉讼权，没有孩子监护权（如果离婚），没有参加陪审团的权利；仅就美国女性19世纪末20世纪初在政治、经济和教育等方面的权利而言，她们也始终没有摆脱被男性占主导地位的主流社会“晾在一边”的困境。从政治平等权来看，美国女性迟至1920年才获得政治选举权，迈出参政议政的第一步。从经济自立权来说，美国女性较大规模加入劳工大军，是第二次世界大战爆发后劳动力突然出现严重短缺，女性被要求“顶上去”之后才发生的事情。至于女性受高等教育的权利问题，那是20世纪七八十年代美国第二次女性主义浪潮冲击男性在高等教育构筑起来的性别“藩篱”后才带来的改观。上述有关美国女性在政治、经济和教育三方面的境遇表明，她们基本上都没有被主流社会作为平等群体*承认*。如果说有什么*承认*的话，主流社会仅是在社会劳动力出现不足的情况下，*承认*女性可以起到*替代*作用，或者在女性的强烈要求和推动下，被动*承认*女性可以部分享受一定程度的平等权。可以想象，在*承认*缺失的情况下，美国女性除了在“养儿育女”和“贤妻良母”等角色上寻找到自己的身份认同外，没有其他角色可供选择。于是乎，如同大多数黑人因没有被*承认*而沿着主流社会为他们“绘制”的“人生路线图”演绎自己的人生一样，大多数女性也按照主流社会为她们“撰写”的“生命全书”来寻觅自己的“终身事业”。根据泰勒的“承认政治”理论，正是因为主流社会拒绝*承认*女性的政治、经济和社会角色，导致美国女性自觉或不自觉地认同“贤妻良母”身份，并由此产生自卑感，确信自己除了完成“生儿育女”的使命之外，难以在其他方面有所作为。由于这种身份认同根深蒂固，相当多的女性即使在外部条件得到改善、性别“藩篱”被拆除之后，仍缺乏跳出“贤妻良母”角色的自信，导致其深陷身份认同误区而不能自拔。

根据他对*承认*与*身份认同*关系的分析，泰勒指出，不管对上述黑人和女性群体不*承认*还是*误认*，主流社会这样做的后果十分严重。它不只是表现出对少数群体缺少应有的尊重；更重要的是，它对这些少数群体熟视无睹、漠然处之的做法在他/她们的心灵深处留下了悲痛的创伤。[①]从轻处上讲，不*承认*或*误认*，使少数群体在没有确切身份认同的情况下，丧失自信，放弃努力；从重处上讲，不*承认*或*误认*会导致少数群体产生自怨、自怒、自恨，把因主流社会拒绝*承认*他/她们而产生的无奈和不满，迁怒于自己的群体，致使他/她们一方面不被主流社会*承认*，另一方面也不愿意*承认*自己归属的社会群体。其结果是，这些少数群体两头不着边，始终处于身份认同混淆不清的状态，恰如中文所说的“里外不是人”。正是在这个意义上，泰勒指出：“给予人们应有的*承认*，绝不仅仅是一个简单的对他人表示礼貌的问题，而是一个对所有人来说都是至关重要的本质需求。”[②]换言之，作为社会存在，人都需要获得*承认*；否则，他/她便因没被*承认*或*误认*而无法像社会其他成员那样存在，更无法像其他社会成员那样实现自己的人生意义。那么：*承认*与*身份认同*是怎么

① Charles Taylor and Amy Gutmann (ed.), *Multiculturalism: Examining the Politics of Recognition*, New Jersey: Princeton University Press, 1994, p.26.

② Ibid.

挂上钩的？两者之间是怎么互为关联的？为什么人们现在一提到*承认*就即刻联想起*身份认同*？人们早先持相同的看法吗？

根据泰勒的研究，两百多年前，*承认*与*身份认同*之间原先并不存在人们现在赋予它们的直接关联意义，即*承认*与否与*身份认同*并不存在必然关系。现在的问题是：是什么变化导致*承认*与*身份认同*呈现出互为关联，直至成为现代人眼中不可分离的一体？泰勒认为，两个变化促成了*承认*与*身份认同*走到一起，成为无法拆开的"一个硬币的两面"。第一个变化是社会等级制的坍塌，第二个变化是现代意义上的"尊严"概念的出现。①先讨论第一个变化。在泰勒看来，人类早期的社会等级森严，严格区分社会各个群体的等级，形成了严格的等级制，并在此基础上向社会高等级人群"封号"。需要指出的是，英语里"封号"一词用honor表述。此时的honor不是现代人所指的"荣誉""崇敬""光荣"，而是指"封号"之类的意思。显然，如果一个人要确保自己"封号"，那就意味着，他必须设法不让大多数人获得这种"封号"。否则，他的"封号"就没有多大意义，甚至没有存在的理由。正是在这个意义上，孟德斯鸠在描述君主制时使用了honor一词指涉它，旨在强调，君主从本质上讲是一种"封号"。孟德斯鸠进一步指出，鉴于"封号"稀缺，所以honor同时还是一种偏袒行为，或者说是一种优先权（特权）分配行为，即偏袒社会极少一部分人，给予他们优先权（特权）。②泰勒认为，"封号"稀缺，为社会极少数人所拥有，而就社会绝大多数芸芸众生而言，"封号"对他们来说是虚无缥缈、遥不可及的妄想。由此推论，既然芸芸众生们不可能获得"封号"，所以，他们也就没有争取"封号"以获得*承认*的需求和想法；同理，既然他们原本就没有这种*承认*，所以他们也就没有身份认同的"烦恼"。换言之，在人类早期阶段，

① Charles Taylor and Amy Gutmann (ed.), *Multiculturalism: Examining the Politics of Recognition*, New Jersey: Princeton University Press, 1994, p.26.

② 转引自 Charles Taylor and Amy Gutmann (ed.), *Multiculturalism: Examining the Politics of Recognition*, New Jersey: Princeton University Press, 1994, p.27.

普通百姓不是奴隶就是农奴或是其他类似没有自由身份的人群，所以他们根本不存在*承认*问题，即不存在被社会*承认*为平等一员的问题。如果说是被*承认*的话，那也是被*承认*为低人一等。

第二个变化是与“封号”相关的另一个概念，即现代意义上的“尊严”一词的出现。泰勒认为，“封号”在其盛行时代是一种稀缺荣誉，为社会极少数人拥有，无法普及，所以，由“封号”带来的尊严只能由社会极少一部分人享受。但是，人类进入现代文明社会后，建立在自由和平等理念基础之上的共和民主制赋予每个社会成员公民权，于是就出现了现代意义上的“尊严”一词。[①]与两百多年前的观念不同，现代民主观念认为，所有共和国公民都“生而平等”，具有与生俱来的“人的尊严”，或曰“公民尊严”，其核心精神就是：无论家境出身或者社会地位如何，人们在公民平等权及由此衍生的人的尊严等问题上是平等一致的。显而易见，现代社会里，早期的“封号”概念已荡然无存，代之而起的是现代意义上的“尊严”，即作为公民所有人都享有的人的尊严。[②]泰勒指出，之所以出现“公民尊严”这一概念，其根本原因在于现代社会所实行的民主制。[③]换言之，只有民主制才使得现代意义上的尊严成为可能，也只有民主制才可能导致早期的“封号”概念被现代的“尊严”概念所替代。由此进一步推论，泰勒指出，既然民主制度确保所有人的“公民尊严”，那么，它就意味着有必要从形式上确认这种民主平等理念，借助平等*承认*之形式来体现民主精神。由此，泰勒引出了*承认*与“公民尊严”和民主精神之间密不可分的关系，并认为“这种平等*承认*不仅与民主文化息息相关，而且对其至关重要”[④]。

---

① 转引自 Charles Taylor and Amy Gutmann (ed.), *Multiculturalism: Examining the Politics of Recognition*, New Jersey: Princeton University Press, 1994, p.27.

② Peter Berger, “On the obsolescence of the concept of honor”, in Stanley Hauerwas, et al. (ed.), *Revisions: Changing Perspectives in Moral Philosophy*, Indiana: University of Notre Dame Press, 1983, pp.172–181.

③ Charles Taylor and Amy Gutmann (ed.), *Multiculturalism: Examining the Politics of Recognition*, New Jersey: Princeton University Press, 1994, p.27.

④ Ibid.

有关这一点，我们也许可以比较一下早期和现代社会人们之间的不同称谓，从它们的变化中找到答案。举例来说，早期社会，所谓的“下等人”必须用“大人”“阁下”“伯爵”之类的称谓称呼所谓的“上等人”，而“上等人”则以他人的名或姓称呼“下等人”，以显示等级差别。现代社会，除了君主制国家在很小范围内仍使用这类称谓外，一般场合下，人们相互之间都以“先生”（Mr.）或“女士”（Ms.）相称，不分身份地位，也不论财富多寡，以彰显平等精神。简言之，现代民主社会引入了人人平等理念及与此相关的平等*承认*观念后，不同社会群体尤其是社会弱势群体的平等意识不断增强。随着时间变迁，这种平等意识逐渐转换成要求主流社会给予他/她们平等*承认*的政治诉求，在政治、法律、经济和社会等方面获得平等。

泰勒认为，在西方，民主社会的*承认*对社会成员重要性之认识有一个演进过程，其中比较重要的一点是西方人18世纪末对个人身份的新理解。根据泰勒的解释，所谓“个人身份”，指的是个人化的身份；它有别于其他人的个人身份，是一个特定人所具有的特定身份，只能在自己身上找到。泰勒认为，这种新认识主要源于当时西方人所追求的一种理想，即人活着要活出自己的本真、要体现出自己特有的存在方式。[①]在这一点上，泰勒的观点与20世纪上半叶傲立美国文坛的大文豪莱昂纳尔·特里林（Lionel Trilling）之说法有异曲同工之妙。在其《真诚与真实性》一书中，特里林从道德观演进角度，讨论了西方人如何从追求真诚转向追求真实性（authenticity），直至进入现代社会后把真实性看做是人类道德生活的核心内容。[②]受特里林的启发，泰勒认为，西方人对*承认*的理解也有一个逐步认识和深化的过程。为此，泰勒追根溯源，在其《承认政治》论著中对它做了详尽的梳理，以做到正本清源，还其原貌。

---

① Charles Taylor and Amy Gutmann (ed.), *Multiculturalism: Examining the Politics of Recognition*, New Jersey: Princeton University Press, 1994, p.28.

② Lionel Trilling, *Sincerity and Authenticity*, New York: Norton, 1969, pp.32–35.

泰勒认为，如同特里林阐释真实性时先考察其渊源和含义演变过程一样，我们对*承认*的认识也必须先考察其渊源及其意义嬗变过程。作为切入点，泰勒认为可以从18世纪入手，先了解一下当时西方人的道德观。根据泰勒的分析，西方长期以来盛行两种道德观：一种基于个人冷酷性精致思考，另一种基于神学思想观思考。所谓“冷酷性精致思考”，指的是排除个人内心感受的道德是非标准。所谓“神学思想观”，指的是以神学惩奖观判断是非曲直。凡上帝认可的，就是“是”；凡上帝否定的，即是“非”。然而，不管是基于个人的冷酷性精致思考，还是基于神学思想观的思考，它们都把个人感受剔除在外。然而，18世纪，西方人的道德观发生变化。他们不再唯上帝的是非标准马首是瞻，也不再相信冷酷性精致思考会提供可靠的道德标准，而是认为人的道德观与生俱来，根于本能。泰勒认为，这个时期西方人提出的本能道德观，是对当时道德观的反抗，旨在强调人的心底本能感受在道德是非判断上的作用。简言之，道德是非评判“并不是一种冷冰麻木、无须心灵感受的精致思考，而是一种根系于人们心底的内心感受，即某种意义上讲，人们可以在自己内心中听到道德的呼唤之声”①。泰勒认为，这种来自内心深处的道德感十分重要，因为它告诉人们做什么事情是正确的，做什么事情是错误的。如果一个人能够始终倾听自己内心深处的道德呼唤，那么，他/她就可以借助这个道德“风向标”行事，在这个世界上行善积德。

需要指出的是，这里所指的“内心深处的道德呼唤”并不排斥上帝或者上帝的理念（the Idea of God）；恰恰相反，它仍然把上帝或上帝的理念看做是人类实现其最高价值必不可少的道德支撑。泰勒指出，借助内心深处之声与上帝或上帝的理念保持畅通，人类不仅可以如圣奥古斯丁（Saint Augustine）所说的那样，通过自我觉醒之路踏上通往上帝之道，而且还可以使自己始终沐浴

① Charles Taylor and Amy Gutmann (ed.), *Multiculturalism: Examining the Politics of Recognition*, New Jersey: Princeton University Press, 1994, p.28.

在上帝的恩泽之下。在泰勒看来，人的自我内心深处道德呼唤的“发现”，对个人自我觉醒十分重要。这主要表现在两个方面。第一，人一旦确信他/她可以在自己内心深处寻找到道德呼唤之后，他/她就信心十足地告诉自己：道德不是来自外部强加给自己的一套东西，而是源于每个人内心深处的呼唤，具有其特色鲜明的主体性。这标志着人的自我意识朝前迈出了重要一步。[①]第二，既然人们是在自己内心深处而不是外者强加之处寻找到道德呼唤，那它无疑具有更高、更纯的真实性，“使自己更接近本真的自我，最大限度地完善自己”。泰勒认为，这一认识对人的自我认识意义重大，因为它意味着“现代文化中主体性的巨大转折”[②]，意味着自我身份认同的觉醒。

西方历史上，有关从自我内心深处寻找道德呼唤之说，并非一蹴而就，而是早就有之。远的不说，仅以法国哲学家让—雅克·卢梭为例。在其大量的作品中，卢梭时常涉及道德主题，其中《忏悔录》和《一个孤独漫步者的遐想》最具代表性。在这两部集中体现其道德观的著作中，卢梭反复指出，所谓道德问题，从本质上讲，是一个人听从其内心深处自然之声（Voice of Nature）的问题。[③]这种见解与前述“从内心深处寻找道德呼唤”一脉相承，强调了人的道德观念源于自己内心之感的观点。值得深思的是，卢梭在总结人类经验，尤其是其自身坎坷经历后，不无“忏悔”又“醒悟”地指出，现实世界中的人们，常常并不遵从自己内心深处的道德呼唤之声。不是由于自身修炼不够，就是由于抵御不住外面精彩世界的诱惑，人们不时发现，来自自己内心深处的道德呼唤之声被社会各种各样的喧嚣声淹没，导致自己的道德航标失去方向。为此，卢梭在深刻的自我反思之后提出，人们若要获得拯救，实现自我的真实性，

① Charles Taylor and Amy Gutmann (ed.), *Multiculturalism: Examining the Politics of Recognition*, New Jersey: Princeton University Press, 1994, p.28.

② Ibid., pp.28—29.

③ http://baike. baidu. com/view/888578. htm;http://baike. baidu. com/subview/87176/10508561. htm.

其唯一途径，就是恢复与自己内心深处道德呼唤的联系。[①]这里值得关注的最起码有两点。第一，卢梭把“拯救”与“实现自我的真实性”相提并论，旨在说明，所谓“拯救”就是“实现自我的真实性”；反之亦然。第二，“实现自我的真实性”的路径，就是“恢复与自己内心深处道德呼唤的联系”；除此之外，别无他途。泰勒通过对卢梭道德观的论述，意在指出对于人的真实性问题，西方哲人早有过十分明确的论述。如果说卢梭所说的人的真实性问题就是当代西方社会所说的人的身份认同问题（试问，一个人没有身份认同，他/她如何寻找或体现出自己的真实性？），那么，当代西方人所提出的与*承认*相关的身份认同问题，应该说是一个由来已久的历史问题。它实际上并不局限于社会少数群体；主流社会也与此相关。

尽管卢梭在人的真实性问题上提出了一些真知灼见，但他有关真实性的论述并没有直接阐述真实性与主体性之间的内在联系，更没有深刻地说明真实性与个体之间的差异（difference）问题。这两点与当今的多元文化主义存在着密切的关系，所以有必要进行进一步阐述。根据泰勒的研究，18世纪末之前，西方学者中鲜有人详细地阐述每个人有必要确定自己独特存在的论述。卢梭在论述人的拯救和真实性时虽然谈及了这一点，但并没有展开，也没有明确化。泰勒认为，真正清晰论述这个问题的是德国哲学家、神学家和诗人约翰·赫尔德（Johann Herder）。泰勒指出，尽管“赫尔德也不是真实性理想（the Ideal of Authenticity）的首创者，但他绝对是该观点的主要阐释者和阐述者”。因为赫尔德以浅显但明晰的语言提出，人类社会中，所有人都有自己的一套新颖独特（original）的生存方式，并对自己的生活方式有自己的衡量尺度（measure）。[②]这里的“新颖独特”和“衡量尺度”是关键。所谓“新颖独特”，是指每个人的生活方式都很独特，互不相同。这为多元文化主义所提倡的多元性、

① Charles Taylor and Amy Gutmann (ed.), *Multiculturalism: Examining the Politics of Recognition*, New Jersey: Princeton University Press, 1994, p.29.

② Ibid., p.30.

多样性和差异性提供了强大的理论依据。所谓的“衡量尺度”，是指每个人或每个群体对自己的生存方式，心中都有一杆秤；孰好孰坏，自有标准，不用他人来指手画脚、说三道四，更不允许他人来批评干涉、贬低讥讽。这与多元文化主义所主张的每个文化都有其自身价值、都有其存在理由、都有其自身判断准则之论点一脉相承，为多元文化主义者提供了重要的思想武器。正是在这两个意义上，泰勒认为，赫尔德的观点意义重大，因为他独辟蹊径，从道德高度提出了先人从未提出过的有关人类差异的重要意义，即差异涉及人的生存方式、涉及人的自我界定、涉及人的价值观念。作为哲学家，泰勒以朴实而又浅显的语言表述了赫尔德的这一重要观点："每个人都有其独特生存方式；我们的心灵呼唤我们去这样生存，而不是模仿他人的生活方式。这一观点为真实性赋予了新的重要性：如果一个人不做真实之人，那么，他/她就会失去人生意义；如果失去自己的真实性，那么，他/她就会失去其做人之目的。”[①]

泰勒认为，赫尔德的这一思想不仅深深地嵌入了现代西方人的思想意识，而且以其强大的道德力量影响着当今西方人的认知方式和道德反思。泰勒认为，赫尔德的高明之处，就在于他为感知自我内心、为倾听自我内心呼唤赋予道德意义[②]，使个人内心深处的道德呼唤上升到人的存在和人的真实性之道德问题。前面曾提及，卢梭也曾论述过内心深处的道德呼唤问题，并特别指出，人们因抵挡不住外界喧嚣声的干扰，其内心深处的道德呼唤就此常常被淹没。进入现当代社会后，人无疑面临更多、更大、更强的侵扰，其内心深处道德呼唤之声因此而变得愈益微弱无力，几乎处于濒临消失的地步。粗略分析一下的话，造成这种情况的原因不外乎两个，一个是外因，另一个是内因。所谓“外因”，是指现当代社会里，人们大多难以或无法摆脱外部世界强迫人们遵从和仿效的各种“条规”，致使

① Charles Taylor and Amy Gutmann (ed.), *Multiculturalism: Examining the Politics of Recognition*, New Jersey: Princeton University Press, 1994, p.30.

② Ibid.

生活在这个喧嚣世界的个人，无法静下心来倾听自己内心的道德呼唤，或者即使倾听到了内心的道德呼唤，也无法无视外部世界的压力，把内心呼唤付诸实际行动。所谓“内因”，指的是生活在功利主义弥漫于世的社会里，人们有意或无意地把社会大肆宣扬的功利主义价值观内化于心，用工具理性代替价值理性，无心顾及或不再理会来自内心深处的道德呼唤。无论是源于“外因”还是“内因”，其结果是一样的，即人们与自己内心深处的道德呼唤“失联”，在失去道德准绳的情况下“混迹于世”，以扭曲的身份打发一生，使生命真实性荡然无存。

从这个角度来思考的话，泰勒推崇赫尔德观点之原因也就不难理解了。这是因为，赫尔德有关每个人都有自己新颖独特的存在方式及这种存在方式源于自己内心深处的道德呼唤之论述试图告诉人们：生活在这个世界上的人，其内心深处都有极富个性特色的声音在呼唤，叙述自己的“故事”，倾诉自己的诉求，发出自己的“呐喊”——所有这一切，构成了人们的真实性，即自己的身份。如果我们承认和接受这一观点的话，那意味着：“我们不仅不应该按外部世界强加于我们的生活模式存在，而且要坚信不疑，除了遵从自己内心深处发出的呼唤生存之外，别无他途——因为每个人的生存模式只能在自己的内心深处寻找到”，旁人无法替代，否则他/她就将失去自己的本真，进而失去自己的身份。[①]正是在这个意义上，泰勒指出，“忠实于自己的本真，意味着忠实于自己的新颖独特、意味着坚守自己的与众不同”。此外，鉴于这种本真只有靠自己去发现、靠自己去阐明，所以，在自我发现和自我阐明过程中，人也在同时确定自己的身份、界定自己的本真、了解自己的潜力、实现自己的“定位”。泰勒认为，赫尔德的这些见解“构成了现当代人理解人的真实性及人的自我满足和自我实现的思想背景”，为理解当今社会不同文化群体的“诉求”（内心呼唤）和身份认同（真实性）提供了有

---

① Charles Taylor and Amy Gutmann (ed.), *Multiculturalism: Examining the Politics of Recognition*, New Jersey: Princeton University Press, 1994, p.30.

力的思想资源。为此，泰勒强调指出，赫尔德的真实性概念具有两层意义，一是个人层面上的，二是群体层面上的[①]，即不仅个人而且群体都涉及内心呼唤和身份认同的问题。于个人而言，那就是要通过倾听内心呼唤来确定自己的身份；于群体而言，那就意味着借助族群的呐喊来明确自己的族群身份。从这个意义上讲，多元文化主义的实质，就是包括个人和族群在内的身份认同问题，即通过寻找、发现和表现真实的自我及其所归属的族群，来确立身份认同。

不过，在正式讨论多元文化问题前，泰勒认为有必要说明，上述讨论的真实性问题，如同尊严一样，是等级制社会衰落的产物。众所周知，在人类早期等级制社会，一个人的身份（那时，人们尚未用该词来表达此意）主要由其社会地位决定，即在确定自己在社会中是否重要时，主要看自己在社会中所处的地位及与此地位相匹配的社会角色。简言之，在等级制社会，人们得到的*承认*程度与其社会地位呈正比例关系：地位越高，*承认*度越高；地位越低，*承认*程度越低。民主社会诞生之后，等级制不再盛行，等级观念也随之逐渐淡化。然而，民主制本身并不意味着消除等级制现象，更不意味着等级观念就此消失，因为人们仍以自己的社会角色为自己“定位”。这意味着，人们对自己身份的确认，仍摆脱不了他们的社会角色/身份。所以，现在的问题是，如果民主制也没有改变人们以等级方式来确定人们社会身份的话，什么才可能成为身份定位的决定性因素呢？在泰勒看来，真正改变人们以社会角色/身份来确定自己身份的，是前面谈及的“真实性理想”，“因为真实性理想号召人们去寻找和发现自己新颖独特的存在方式”[②]。以此推论，既然每个人的存在方式自己独有，那就意味着它必须产生于自己本身，而不是由自本人之外的力量来提供。毕竟，每个人的存在方式和存在意义都必须由自己来确定，而帮助自己来确定这两点的最重要因素无疑是

---

① Charles Taylor and Amy Gutmann (ed.), *Multiculturalism: Examining the Politics of Recognition*, New Jersey: Princeton University Press, 1994, p.31.

② Ibid.

自己内心深处的道德呼唤。

然而，实际生活中人们不可能在自我本身内产生自己的身份。这是因为，作为社会人，其身份都是与他人相对而言而产生的，都是以他人为参照物而存在的。从这个意义上讲，任何人的身份就是其社会存在标识；如果人不存在于社会，那么，他/她也就不存在身份问题了。可见，人的身份离不开社会。鉴于人的身份需要以语言形式表述出来，所以，人的身份形成过程也就是人们的语言习得过程，即通过语言习得和语言表述来确定和确立自己的身份。想象一下，生活在社会中的人，如果不能用语言来交流和表达的话，那么，他/她怎么可能知道自己是谁？怎么知道如何表述自己的身份？显然，人们只有通过语言交流和语言表达来得知和明确自己的身份。需要指出的是，这里所谓的“语言交流”和“语言表达”之对象，指的是与乔治·赫伯特·米德（George Herbert Mead）所说的那些“有意义的他者”（significant others）[①]，即那些与我们相关的人，而不是随意的任何人。因为只有那些“有意义的他者”才可能有助于我们明确自己的身份；而那些与我们无关者，与我们的身份确定大多无关。此外，人们学习和掌握语言，并不仅仅是为了日常生活交流或达到自己的某种目的。泰勒在讨论语言与身份关系时指出，人们掌握了语言后，可以用它来形成自己的意见，表达自己的观点，阐述自己的立场。更重要的是，运用语言交流时，人们与那些“有意义的他者”互相对话，并在互相对话甚至争辩中，让对方了解自己的观点和立场，确立自己的身份。[②]泰勒的上述观点可以解读为：语言对话过程就是人们的自我认识过程和被他人认识的过程，而这两个认识过程本身也就是人们身份的塑造和确定过程。根据巴赫金（Mikhail Bakhtin）的论述，这种对话贯穿于人的一生；舍此，人

① George Herbert Mead, *Mind, Self, and Society*, Chicago: University of Chicago Press, 1934, p.4.

② Charles Taylor and Amy Gutmann (ed.), *Multiculturalism: Examining the Politics of Recognition*, New Jersey: Princeton University Press, 1994, pp.32—33.

的身份就无从谈起。[①]

在论证了语言对话与身份确立之间的关系后，泰勒进而指出，既然人们的身份不可能在孤立的环境下产生，而只能通过与外部和内心的“对话”才能形成，那么它就意味着，任何一个人的身份之确立都离不开其对外界的依赖。从历史上看，这种依赖可以说是历来如此，因为所谓“人的社会身份”，从本质上讲，就是指源于社会的一种身份。根据泰勒的研究，早期等级制社会里，只有极小部分人拥有“封号”，因而具有身份，绝大多数人被归入“乌合之众”之列，没有身份可谈。所以，那个时候，不存在*承认*问题。人们那个时候不谈论“身份”和“承认”问题，并不是因为他们没有“身份”或者不依赖*承认*，而是因为“身份和*承认*在那个时候还根本算不上是什么重大问题，需要人们认真对待”[②]。进入现代民主社会后，情况发生变化。这是因为，民主社会原则上否定等级制之后，公民尊严和全民*承认*（Universal Recognition）便自然而然地成为题中之义，西方社会于是首次出现了对*承认*的需求和呼唤，开始把*承认*看做是社会健康的标志和社会道德理论的源泉。[③]

在追溯和考察了西方社会从等级制向民主制的转向之后，泰勒指出，在当今西方社会，*承认*之重要性已深入人心、广受认同，没有任何人会怀疑它对个人和社会的重要意义。譬如，从个人层面上讲，现代人都十分清楚，我们是如何通过与那些“有意义的他者”之接触和对话，来形成（或扭曲）我们的身份。从社会层面上讲，现代人也同样明白，各个社会群体是如何通过相互之间的接触、对话和博弈，来形成和塑造各自的社会和文化身份。泰勒指出，不管是从个人层面上讲，还是从社会层面上讲，两个层面的接触和对话过程都深受真实性理想的影响，其中*承认*对真

① M. M. Bakhtin, trans. by Caryl Emerson, *Problems of Dostoyevsky's Politics*, Minneapolis: University of Minnesota Press, 1984, p.16.

② Charles Taylor and Amy Gutmann (ed.), *Multiculturalism: Examining the Politics of Recognition*, New Jersey: Princeton University Press, 1994, p.31.

③ Ibid., pp.35–36.

实性理想产生的文化观念起了决定性作用。[1]泰勒所说的两个影响——真实性对两个层面对话的影响和*承认*对真实性理想观念的影响，对理解他的*承认*政治及建立在此基础上的多元文化主义至关重要，值得进一步探讨。

先讨论个人层面的影响。泰勒指出，社会上任何一个人，一方面需要那些“有意义的他者”的*承认*来确定他/她的身份，另一方面，他/她是否得到*承认*及获得多大程度的*承认*又受那些“有意义的他者”的影响。[2]简言之，如果那些“有意义的他者”给予*承认*，他/她就有了身份；如果拒绝给予*承认*，他/她就没有身份；如果给予高度*承认*，他/她的身份就高；如果仅给予低度*承认*，他/她的身份就低。可见，依据泰勒的逻辑推论，人有无身份及身份高低，取决于“那些有意义的他者”是否给予*承认*及给予什么程度的*承认*。以赫尔德定义的真实性文化来观之，显然，一个人与那些“有意义的他者”之关系就成了他/她自我发现、自我确认、自我界定、自我确定的关键核心。换句话说，作为一个社会成员，个人本身是无法完全为自己确定身份的，因为它取决于那些“有意义的他者”的*承认*与否及*承认*多少。毕竟，产生于自己内心的身份认同，需要通过与外部社会那些“有意义的他者”的“对话”关系得到*承认*。可见，这种“对话”关系对人们在内心深处塑造自己身份至关重要。以此观照美国那些未被那些“有意义的他者”*承认*或被那些“有意义的他者”*误认*的人，如黑人、女性或者同性恋者，我们就可以理解，为什么他们自认为是不具身份认同或身份认同出现偏差的人。这实际上就是泰勒推论出其多元文化主义理论的出发点。

再来看看社会层面的影响。相对于个人层面的影响，社会层面因那些“有意义的他者”是否*承认*及*承认*程度所起的作用，其影响

---

① Charles Taylor and Amy Gutmann (ed.), *Multiculturalism: Examining the Politics of Recognition*, New Jersey: Princeton University Press, 1994, p.36.

② Ibid.

和重要性要大得多。原因很简单。如果一个少数群体不被那些“有意义的他者”（如主流社会）*承认*或被*误认*，那么，这将涉及一大批人群，其造成的伤害无疑会更大。上面提及，身份是在公共领域与那些“有意义的他者”的“对话”中形成和确定的，个人与群体皆然。与个人争取*承认*不同，群体争取*承认*涉及更多的政治斗争。更重要的是，对生活在现代社会的人来说，如果他/她所属的社会群体被主流社会拒绝*承认*或有意*误认*，那就意味着该社会群体没有或被剥夺了社会身份。设想一下，在美国这样多种族、多族裔、多宗教、多文化的社会，社会文化群体如果不能得到一视同仁的平等*承认*，它必然会对这一群体造成伤害，使他/他们在身份认同缺失的情况下，寄人篱下于那些“有意义的他者”的社会里。从小处着眼，这样做不利于民主社会机体的健康成长；从大处着眼，这样做会造成社会不和谐甚至严重冲突，导致民主制度削弱，社会秩序不稳。就美国而言，不管是黑人还是女性，长期以来，他/她们不是被迫变成“隐形人”就是沦落到低人一等的地位，致使他/她们像“黑户”一样，“无身份”地生活在美国。根据泰勒的承认政治理论，造成他/她们这种困境的根本原因，就在于他/她们没有得到那些“有意义的他者”（如主流社会）的平等*承认*。这实际上就是泰勒提出承认政治及建立在此基础上的多元文化主义的落脚点。

第二节　平等承认政治与差异政治原则

在考察和论证了*承认*在个人与社会两个层面上的影响之后，泰勒在其经典论著《承认政治》的第二部分，开始着重讨论社会公共领域里平等承认政治的重要性、意义及其作用等。泰勒指出，在西方民主社会，随着少数社会群体的民族认同意识日益觉醒和加深，随着西方社会越来越走向多元化，平等承认政治越来越受到关注和重视，在重塑西方人的价值观方面发挥着越来越重要的作用。[①]鉴于这些原因，泰勒认为，平等承认政治为从理论上理解和解决当今西方社会日益凸显的文化群体（身份）认同问题提供了一个有益视角和有效路径。

在论述平等承认政治前，泰勒认为有必要先澄清一下与它相关的两大变化。第一个变化是西方人平等观念的变化，即从“封号”到尊严的转变；第二个变化是西方现代社会出现了（身份）认同观念。先看第一个变化。泰勒指出，西方社会观念上从“封号”转变为尊严后，出现了他所称做的“普世主义政治”（Politics of Universalism），其核心是强调所有公民享有平等尊严，其内涵是强调所有公民享有平等权利和权益。[②]具体而言，“普世主义政治”主张平等精神挂帅，尽一切可能避免一等公民和二等公民之类的区别，确保民主社会的所有公民有尊严地生活。然而，泰勒指出，尽管民主社会高举平等大旗，现实生活情况并没有也不可能完全如平等原则所宣称的那样，确保所有公民有尊严地生活。譬如，在包括美国在内的西方社会，总有一部分人或在政治权力上“高人一等”，或在社会经济地位上“高人一等”。与此同时，数量可观的一部分社会弱势群体，则因社会体制不公而被主流社会排挤和遗忘，政治上被边缘化，社会上受人歧视，经济上受穷困折磨，教育上没机会接受高等教育，文化上遭冷落和嘲笑。总之，作为社会弱势群体，他/她们无法享受民主社会向其他社会群体提供的各种资源。于是就出现了这样一个问题：既然民主社会旨在确保所有公民有尊严地生活，而社会弱势群体又因政治、经济、社会、文化和教育资源被剥夺而难以或者无法有尊严地生活，那么，民主社会对这些社会弱势群体应该做些什么呢？显然，如果要使平等原则在这些社会弱势群体身上

① Charles Taylor and Amy Gutmann (ed.), *Multiculturalism: Examining the Politics of Recognition*, New Jersey: Princeton University Press, 1994, p.37.

② Ibid.

体现的话，社会必须采取一定的措施，减弱乃至消除阻止他/她们享受平等权利的各种障碍，让他/她们如同其他社会群体一样，有尊严地生活。泰勒强调指出，鉴于公民一律平等原则在当今西方社会已被普遍接受和认同[①]，应该说，实现所有社会文化群体的平等，已有了稳固的思想基础。由此推论，平等原则实际上就是泰勒提出实行多元文化主义的思想前提。

泰勒所说的第二个变化，指的是现代社会出现的（身份）认同观念。泰勒指出，（身份）认同观念出现后，引出了“差异政治”（the Politics of Difference）概念。[②]两者既互相联系，但又有区别，以致经常造成误解。这是因为，每一个社会文化群体基于各自的历史文化传统都会自然而然地产生各自的（身份）认同，从而在不同社会文化群体之间形成程度不一的差异。但是，认同观念本身并不等于差异政治；前者是文化上对自己的界定，后者是政治上对自己文化身份平等认同的诉求。确定了这两者的关系后，泰勒对差异政治展开论述，指出在任何一个文明社会，所有公民的独特（身份）认同都应获得*承认*。[③]这里的关键是“独特（身份）认同”，即与主流社会不一致的（身份）认同。譬如，作为一个华裔美国人，他/她的文化身份认同可能倾向于中国人，而他/她的政治身份认同是美国人。对类同于华裔美国人的人群，美国主流社会长期以来不予*承认*，把他们当做另类看待。19世纪末席卷美国西海岸的排华浪潮，可以说是这种拒绝*承认*华裔美国人的最典型表现。根据白人主流社会的思维逻辑，华裔美国人必须首先放弃中国人的（身份）认同，不仅在政治上认同美国主流观念，而且必须在文化上同化于白人主流文化，即熔化于美国的“大熔炉”（the Melting Pot），实现所谓的“美国化”（Americanization）。显然，这是一种一元文化主义观点，以牺

① Charles Taylor and Amy Gutmann (ed.), *Multiculturalism: Examining the Politics of Recognition*, New Jersey: Princeton University Press, 1994, p.38.

② Ibid.

③ Ibid.

性和抹杀其他文化为代价而形成的一元文化社会。

那么，到底应该如何从理论上解决少数社会文化群体政治上认同美国主流社会的价值和信条，文化上认同自己群体（可以是基于肤色的群体，如黑人；可以是基于性别的群体，如女性；也可以是基于相同性取向的群体，如同性恋等）的价值观念、风俗习惯和生活方式等？为此，泰勒引出了两个理论概念，并以此为出发点，阐述其多元文化主义的理论基础。第一个观点是前面提及的“平等尊严政治”（the Politics of Equal Dignity）；第二个观点为本节前述“差异政治”。泰勒认为，“平等尊严政治”旨在解决普世性的价值理念，即民主社会里的所有成员，都有权利获得和享受同等程度的尊严，无人有权力剥夺或否定这种尊严，此为“平等尊严”。泰勒形象地把它比喻成“一个相同的篮子，里面放着公民的基本权利、权益以及各种豁免权”。根据泰勒的说法，社会所有成员拥有这个相同篮子之事实，构成了全民性（普世性）的价值认同。此为“相同性”“一致性”。第二个观点与此不同，它强调差异性，其核心观点可以概述如下：在所有公民都享有“平等尊严”的基础上，社会应该*承认*每个社会成员或每个社会群体不同于他人或其他群体的独特身份认同。泰勒为此强调指出，在像美国这样的多元文化社会里，少数社会文化群体需要的是*承认*他/她们这种有别于“他者”的独特性和差异性，而包括美国在内的西方社会长期以来所欠缺的，“恰恰就是对这种独特性和差异性的忽略和遮蔽”，或者更糟糕的是，“试图把他/她们同化于主流或多数文化身份认同”。在泰勒看来，所有这一切与前述真实性理想背道而驰，是“该理想的头号元凶”①。理由很简单，否定或不*承认*不同社会文化群体的差异性，等同于否定或不*承认*他/她们的真实性。同样，强行将这些不同社会文化群体同化于主流社会文化，等于抹杀或者否定他/她的真实性，迫使他/她们放弃自己的本真，接受与自己本真不同乃至相反的身份认同。

---

① Charles Taylor and Amy Gutmann (ed.), *Multiculturalism: Examining the Politics of Recognition*, New Jersey: Princeton University Press, 1994, p.38.

显然，泰勒提出的这两个观念中，前一个观念即普遍平等原则（即“平等尊严政治”），是第二个观念——差异平等原则（即“差异政治”）的先决条件；前一条缺失的话，后一条便无法存在。于是，这里就引出了一个貌似矛盾的两难困境：既要遵守普遍平等原则，又要尊重差异平等原则。普遍平等原则与差异平等原则如何兼容？如何相处？如何融合？为此，泰勒提出了一条路径：差异政治本身严厉谴责主流社会对任何社会弱势群体的歧视，并坚决拒绝基于任何理由的二等公民概念。泰勒认为，差异政治的这一观点和立场，自然而然地把全民平等原则引入进“尊严政治”（Politics of Dignity），因为“尊严政治”要求社会对所有公民一视同仁，赋予每个人平等地位（即全面平等原则），而全面平等原则进一步要求所有公民，无论是个人还是群体，都得到平等的尊严，不管他/她们的差异有多大。简言之，既然社会所有成员都应该享受“尊严”，这种“尊严”当然应该包括他/她们保持和守护他/她们独特文化身份的“尊严”。用泰勒的话来表述就是：“我们通过*承认*每个人或每个群体的独特性和差异性”，来体现“普遍平等原则”，即普遍要求平等尊严的需求，为*承认*独特和差异提供了道德力量。①

那么，是什么促使了差异政治观念的产生呢？泰勒认为，追根溯源的话，差异政治是全民（普遍）尊严政治（the Politics of Universal Dignity）“有机体的自然衍生物”②，其逻辑推论如下：既然实行全民（普遍）尊严政治，那自然意味着，所有个人和群体，不管他/她们与主流社会文化存在多大差异，都值得且应该得到相同程度的尊严。需要指出的是，泰勒把（文化）差异问题提高到政治的角度来理解，就如他把承认问题提高到政治角度来解释一样。这意味着：1）差异和承认，在他论述的语境里，是一个原则性问题，涉及“差异群体”是否得到承认的政治权利问题；2）既然是一个政

① Charles Taylor and Amy Gutmann (ed.), *Multiculturalism: Examining the Politics of Recognition*, New Jersey: Princeton University Press, 1994, p.39.

② Ibid.

治权利问题，在一个以宪政民主精神为基础的社会，这些“差异群体”之权利，应该得到保障；3）既然公民的权利需要制度性措施和落实，政府在确保“差异群体”之权利问题上，具有不可推卸的责任。为说明这个问题，我们不妨做个类比。早先，西方社会对二等公民现象理解十分有限，倾向于把它看做懒惰、倒霉或者机遇糟糕者之命。但当人们认识到，相当多的人并不是因为懒惰、倒霉或机遇糟糕而成为所谓的二等公民，而是由于出身贫穷且深陷贫困而无法跳出贫穷火坑时，他们开始意识到，政府有必要也有责任采取行动，改变贫困者的生活环境，为他们成为平等公民创造必要的条件。以此观之，泰勒指出，有关身份问题也可以这样得到解释。譬如，原先人们也许没有意识到，否认、不承认或者误认差异现象，可能剥夺一部分人的平等权利，使他/她们沦为二等公民。现在，一旦知道了*承认*与平等公民身份相关，政府就如同有责任改善和提高穷人生活境遇来提升他们的平等公民地位一样，也有责任采取措施，在立法和政策层面提高社会弱势群体的被*承认*程度，使他/她们有尊严地生活，做名副其实的公民。

作为政治哲学家和多元文化主义提倡者，泰勒深知，他所构建、主张和阐述的差异政治与普遍尊严政治之间存在着某种程度的张力甚至矛盾。这是因为，根据普遍尊严政治原则，民主社会不允许任何基于差异原因（如种族或性别方面的差异）而对社会一部分人群实行歧视。简言之，普遍尊严政治要求民主社会对所有公民一视同仁，做到“色盲”（color-blind）和“性别盲”（sex-blind），即任何人不因肤色和性别原因而受到任何形式的歧视。但是，差异政治不同。它恰恰要求社会珍惜和重视不同群体的差异，如种族差异、性别差异和性取向差异等，并应基于差异而对这些社会群体给予特殊对待。显然，差异政治赞赏和褒扬差异，认为差异不仅值得尊敬，而且需要受到特殊保护。简言之，鉴于社会是多元的，社会不应在种族、性别和性取向问题上视而不见、熟视无睹，既鼓励人们做到“色盲”“性别盲”或者“性取向盲”，而且还必须在各方面主动把“色”（color）、“性别”（sex）和“性取向”（sexual orientation）等差异因素都考虑进法律和政策的制定过程，来保护和促进个人和群体在这方面的差异。不然，这些社会少数群体就会被主流社会所同化，丧失差异，失去“真实性”。鉴于这些社会弱势群体长期以来被边缘化，差异性不被承认，若要改善这种局面，那就必然意味着政府对他/她们采取照顾政策，使他/她们享受其他社会群体无法享受的“特殊待遇”。[①]譬如，以美国印第安人为例。为了保留和维护印第安人的土著语言、文化和生活方式，政府有必要为他们度身定做相关政策，以确保他们的语言、文化和生活方式尽可能完整地保存下来。这种由政府制定的特殊照顾政策当然也应该向其他少数群体倾斜；唯一不可能也不应该“享受”这种特殊照顾政策的是社会主流群体，即白人（尤其是白人男性）。

显然，差异政治及其所隐含的政治和文化意义，与最初提出尊严政治的人所主张的观点相悖。泰勒承认，在后者眼中，“差异政治对他们所珍惜的原则而言是一种倒退、一种背叛、一种断然否定”[②]，因为一个是要求全民平等、不搞特权，而另一个则是坚持差异、要求特殊。主张差异政治的人，也看到了两者之间的张力和矛盾，试图向主张尊严政治的人证明，旨在帮助社会弱势群体的法律和政策，非但与尊严政治原则并行不悖，而且与其提倡的尊严精神完全一致。[③]应该说，这种解释是完全站得住脚的。试以美国肯定性行动计划（Affirmative Action）为例。[④]在主张普遍尊严政治的人看来，该计划在就业、入学和晋升等方面给予黑人和女性等社会群体特殊性照顾，各方面给予一定程度的优先考虑，这样做会对其他社会群体造成不公。为此，反对肯定性行动计划的人，还把它称为“逆向性歧视”，

---

① Charles Taylor and Amy Gutmann (ed.), *Multiculturalism: Examining the Politics of Recognition*, New Jersey: Princeton University Press, 1994, p.39.

② Ibid.

③ Ibid.

④ 也有中国学者根据意译原则，把Affirmative Action译成“照顾性计划”或者“平权计划”。笔者倾向于把该短语直译成“肯定性行动计划”，因为该政策的本意旨在“肯定”美国人人平等的立国原则。

即该政策以反歧视为名，行歧视白人或其他群体（如亚裔）之实。

公允地说，这种说法貌似有理，实则站不住脚；其关键一点是，这种辩解脱离历史、忽视现实，仅在理论意义上可以成立，在历史现实面前不具说服力。众所周知，无论是黑人还是女性，他/她们长期以来不是受到奴役压迫就是受到歧视排挤，在就业与教育等方面一直处于不利地位，无法与其他群体公平竞争，并因此而沦为二等公民。设想一下，如果社会（尤其是政府）貌似公平，对那些长期以来因肤色和性别等“差异”而遭受歧视和排挤的群体不在就业和入学等方面提供“特殊照顾”机会，那么，这些群体就难以摆脱他/她们二等公民的困境，其平等公民身份将因此而变得虚无缥缈、遥遥无期。正是出于对黑人和女性历史上长期以来处于二等公民境地之考量，主张差异政治的人要求社会（尤其是政府）根据这些“差异”因素及其后果，对这些社会群体“网开一面”，给予“特殊照顾”。同时，为了不违背“任人唯贤”（meritocracy）和“公平竞争”（fair play）的原则，泰勒提出，这个以提升和加强社会弱势群体公平竞争力的行动计划是一种暂时性政策，旨在“削平竞技场”（level the playing field）。一旦目标实现后，“特殊照顾”计划就可以适时取消，“回归”到“普遍尊严政治”的轨道。①一言以蔽之，在泰勒看来，所谓“特殊照顾”仅是权宜之计而已，绝不是永久性的计划，即它只是一种手段，不是目的本身。②

然而，在主张平等尊严政治（或普遍尊严政治）者看来，即使是暂时性质的，差异政治所提倡的“特殊照顾”计划，也因原则上与普遍平等精神相抵触而难以接受。那么，西方民主国家到底应该如何处理差异政治与普遍尊严政治的内在矛盾呢？西方思想史中有

---

① Charles Taylor and Amy Gutmann (ed.), *Multiculturalism: Examining the Politics of Recognition*, New Jersey: Princeton University Press, 1994, p.40.

② 泰勒的这一观点与“差异政治”理论阐述者威尔·金里卡（Will Kymlicka）相左。后者提出，为了避免北美原住民语言文化流失，政府有责任长期为他们提供多于其他社会群体的资源和权利。见Will Kymlicka, *Liberalism, Community and Culture*, Oxford: Oxford University Press, 1989.

何资源可供启示呢？差异政治与普遍平等政治是否可以找到契合点，使两者互相“兼容”呢？差异政治与承认政治到底有什么内在逻辑关系呢？为了论证上述问题，泰勒追根溯源至西方启蒙时代，阐述西方理性时代对人的基本界定和认识，指出：从本质上讲，平等尊严政治基于“所有人都值得尊重”这一重要思想原则，其核心根基简单明了：仅作为人本身这一点，无论其社会地位高低、肤色性别不同，或者宗教信仰及生活方式独特，他/她都应该受到同类们的尊重。这是人的最基本价值。泰勒为此引述西方哲学巨匠康德有关人的尊严之论述，指出康德是西方历史上最早指出人与生俱来的这种尊严。在康德看来，人之所以应该享受尊严，其根本原因就在于人都是理性动物，有能力按照理性原则规划和指导自己的生活。[①]换言之，人的理性主体性之本身决定人值得而且必须得到尊重。泰勒认为，康德有关人基于理性的尊严之观点，构成了西方社会“平等尊严之本能性共识”，即西方人从骨子里都认同，作为理性人，所有人都有权利享受平等尊严。泰勒强调，康德观点中最值得关注的，是他有关所有人都具有的那种潜质（potential），即基于理性思考的能力。泰勒指出，沿着康德的思路，人们不妨说，正是人这种与生俱来的潜质（也可理解成“天资”），而不是任何其他后天形成的东西，确保所有人应享有尊严。[②]

现在的问题是：如何把这一普遍平等尊严嫁接到差异政治原则，使后者能像前者一样，成为西方人普遍可以接受的价值观。泰勒在论证这两者关系时，不是从普遍平等尊严原则本身出发，而是从康德所说的人都具有潜质这一“抓手”着手，来论证差异政治原则与普遍平等尊严的内在联系。他指出，康德所说的普遍潜质之出发点，可以理解成个人或群体形塑和确定身份的潜质，即在理性思维指导下，寻找和确定自己的身份。泰勒指出，既然人人都具有这种潜质，

---

① 见 Kant, *Grundlegung der Metaphysik der Sitten*, Berlin: De Gruyter, 1968, p.433；转引自 Charles Taylor and Amy Gutmann (ed.), *Multiculturalism: Examining the Politics of Recognition*, New Jersey: Princeton University Press, 1994, p.41.

② Charles Taylor and Amy Gutmann (ed.), *Multiculturalism: Examining the Politics of Recognition*, New Jersey: Princeton University Press, 1994, p.41.

且这种潜质包括形塑和确定人们身份的理性能力，那么，显而易见，这种潜质应该受到社会的平等尊重，不分档次，不分优劣，不分等级。由此推论，既然这种人人具有的潜质必须受到平等尊重，那就意味着，由这种潜质产生的一切，如一个群体的习俗、信仰、价值观和生活方式等，也都应该受到平等尊重。[①]然而，不幸的是，西方社会长期以来非但不欣赏“差异”群体，反而因“差异”而歧视、贬低乃至压迫他/她们。泰勒认为，西方主流文化不承认“他者”文化群体之做法，从本质上讲，践踏了西方社会自我宣称信奉不已的普遍平等尊严之思想原则。

泰勒承认，从理论层面上讲，平等尊重政治（the Politics of Equal Respect）与差异政治之间似乎确实存在一个难以逾越的障碍。尽管两者都以平等原则为精神，但由于侧重点不同，它们难以相容。譬如，根据平等尊重政治原则，它要求社会所有成员一律平等相待，不搞特殊，杜绝优惠，反对以差异之名行照顾之实。平等尊重政治的核心思想可以概括为，人人生而平等，任何人没理由享受特殊待遇。差异政治不同；它开宗明义强调承认差异、强调差异、赞扬差异、提倡差异、鼓励差异、保护差异。略微细查一下两者的核心立场，我们就可以发现两者水火不相容。举例来说，平等尊重政治的前提就是信奉平等、抵制特权。在平等尊重政治看来，差异政治所提倡的，恰恰违背了人人平等原则。所以，平等尊重政治对差异政治所做的批评就是集中于后者提出差异性以及由此引出的特殊照顾政策。同样，差异政治对平等尊重政治不分青红皂白地把社会所有群体等同划一的观点和做法也颇有微词，认为这种忽略历史和现实的态度和做法没有真正体现平等原则。从差异政治角度来看，平等尊重政治一味强调普世性，强迫不同社会文化群体融为一体，“硬性形塑同质性文化模式，这无异于否定了这些社会文化群体的身份认

① Charles Taylor and Amy Gutmann (ed.), *Multiculturalism: Examining the Politics of Recognition*, New Jersey: Princeton University Press, 1994, p.42.

同，使他/她们违背自己的本真”[①]。泰勒指出，如果各种不同社会文化群体在“大熔炉”里面融化之后，产生出一个中性种类（neutral mode），其结果本身就够糟糕的了。但是，实际情况是，那些主张平等尊重政治的人群，以普世主义为旗号，在“所有社会文化群体一视同仁”等冠冕堂皇的理由下，让少数社会文化群体在“普世化”过程中消除“差异”，融入主流社会文化之中。简言之，泰勒指出，平等尊重政治推行普世主义，其最终目的是为了让主流文化同化“差异”文化，确保自己的文化领导地位，永远主宰政治话语权。显然，在这个“普世化”进程中，被同化了的少数社会文化群体“获得”的是“他者”的文化身份认同，失去的是自己的文化身份认同。泰勒指出，这实际上是一种严重的歧视行为，甚至是一种非人道行为。[②]

应该说，这一批评指责既辛辣犀利又令人不安。说“辛辣犀利”，是因为它认为平等尊重政治有歧视之嫌，甚至不够人道。说“令人不安”，是因为它对西方长期以来奉为圭臬的普遍平等尊严政治原则提出挑战，指责平等尊严政治貌似实行普世主义，实际上是在为占据霸权地位的主流社会群体服务。换言之，它表面上鼓吹和捍卫“无差异原则”（Difference-blind Principle），实际上却要求非主流社会群体融入主流社会而对自己“特殊关照”，以自己的价值体系具有普世意义为借口而强迫“他者”消除“差异”。其结果是，所有其他社会文化群体被迫摒弃他/她们的“差异”，唯独主流社会文化群体因其手握霸权而保持其“差异”不变。由此可见，主流社会群体以普遍平等政治之理由推出的“无差异”原则，并非绝对“无差异”，而更像是一种双重标准：主流文化群体保持和捍卫自己与非主流文化群体的“差异”，而后者则必须摒弃和消除他/她们的“差异”。显然，对差异政治的鼓吹和提倡者来说，他们的任务是如何纠正普遍平等尊严政治中的缺陷，从理论上为差异政治寻找立足点，使其真正获得“平等尊严”。

---

① Charles Taylor and Amy Gutmann (ed.), *Multiculturalism: Examining the Politics of Recognition*, New Jersey: Princeton University Press, 1994, p.43.

② Ibid.

第三节 卢梭的普遍平等尊严政治

那么，普遍平等尊严政治到底存在哪些缺陷呢？即从差异政治角度来看，它可能存在哪些不利于弱势社会文化群体的观点和价值呢？根据泰勒的分析研究，西方文明中的普遍平等尊严政治表现在两个方面，其主要代表人物为卢梭。他指出，追溯和考察一下卢梭有关这一问题的观点和论述，普遍平等尊严政治中隐含的“虚假同一性/一致性”（false homogeneity）便立即不言自明地显现出来[①]。

在批评卢梭普遍平等政治思想之前，泰勒首先肯定了卢梭思想对承认话语的贡献，认为卢梭是最先关注平等尊重、最先提出平等尊严与自由不可分割观点的西方政治哲学家之一。泰勒指出，卢梭在为平等思想辩护时提出，平等乃享受自由之先决条件（the condition of freedom-in-equality），并视这一先决条件为等级制和依赖他者（other-dependence）状况的对立物。[②]这是因为，在平等自由缺席的条件下，无论是为了求得生存，还是为了实现自己的人生目标，人们不得不依赖那些手中握有权力的“他者”。更重要的是，为了有尊严地活着，社会成员大多急切地希望获得那些既占有社会政治资源，又握有话语霸权的“他者”的尊重。卢梭为此指出，等级制是社会弱势群体依赖“他者”的根本原因，而社会弱势群体则是等级制的最基本体现。两者之间互为对方的依存条件，须臾不可分离。如此一来，在等级制社会里，“依赖于他者的人于是成了‘他者’眼中的奴隶”[③]。

如果说在等级制社会里对“他者”的依赖无法避免，那么，在人人平等的社会里，人们是否还会依赖“他者”呢？从理论上讲，

① Charles Taylor and Amy Gutmann (ed.), *Multiculturalism: Examining the Politics of Recognition*, New Jersey: Princeton University Press, 1994, p.44.

② Ibid., pp.44—45.

③ Ibid., p.45.

当人人都平等时，人们不必再对“他者”产生依赖，等级制也因此而“无地自容”。然而，卢梭认为，在实际生活中，事实并非如此。这是因为，在卢梭看来，所谓对“他者”的依赖，除了谋生意义之外，还有需求“他者”的“好看法”“好意见”“好评价”的意思，即传统意义上的“荣耀”之观念，类似于过去的“偏好”“偏爱”之意思。[①]如此一来，这意味着，在平等社会里，尽管人们名义上享有平等尊严，但由于仍依赖于从“他者”那里获得“好看法”“好意见”和“好评价”（所有这些所指即为*承认*），所以，从根本上讲，因为社会中存在着来自“他者”的“好看法”“好意见”和“好评价”之类的“荣誉”感，人们无法摆脱权力不平等的困境，即社会中的一部分人群，其是否平等以及平等到什么程度，完全取决于“他者”对他/她们的“看法”“意见”和“评价”。更为重要的是，卢梭认为，对“他者”的依赖，并非是单向性的，而是双向性的。用通俗的语言来表达就是，不仅奴隶依赖奴隶主，而且奴隶主也依赖奴隶；两者缺少了对方都无法存在。[②]有关这一点，卢梭早就指出过。譬如，在《社会契约论》一书中，卢梭开宗明义地指出：人生而自由，“以为自己主宰所有其他一切，而实际上却比其他所有一切更受制于人”[③]。此外，卢梭在《爱弥儿》（*Emile*）一书中进一步指出，处于这种依赖条件下的“主人”与“奴隶”，不仅互相依赖，而且相互腐蚀。为了强调“荣耀”在社会等级制中的作用，卢梭特别强调，“主人”与“奴隶”并不仅仅是那种野蛮的权力关系，而且是互为依存的等级关系：社会底层人群对社会上层人群的尊敬和遵从，是确保等级制运作必不可少的基本条件。[④]

根据泰勒的分析，卢梭特别关注自负/傲慢（pride）问题，认

---

① Charles Taylor and Amy Gutmann (ed.), *Multiculturalism: Examining the Politics of Recognition*, New Jersey: Princeton University Press, 1994, p.45.

② Ibid.

③ Jean-Jacques Rousseau, trans. by G. D. H. Cole, *The Social Contract and Discourses*, New York: E. P. Dutton, 1950, pp.3–4.

④ Jean-Jacques Rousseau, *Emile*, Paris: Garnier, 1964, Bk. 2, p.70.

为它是邪恶的主要源泉之一。众所周知，西方历史上，无论是基督教宗教还是古希腊斯多葛学派，两者都曾对自负/傲慢问题阐述过观点，并规劝人们彻底克服关注或者追逐他人对自己好感的心态，认为这种追逐名誉和荣耀的心态，会导致人们误入歧途，丧失本真。包括卢梭在内的西方哲人也时常身体力行，试图以自己的言行确保自己超脱这种世俗心态。但泰勒一针见血地指出，即使在卢梭本人所描述的愿景美好的社会里，“我们仍不难发现，自尊确实仍然发挥着作用，因为很多情况下，人们都生活在大庭广众的密切注视之下”。因此，泰勒得出下面的结论：“在任何一个运作正常的共和国，公民们都十分在乎其他人对自己的看法。”换言之，“荣耀或者说*承认*，不仅至关重要，而且这种重要性之效果还相当有益”[①]。

如此一来便引出了一个棘手的问题：如果现代社会中的荣耀如同前述是一股负面力量，那么，我们为何又说它的“重要性之效果还相当有益”呢？据泰勒分析，卢梭觉得“此问题的答案在于平等，或者更确切地说，在于支撑平等的平衡性相互依存/互惠性（balanced reciprocity）”[②]。在卢梭描述的图景里，完美的平衡对等性，可以消除人们因依赖他者好看法、好意见、好评价而产生的心灵疼痛，实现自由和社会团结。究其原因，卢梭认为我们可以这样推理：当完全对等性平等实现后，人们就可以在目的上统一起来，达到完全一致。如此一来，当一个人“追随”他者的意见或看法时，因为此时大家的目的已经统一，即使“追随”他者，那也是在遵守和尊重“大家共同的意志”。从这个意义上讲，作为个人，他表面上在“追随”他者，但作为共同体一员，他实际上也是在遵从自己的意愿，因为他与共同体其他成员目的一致、目标统一。[③]为了说明这一点，卢梭还举了一些形象的例子。譬如他说，一个协调、完美、平衡的对等性共和国，就如

① Charles Taylor and Amy Gutmann (ed.), *Multiculturalism: Examining the Politics of Recognition*, New Jersey: Princeton University Press, 1994, pp.46—47.

② Ibid., p.47.

③ Ibid., p.48.

同一个国家的欢庆节日活动、一个国家的体育比赛活动，或者一座剧院的表演活动，因为所有这些活动的宗旨只有一个，即表现爱国主义精神和展现道德精神面貌。在这类公共场合，不管来自哪个群体，大家既是观看者又是表演者，不分你我之间的阶级差异，也不强调群体之间的不同，有的只是平等一致。卢梭以此得出结论说，在这样一个真正意义上的理想共和国，每个人确实依赖其他人，但大家都互相依赖，因而不存在差异，也没有强调差异的必要。[①]

显然，卢梭所描述的是理想社会情况，而不是现实实际状况。泰勒指出，在任何一个仍无法摆脱等级制的社会里，“并不是所有的道德意志都能够以同样的理由得到平等的尊敬”[②]。事实上，在任何一个讲究荣耀级别的社会里，由于荣耀资源稀缺，大家都会为了荣耀而展开竞争，导致出现某种程度的“零和游戏”，即一个人获得荣耀意味着另一个人蒙受耻辱，或者是一个人出尽风头意味着另一个人默默无闻。在这种情形下，由于人们各自的目的和目标不尽一致，有时甚至截然对立，试图从他者那里获得好处或者赞赏，不啻抢夺他人资源和摄取他人名声。其结果不言自明：人人互相提防戒备，甚至相互暗中攻击，导致大家冷漠相处，走向异化。更为糟糕的是，一旦社会成员们各自为政、“老死不相往来”，或者暗中使劲争斗，结果只能是差异凸显，冲突频仍，卢梭所说的“共同意志”和“一致目的”根基遭受摇撼、无法矗立。然而，卢梭指出，上述情况是人们对他者依赖所造成的糟糕结局才导致人们走向分离和孤立。他认为，在一个民主共和国社会里，公民之间的关系并非如此冷淡。恰恰相反，由于人们相互平等，他/她们完全有理由寻找和构建一个共同的目标，并以此为基础把社会成员凝聚起来，组成一个“共同自我”，让每个人在这个共同体中都能找到“自我”的位置。[③]

---

① Charles Taylor and Amy Gutmann (ed.), *Multiculturalism: Examining the Politics of Recognition*, New Jersey: Princeton University Press, 1994, p.47.

② Ibid., p.48.

③ Jean-Jacques Rousseau, trans. by G. D. H. Cole, *The Social Contract and Discourses*, New York: E. P. Dutton, 1950, p.346.

泰勒认为，卢梭的上述论述，使他当之无愧地成为“当今有关封号/荣耀（honor）和尊严新话语的开创人”[①]。泰勒指出，有关西方对封号/荣耀和自负/傲慢的认识，卢梭另辟蹊径，提出了新的见解。根据传统解说，自负/傲慢是一种不良品德，理应受到谴责。同样，封号/荣耀也遭人唾弃，因为一方面它不是普世价值，另一方面它突显人们之间的不平等性，即等级制。更重要的是，在封号/荣耀的压力下，人人都必须为它（荣耀）而战，不然就有胆小鬼之嫌。泰勒指出，卢梭的观点与传统见解的不同之处在于：尽管他对荣耀颇有微词，但他并不认为人类有必要彻底放弃对尊重（esteem）的关切和寻求。稍许检视一下卢梭的相关论述，我们就可以发现，在其理想共和国的模式中，关切尊重至关重要，不然，共和国也许就徒有虚名，无甚意义。那么，卢梭提出的尊重与传统社会里强调的自负/傲慢与封号/荣耀有什么重要区别呢？根据泰勒的解读，卢梭认为，自负/傲慢或者封号/荣耀的主要问题在于，两者为实现自己的目标，往往会绞尽脑汁、不择手段地去寻求种种偏好和优惠，导致人际关系紧张甚至异化，迫使人们依赖他者生活，最终失去本真、陷入堕落。然而，卢梭告诫说，人们不必为此而把自负/傲慢或者封号/荣耀彻底否定，更不要为此而完全拒绝与骄傲和荣耀相关的本质意义，如尊敬和尊重等。毕竟，骄傲也好，荣耀也罢，其最基本含义即为赢得他者的尊重或尊敬。因此，卢梭提出，与其说与骄傲和荣耀彻底一刀两断，还不如说取其最基本内涵，来构建一种基于“平等、对等互惠和目的一致（unity of purpose）”的价值理念。卢梭认为，一旦人们有了共同目的，平等尊敬也就是水到渠成的事情了。于是，在社会共同体总意志/共同意志（general will）的指引下，所有品德高尚的公民都获得平等的尊重，“尊严时代也就此产生”[②]。

泰勒指出，卢梭对自负/傲慢的评述，成功地排除了个人羞辱

---

① Charles Taylor and Amy Gutmann (ed.), *Multiculturalism: Examining the Politics of Recognition*, New Jersey: Princeton University Press, 1994, p.49.

② Ibid.

感，代之而起的是平等尊严政治。应该说，卢梭的这一论述本身有进步意义，因为它消除了传统观念中自负/傲慢价值观所隐含的负面意义。更重要的是，它为人们从自负/傲慢这类暗含等级观念的思维模式走向基于平等观念的尊严政治奠定了基础。然而，令人遗憾的是，卢梭没有就此进一步展开探讨，把它提高到民主社会必须具备的基本条件。泰勒认为，真正把此问题提高到思想高度来认识的是西方哲学巨匠黑格尔。黑格尔在论及骄傲可能导致的不良结果时指出，如果民主社会要兴旺发达，那么，它就必须设法确保社会所有成员都获得*承认*，为每个社会成员相互之间寻求*承认*提供保障。黑格尔强调指出，他所说的*承认*不同于传统意义上的封号/荣耀，因为后者因其突出等级制观念而与民主精神格格不入，前者因其强调相互*承认*而不失道德品质。黑格尔强调说，传统观念有关人们追求封号/荣耀的最大问题，是它没办法回答人们寻求荣耀之需求。这是为什么呢？根据黑格尔的严密逻辑论证，在传统等级制社会里，寻求荣耀几乎无意义可言。这是因为，那些在荣耀争夺赛中失败的人不是不被人们*承认*，就是被人们遗忘。在这种情况下，荣耀对他们没有任何意义。但就荣耀争夺赛中胜出的人而言，他们的感觉也好不到哪里去，也许更加糟糕。这是为什么呢？黑格尔说，赢家们所获得的*承认*，皆来自那些社会失败者。他们是一群失去自由、无法自助、更没有自主的人群。可以想象，来自这些社会无用之辈的*承认*显然没有什么价值，更别说值得珍惜。由此可见，即使这类*承认*很多，它们也没有多大意义。在否定了传统社会这种无意义的荣耀承认追求之后，黑格尔提出了自己的解决方案：建立一个人人平等基础之上的相互对等性*承认*制度（a regime of reciprocal recognition）。黑格尔认为，唯其如此，民主社会才可能体现其平等精神。用他的话来说，只有在这种机制下，人们才可以做到"'我们'就是'我'，'我'就是'我们'"[①]，即大家在"共同目的"精神的指引下，心往

---

① Georg Wilhelm Friedrich Hegel, *Phenomenology of Spirit*, trans. by A. V. Miller, Oxford: Oxford University Press, 1977 (originally published in 1807), pp.201–202.

一处想，劲往一处使，享受真正意义上的平等。

这里，泰勒通过引用黑格尔对传统社会有关荣耀的解剖和分析，一方面指出了卢梭普遍平等尊严政治的缺陷，另一方面引出他旨在提倡和论证的政治承认之可行性和必要性。泰勒指出，卢梭也许确实是西方首先提出平等尊严政治新观念的思想家，但卢梭为实现这一理想所提出的解决方法存在缺陷，因为这要求社会成员在共同体目的上高度一致（a tight unity of purpose），无法容忍或允许任何程度的差异。其逻辑过程可表述为：差异将影响和削弱社会共同体的目的一致性，而一旦目的出现四分五裂，个人和群体之间的平等尊严将受到损害和破坏。为了达到这一目标，卢梭在其根据社会契约论构建的自由政体里，要求国家政府排斥一切差异性角色，抵制和压抑个人或群体的不同作用。即使是君主和臣民，他们在行使各自主权（sovereignty）时，也要以“目的一致”的思路和方式行事。否则，“社会契约”便即刻失去其维系力量。[①]究其原因，泰勒指出，在卢梭基于其社会契约论构建的自由政体里，三个因素——自由、差异角色的缺席和极为高度的共同目的——不可分割地捆绑在一起，相互依赖，互为依存，缺一不可。[②]在这个“三位一体”的政体里，“共同目的”（common purpose）及建立在此基础上的“共同意志”（common will）显然是根基，而“自由”和“差异性角色的缺席”只是它的衍生物。换言之，卢梭这里所说的“自由”是以“共同目的”或“共同意志”为先决条件的。缺少前者，后者就不允许存在。同样，“差异性角色的缺席”也与“共同目的”和“共同意志”有着一种互为依存的关系，即为了实现后者，必须确保前者，而一旦后者如期实现，前者自然如愿以偿。泰勒认为，这种以“共同目的”或“共同意志”为核心和前提的社会，为人们提供的不是自由，而是以消除差异为前提、以同化所有人群为目的的暴政（tyranny）政

---

① Charles Taylor and Amy Gutmann (ed.), *Multiculturalism: Examining the Politics of Recognition*, New Jersey: Princeton University Press, 1994, pp.50–51.

② Ibid., p.51.

体，其结果是缔造一个高度同质、极度单一化的社会。[①]这显然与泰勒大力主张的差异政治及建立在此基础上的多元文化主义截然对立，其对此严加批驳也就自在情理之中，不难理解了。

第四节　两种自由主义权利观

在分析了卢梭“三位一体”——自由、差异角色的缺席和极为高度的共同目的——的理想政体模式后，泰勒明确指出，在差异得不到承认（即差异角色缺失）的情况下，卢梭所说的“共同意志”显然不可能真正体现和反映“共同意志”。试想，那些没有获得承认、文化认同与主流社会存在差异的群体，怎么可能在这所谓的“共同意志”中找到自己的“意志”呢？以此观之，卢梭主张的“普遍平等尊严政治”自由主义观，受到提倡差异政治自由主义观的人群之批评，不仅不足为奇，而且顺理成章，因为前一种自由主义在后一种自由主义看来无法给予差异文化群体足够的承认和尊重。[②]泰勒指出，事实上，在那些主张平等尊严政治的自由主义者脑海里，他们原本就十分清楚，他们所讲的平等权利并不具有真正的普世主义意义，因为这些权利仅是对社会主流群体而言是平等的，而对非主流社会群体（即差异文化群体）而言却是“十分有限的”。“任何标准权利计划需依不同文化群体具体情况实施，而且执行标准权利计划时需把不同文化群体的集体目标考虑进去的观点”，在普遍平等尊严政治鼓吹者眼中，“都是不可接受的”。于是，针对权利问题，西方自由主义内部出现分歧，产生了思想内涵不同、诉求对象相异、

① Charles Taylor and Amy Gutmann (ed.), *Multiculturalism: Examining the Politics of Recognition*, New Jersey: Princeton University Press, 1994, p.51.

② Ibid., pp.51–52.

政策导向相左的两种自由主义。[①]一个主张普世主义（universalism），宣扬平等尊严政治原则，强调社会成员一视同仁；另一个主张特殊主义（particularism），提倡差异政治原则，强调社会群体区别对待。迈克尔·沃尔泽（Michael Walzer）把这两种自由主义分别称为“自由主义1”和“自由主义2”。[②]

在谈及第一种自由主义时，泰勒指出，它源于并越来越盛行于盎格鲁美洲（Anglo-American world），又称英语美洲。根据这种自由主义，个人权利（individual rights）高于一切，永远第一，以一视同仁原则为基础，始终把个人目标置于集体目标之上。美国历史上，联邦宪法及其《权利法案》（*Bill of Rights*）修正案，最鲜明生动地反映和体现了这种自由主义精神。[③]在当代美国，这种自由主义经约翰·罗尔斯（John Rawls）、罗纳德·德沃金（Ronald Dworkin）和布鲁斯·阿克曼（Bruce Ackerman）等当今美国哲学大家们的阐释后，得到了进一步的发展。泰勒认为，就自由主义与多元文化主义关系而言，德沃金在其名为《自由主义》的论文中所阐发的自由主义思想最值得关注和探讨。[④]在这篇短文中，德沃金提出，自由社会应该把两种道德承诺（moral commitment）区别开来。一种道德承诺涉及人们如何看待生活目的，即人们认为什么构成了“好日子”（a good life）并应该为之奋斗。另一种道德承诺涉及人们相互之间如何公正平等相待，即社会成员在寻求“好日子”中如何做到平等和公正。德沃金认为，第一种“道德承诺”与生活目的相关，属“本质性”问题（即生活的本质意义），自由社会应尊重每个人对生活本质

① Charles Taylor and Amy Gutmann (ed.), *Multiculturalism: Examining the Politics of Recognition*, New Jersey: Princeton University Press, 1994, p.52.

② Michael Walzer, “Comment”, in Charles Taylor and Amy Gutmann (ed.), *Multiculturalism: Examining the Politics of Recognition*, New Jersey: Princeton University Press, 1994, pp. 99—103.

③ Ibid., p.56.

④ Ronald Dworkin, “Liberalism”, in Stuart Hampshire (ed.), *Public and Private Morality*, Cambridge: Cambridge University Press, 1978, pp.132—148.

的自我理解和自我追求（即他/她认为什么构成了“好日子”并为之奋斗），不以任何形式为社会成员确定“生活目的”，也不以任何方式采纳某一种“生活目的”向大家推广，因为生活本质性问题不能由社会或政府代劳，而应该完全由个人自己决定。这是个人自由的最基本权利，也是个人自治的最基本范畴。第二种“道德承诺”关涉的不是“生活目的”这一人生本质问题，而是如何确保社会成员追求自定生活目的时得到公平和公正的对待，属“程序性”问题。由此推论，既然第二种“道德承诺”是“程序性”问题，社会或政府显然可以且必须“有所作为”，为社会制定和管理公平、公正的程序。换言之，为了确保一个公平、公正的社会环境，“社会应凝聚起来，齐心协力致力于一个程序承诺，给予所有人以平等的尊敬”[①]。

不过，在德沃金看来，问题还不止于此。两种道德承诺从根本上讲是一个道德问题。这是为什么呢？泰勒对此分析道，社会或国家政体不可以提倡、鼓吹或采纳某一种本质性问题的“生活目的”，其根本原因在于，一旦社会或国家政体以立法方式确定某种形式的“生活目的”，那么它实际上等于是社会或国家政体向人们宣布，社会某一群体认同和追求的“生活目的”是值得认同和追求的，因而是道德的、高尚的。相反，没有得到社会或国家政体肯定和采纳的“生活目的”，不是道德缺损，就是不够高尚。如此一来，社会或国家政体等于是在“生活目的”问题上“选边站”：褒扬某个群体的“生活目的”，贬低其他群体的“生活目的”，并由此造成两个问题。第一，由于社会或国家政体对某个“生活目的”的偏爱和赞扬，是通过立法或政策来表示和确立的，这种做法把上述两种“道德承诺”混为一体，即通过程序问题上的“道德承诺”来实现本质问题上的“道德承诺”。这显然与德沃金提出和主张的两种“道德承诺”区别要求相背离，因而不符合自由社会精神。第二，由于社会或国家政体在“生活目的”问题上“选边站”，并动用其立法或政策制定程序

① Ronald Dworkin, “Liberalism”, in Stuart Hampshire (ed.), *Public and Private Morality*, Cambridge: Cambridge University Press, 1978, pp.132–148.

表现出来，这种偏爱一方、贬低另一方的做法，不仅显示出国家政体对社会部分人群缺少应有的尊重，而且明显是在打造一个既不公平又不公正的社会，对社会少数群体极为不利。①

泰勒指出，德沃金等人所表达的这种自由主义思想有着深厚的哲学根基，可一路追溯至西方哲学大师康德有关人的尊严之思想。概而言之，这种自由主义认为，“人的尊严主要在于自主权或自由意志，即每个人都有权力来决定自己的好日子”②，其观点他人无权干涉，更无权强加。具体而言，这种尊严并不是说，人们应该如何去理解什么为真正的“好日子”，然后通过自己的追求和奋斗去赢得和实现这种尊严。更确切地讲，这种尊严强调个人在决定和选择好日子方面的权利和力量，即只有当“好日子”完全由自己定义和确定时，他/她的生活才有可能是真正的好日子。此时此刻，他/她的尊严才算得到了保障和实现。根据这一说法，如果社会或者国家政体，抑或社会中的某一个强势群体，借助某种官方渠道，如立法或政策制定等，把某些人或某个群体有关“好日子”之想法和观点，置于其他人或其他群体的想法和观点之上，那么它就意味着剥夺社会一部分人的自主权，压抑这部分人的自由意志，拒绝给予这部分人平等的尊严。沿着这一思路，自由主义强调，在一个自由社会里，国家政体（即政府）在何为好日子这个本质性问题上应该始终保持中立，严格地把自己局限于程序问题范畴，确保：1）社会公民之间公平相待；2）国家政权平等对待所有公民。泰勒指出，在西方世界，德沃金所阐释的这种自由主义广受欢迎，有很大的市场。因为，大多数西方人，尤其是美国人，都倾向于认为，作为一个有意识的主体，人应该而且必须有自我决定权和自我选择权，以体现其自由意志。③

另外一个自由主义原则上赞同上述自由主义的根本理念，如美

① Charles Taylor and Amy Gutmann (ed.), *Multiculturalism: Examining the Politics of Recognition*, New Jersey: Princeton University Press, 1994, p.57.

② Ibid.

③ Ibid.

国《独立宣言》中所表达的每个人对“生命、自由和追求幸福”的自由权利，但它对自由的解读和阐释不像上述自由主义那样绝对和狭隘。譬如，它也致力于追求构建一个自由社会，也认为一个自由社会可以而且必须应该围绕“好日子”来构建。但是，它同时认为，既然第一种自由主义自其产生之日起就提出，何为好日子应该完全由个人决定，而不应该由他人作主，那么它就意味着，人们（个人或群体）可以自己定义何为好日子，而不必“人云亦云”，更不应该被强迫去认同或接受由“他者”决定的“好日子”。以此自由主义逻辑推论，美国等西方国家完全可以依第一种自由主义所说的那样，围绕“好日子”原则，构建一个自由社会，允许社会成员“八仙过海，各显神通”，以自己坚信的价值理念去定义、阐释和追求“好日子”。这里的关键之处是，那些与“他者”定义的“好日子”在理解上不相同或者相对立的个人和群体，不应为此而受到贬低、嘲笑或歧视。简言之，第二种自由主义认为，在自由问题上，自由社会有必要把根本性自由权利与特殊或照顾性权利区别开来。前者是普世主义性质的，即社会所有成员都拥有的，不容侵犯，不容剥夺；后者是特殊主义性质的，即考虑到社会部分群体的特殊经历及其他原因，他/她们在一定的时空内被允许享用或部分享用一定的“特殊”权利。[①]这里需要指出的是，鉴于西方民主制以多数执政方式运作，所谓的普世主义价值，实际上常常代表多数人的价值观；而所谓的特殊价值，在这种社会政治体制下，往往代表少数群体的价值观。据此，我们可以说，沃尔泽所说的“自由主义1”代表社会主流群体价值和利益，而“自由主义2”则代表社会弱势群体价值和利益。前者以普世主义名义，主张自由社会实行普遍平等政治原则；后者以特殊主义名义，要求自由社会贯彻差异政治原则。

现在有两个问题需要回答。第一，既然两者都是自由主义，它们可以“兼容”吗？第二，如果可以“兼容”，那么应该如何“兼

① Charles Taylor and Amy Gutmann (ed.), *Multiculturalism: Examining the Politics of Recognition*, New Jersey: Princeton University Press, 1994, pp.57—58.

容”？从根本上讲，如果对这两个问题的答案是肯定的话，那么它就意味着多元文化主义理论上是可行的；否则，它在理论上就站不住脚。先看第一个问题。泰勒认为，同时“追求这两种自由主义并非不可能，其产生的问题，从本质上讲，不会大于任何一个试图在自由和平等之间保持平衡的自由社会必须应对的问题”①。泰勒认为，两种自由主义之所以可以“兼容”，其主要依据在于：一个自由社会是否显现其自由本质，关键是看它：1）如何对待其少数群体，尤其是那些并不完全认可由大多数人确定的“好日子”的少数群体；2）是否依据自由社会权利原则，赋予社会所有成员一切权利，即那些人生最基本的权利，如生命权、自由权和追求幸福的权利。②顺着泰勒的这一思路，我们可以这样推论：既然自由主义视自由高于一切，且认为每个人有权决定自己认定的“好日子”，那么它意味着，包括少数群体在内的所有公民都有权享受这些权利，都可以依据自己的理解去定义和追求自己认可的“好日子”。以此为前提进一步推论，既然少数群体对“好日子”有自己的理解，且他/她们理解和追求这种“好日子”之权利受到自由社会保障，那么它意味着，如果他/她们在追求自定义的“好日子”时出现困难，他/她们有权利要求自由社会提供不伤及“他者”利益的便利，以便像社会其他群体一样，不仅由自己定义“好日子”，而且完全按自己的定义，真正过上“好日子”。正是在这个意义上，泰勒充满信心地指出，“一个社会只要能够尊重多样性，尤其是在对待那些不认同主流社会共同目标的群体时表示尊重，同时又能够为社会成员行使最根本权利提供足够的保障，那么，它完全可以是一个既确保自由又兼顾少数群体坚定群体目标的社会”。泰勒坚持认为，只要在人身保护法（habeas corpus）之类的根本大法问题上社会所有成员普遍一致，“不搞特殊”，而仅仅在涉及部分社会群体的文化生存和习俗保护问题上“网

① Charles Taylor and Amy Gutmann (ed.), *Multiculturalism: Examining the Politics of Recognition*, New Jersey: Princeton University Press, 1994, pp.58–59.

② Ibid., p.59.

开一面”，实行有限的“倾斜”政策，两种自由主义完全可以相安无事地“和平共处”。[①]

现在来看第二个问题，即如何使两种自由主义“兼容”。在讨论两种自由主义“兼容”之前，我们首先有必要先澄清一下“自由主义1”抵制和反对“自由主义2”的主要原因。概而言之，“自由主义1”的核心观念包括：1）个人自由高于一切，此原则“放之四海而皆准”，个人或群体不能因“差异”而受到特殊对待；2）鉴于自由社会实行普遍公平政治原则，政府职能是确保社会所有成员人人平等，始终保持中立，不以任何形式干预社会的政治、经济和文化生活。“自由主义2”的核心观念包括：1）“自由主义1”宣称的普世主义价值，代表的是社会主流群体价值，并非也不应该“放之四海而皆准”，应兼顾社会少数群体的“差异性”；2）鉴于社会少数群体处于弱势地位，他们无力争取自己的平等权利，更无法去追求自己的“好日子”。因此，泰勒指出，为了确保所有成员享有自由和平等，自由社会政府有责任“出面”，“助”社会弱势群体一臂之力，实现各社会群体之间的真正平等。[②]显然，这里的关键是政府在这种情况下是否应该保持中立立场？在“自由主义1”看来，政府当然应该保持中立，否则个人自由就会因政府偏倚立场而受到侵犯。相反，在“自由主义2”眼中，政府显然不应该中立，因为在力量对比不对称的情况下，政府对弱势群体的中立，就是对强势群体的偏倚。如此一来，社会公正就得不到保障。这是主张和赞同多元文化主义的西方社群主义理论家们的基本观点，泰勒的也不例外。[③]譬如，在谈到加拿大魁北克法语区人群和北美印第安族群与加拿大盎格鲁人群的关系时，泰勒指出，作为加拿大多数人群，盎格鲁人当然致力于维持和保护盎格鲁—撒克逊历史文化传统，并借助其强大

① Charles Taylor and Amy Gutmann (ed.), *Multiculturalism: Examining the Politics of Recognition*, New Jersey: Princeton University Press, 1994, pp.60—61.

② Ibid., p.59.

③ 常士訚主编，《异中求和——当代西方多元文化主义政治思想研究》，北京：人民出版社，2009年，第六章。

的政治、经济、社会、文化和教育理论控制一切。显然，由于处于这种优势地位，盎格鲁—撒克逊人群要求政府中立乃情理之中。但是，对魁北克法语区人群和北美印第安族群来说，这有违公平和公正原则，因为他们更乐意坚持和维护他们自己的历史文化传统，而不是盎格鲁—撒克逊的历史文化传统。作为弱势群体，魁北克法语区人群和北美印第安族群如果没有政府的助力，他们显然难以甚至无法维持和保护包括语言、习俗和生活方式在内的文化传统。此时，如果政府袖手旁观、恪守中立，那么，社会弱势群体就无法维护和享受自己的权利和权益。果真如此，自由主义精神也将因此而受到亵渎。[①]由此推论，从理论上讲，为了捍卫自由主义精神，自由社会有责任兼顾包括弱势群体在内的所有社会群体，借助政府介入（即放弃所谓的中立立场）之手段，把“自由主义1”强调的普世主义与“自由主义2”主张的特殊主义有效地结合起来，实现真正意义上的自由主义。为了说明这种结合的可能性和可行性，泰勒指出，现代自由社会不乏类似的成功例子，证明这些自由社会所实行的并非前述德沃金所讲的“程序模式自由主义”，而是基于“好日子”考量的实质性问题，因而其做法与德沃金提出的自由主义理论并行不悖。[②]

第五节　承认政治与多元文化主义

泰勒讨论自由主义是为了论证差异政治的合理性；论证差异政治的合理性，是为了说明承认政治的重要性；说明承认政治的重要

① Charles Taylor and Amy Gutmann (ed.), *Multiculturalism: Examining the Politics of Recognition*, New Jersey: Princeton University Press, 1994, p.58.

② Ibid., p.61.

性，是为了强调多元文化主义的必要性。所以，在《承认政治》一文的最后部分，泰勒回到了该文的落脚点——多元文化主义。

就多元文化主义而言，泰勒认为，它不仅仅是一个理论问题，也是一个现实问题。这可以从两个方面来证实。一、像美国和加拿大这样的北美国家，原先就是种族、宗教、文化多元国家；二、随着全球化进程的加快，五大洲之间的人口流动迅速增加，尤其是第三世界国家向西方发达国家的人口流动迅猛加快，使发达国家在种族、族裔、宗教和文化等方面日益趋向多元化。面对这一新局面，包括美国在内的诸多西方国家都不得不面对这个既现实又实际的问题，即如何对待这些来自不同历史文化背景的群体。长期以来，面对来自不同地区的种族群体，西方主流社会大多采取“我们这里就是以这种方法行事的”（this is how we do things here）的态度，来要求包括移民在内的非主流文化群体接受主流社会文化价值观，然后借此融入主流社会。美国历史上反复出现的“美国化运动”（Americanization Movement）就是这种态度的最鲜明表现，美国学术界和媒体界津津乐道的“大熔炉”理论，就是这种观点的最直观表述。显然，以前述自由主义思想来检验衡量的话，这种态度都有违公平和公正等自由主义原则。毕竟，把非主流社会文化群体边缘化，不承认或否认他们的平等地位，显然是对自由主义精神的亵渎，是对公平、公正理念的嘲讽。对笃信自由主义同时又深信社群主义的泰勒来说，有必要去接受新的挑战，即“在不违背普世主义根本原则的情况下，如何去应对和解决社会弱势群体边缘化的棘手难题”[①]，并认为多元文化主义为说明和解答如何平衡所有人自由与少数人平等问题提供了很好的途径。

我们知道，多元文化主义者的思想理论武器之一就是差异政治，而差异政治的核心观点之一，就是强调差异的合理性和不可或缺性，并由此出发要求主流社会给予具有差异文化特性的社会群体以平等

① Charles Taylor and Amy Gutmann (ed.), *Multiculturalism: Examining the Politics of Recognition*, New Jersey: Princeton University Press, 1994, p.63.

地位。但是，主张普世主义者的群体，要求社会对所有人群一视同仁，以基于“公共意志”的统一文化价值体系统揽整个社会，不因文化差异而对部分群体“网开一面”，通过立法和政策方式给予其“特殊”照顾。仅从抽象理论上讲，上述讲法颇有道理，体现了公正和正义。但实际情况是，由于主张普世主义者是社会多数人群，他们不仅在人数上占绝对多数，而且在社会资源上（包括政治、经济和文化资源等）处于主宰者位置，所以，他们所说的普世主义实际上并不是真正意义上的普世主义，而不过是代表他们观点和价值的普世主义，他们所说的“公共意志”，也不过是体现他们大多数人群的“群体意志”。如果社会以他们的普世主义为准则，那么，它就意味着社会遵从这个多数人群的准则。同样，如果全社会以普世主义之名来推广和执行这一大多数人群的文化价值观，那么它就意味着这个社会将走向单元文化主义（或称一元文化主义）。如此一来，如果社会要实现“公共意志”，让普世主义“普照天下”，那么，它就意味着多数人群把他们的一套价值体系强加于非主流社会人群，迫使后者做出两选：不是选择放弃“差异”、融入主流，就是选择坚持“差异”、自我孤立。任何有一点常识的人，都可以从中洞察出来，隐藏在此一通“大道理”背后的，是多数人群的一种盛气凌人的优越感。他们要求少数群体按“我们这里就是以这种方法行事的”方法办，臣服于“普世主义”价值观，同化于主流文化。泰勒认为，主流社会的这种态度不仅显现其对“他者”文化的冷淡麻木，而且暴露其对“他者”文化的粗鲁不敬。究其原因，泰勒认为，盖源于主流社会不愿意*承认*非主流社会群体，仍倾向于把他们看做“非我族类”[①]。于是，问题又回到了原点，即*承认*。

泰勒认为，平等价值*承认*，或者说*承认*政治，至少有两层意思。一层为低级*承认*，另一层为高级*承认*。所谓低级层次的*承认*，指的是主流社会根据其需求和目的来决定，社会中的那些少数群体，其

① Charles Taylor and Amy Gutmann (ed.), *Multiculturalism: Examining the Politics of Recognition*, New Jersey: Princeton University Press, 1994, p.63.

文化是否有存在的价值，其申诉是否合情合理，其群体目的是否符合整体社会的宏图大旨。对社会亚文化群体来说，这种低层次的*承认*，相当于在说“让我们的文化在规定的范围内自生自灭吧”。所谓高层次的*承认*，指的是主流社会不仅认可亚文化的存在价值和存在权利，而且*承认*社会中所有不同文化具有平等的价值，并为此给予它们平等的尊重。[①] 显然，泰勒探讨的*承认*政治不是指低层次的*承认*，而是指高层次的*承认*，即主流社会不能厚此薄彼，偏袒厚待某一种文化，歧视贬低另一种文化，而是应该对所有文化一视同仁，*承认*他们的价值，给予它们同等的尊重。道理很简单，如果按主流社会的观点和做法，实行“废黜百家、独尊儒术”，那么，单元文化主义就将独霸天下。相反，如果一个社会按差异政治倡导者的主张和要求行事，所有文化群体相互尊重、平等对待，各自价值获得对等性认可，那么，这个社会就可以打造出多元文化主义的氛围，使非主流文化群体与主流文化群体平等相处，创造出一个真正意义上的多元社会。

应该说，社会群体寻求*承认*早已有之，并非始于当代。譬如，第三世界国家的民族解放斗争，从一定意义上讲，就是一种寻求民族*承认*的政治行为。同样，一些多民族国家出现分裂或解体现象，除了一些外部原因之外，也许还与主流社会对非主流民族群体缺少尊重和承认相关。现在的问题是，假设寻求民族*承认*早已有之，且已在民族觉醒和民族斗争中显现出来，为什么它直至20世纪下半叶才被如此直截了当、如此鲜明明确地提了出来？泰勒认为，人们之所以现在提出“承认政治”这一概念，很大程度上讲，是因为当代人日益认识到，作为社会中的一员，人们的身份、自我认识、自我界定、自我尊严等，都与社会（主要指主流社会）是否*承认*及*承认*程度息息相关。[②] 获得了社会*承认*，意味着身份确定；反之，则身份错乱，甚至缺失。同样，获得的*承认*程度越高，意味着身份地位越

---

① Charles Taylor and Amy Gutmann (ed.), *Multiculturalism: Examining the Politics of Recognition*, New Jersey: Princeton University Press, 1994, p.64.

② Ibid.

高；反之，则身份地位低下。换言之，*承认*对人的身份和尊严之重要性日渐显现出来后，人们对*承认*的诉求和要求便变得越来越清晰、明确和坚定。泰勒指出，在解读和帮助社会边缘人群认识*承认*重要性方面，法国弗朗茨·法农（Frantz Fanon）功不可没，因为他在其著名的《大地上的受苦者》一书中，就受压迫和受剥削群体为何在心理上背上自信心不足乃至自我贬低之沉重十字架问题，做了犀利、深刻的分析。他指出，西方殖民主义者控制和压迫被殖民者的惯用伎俩之一，就是从心理认知上操纵和制约他们，其中一个“屡试不爽”的办法，就是将殖民者想象或编造出来的被殖民者之“他者”形象，强加到被殖民者身上，然后要求被殖民者以此形象为标准，把自己塑造成符合这种形象的人。在法农看来，受压迫者们要获得解放的话，首先必须在心理上从压迫者强加给他们的贬低形象中摆脱出来，为自己确立真正的身份，并借此获得自己的本真。① 泰勒认为，尽管法农提出的以暴力形式来清除压迫者强加的“他者”形象之办法不可取，但法农有关祛除贬损非主流人群形象之观点无疑对多元文化主义提倡者具有启示意义，其中最明显的，就是要消除或者禁止主流社会在教育领域对少数群体的贬低和歪曲。②

在泰勒看来，20世纪末美国思想界围绕多元文化主义展开的激烈辩论，其核心问题相当程度上表现在美国大学“通识课程”中的人文学科教育为学生们提供怎样的“经典”作品，因为何为“经典”、谁决定“经典”以及“经典”代表和体现哪个社会群体价值观等问题，恰恰就是多元文化主义者与单元文化主义者立场鲜明对立、观点截然相反、认知互不相同的问题。可以说，针对这一问题展开的争辩，是多元文化主义与单元文化主义斗争的焦点和缩影。譬如，长期以来，美国大学在WASP（White Anglo-Saxon Protestant）话语

① Frantz Fanon, trans. by Richard Philcox, *The Wretched of the Earth*, New York: Grove Press, 2004.

② Charles Taylor and Amy Gutmann (ed.), *Multiculturalism: Examining the Politics of Recognition*, New Jersey: Princeton University Press, 1994, p.65.

权占统治地位的影响下，为美国大学生所提供的“经典”作品，都是“死去的男性白人”留下的，体现和反映的是WASP的生活经历、价值观念和审美意识。[①] 在多元文化主义者看来，这无疑是不折不扣的单元文化主义，因为它不仅排除和排斥了所有其他社会文化群体的“经典”，而且试图把这个“经典”“薪火相传”，一直保持下去，使美国在WASP单元文化主义的继续引领下，进一步发扬光大，永葆青春。正是为了纠正这一完全偏向WASP的“经典”导向，主张和赞同多元文化主义的群体，如女性和黑人等，要求在美国高校人文学科的“经典”课程中加上女性和黑人等少数群体的“经典”作品。

从泰勒的承认政治角度来考察和审视的话，美国大学长期以来仅向美国学生提供“死去的男性白人”所留下的“经典”之做法，问题到底出在哪里呢？泰勒指出，表面上看来，“经典”书单上不包括女性和黑人等少数群体的作品，似乎是美国学生因此而失去了了解、学习和欣赏女性和黑人等少数群体的人生经历、价值理念和文化习俗的机会。泰勒认为，这些情况确实存在，而且也是推行WASP单元主义文化的不良后果之一。但是，泰勒认为，更为严重的后果是，由于“经典”都是由“死去的男性白人”书写的，且叙述的都是“死去的男性白人”的“故事”，女性和黑人等少数群体在与这些“经典”“对话”时，非但无法从中找到代表自己群体的声音，而且即使在“经典”中确实发现一些有关他/她们的“蛛丝马迹”的话，那也尽是一些贬低、鄙视、嘲弄甚至丑化他/她们的描述和叙述。如此一来，女性和黑人等少数群体在“死去的男性白人”叙述的人类“故事”中，被轻易地“一笔勾销”了，不仅难觅踪影，而且即使露出些踪影也尽是些丑恶形象。设想一下，作为一个女生或者一个少数民族的学生，不管是自己读书，还是在课堂上听课，他/她所读到和听到的一切，都源于西方男性白人的创造，都涉及西方男性白人的经历，都出自西方男性白人的智慧，与他/她所代表的人类群体无任何

---

① Charles Taylor and Amy Gutmann (ed.), *Multiculturalism: Examining the Politics of Recognition*, New Jersey: Princeton University Press, 1994, p.65.

关系。泰勒认为，“经典”读物如此排斥女性和黑人等少数群体的人生“故事”，不啻是抹杀他/她们的贡献，否认他/她们的存在。[①]可以想象，女性和黑人等少数群体被这种“经典”反复“洗脑”之后，久而久之就会对自己的群体产生怀疑、失去信心，甚至感到自卑和绝望。当他/她们无法从自己群体的先辈中找到正能量文化时，结果只有两个：一是彻底背弃自己族群的文化，拥抱主流文化；二是陷入迷茫状态，永远生活在“他者”的文化境地。简言之，从泰勒的“承认政治”角度来看，如果坚持单元文化主义的主流社会否认或者拒绝*承认*女性和黑人等少数民族群体的文化价值，这些边缘文化群体便无出路，只能听天由命，陷入自生自灭的困境。显然，要改变这种局面，自由社会需要拿出改革勇气和民主精神，从政治上*承认*女性和黑人等少数群体的文化价值，平等公正地看待包括女性和黑人在内的少数群体的生活方式和价值理念，通过增添、调整和扩充“经典”读物范围，把女性和黑人等少数群体创作的“经典”纳入进来，使“经典”本身体现出多元文化主义精神，并借此在学生中“薪火相传”。

泰勒指出，包括增加和扩大“经典”读物之类的多元文化主义主张，其背后存在着一个基本逻辑，即“我们应给予所有文化以平等的尊重”（we owe equal respect to all cultures）[②]。其理由很简单。在人类漫长的历史演进过程中，除了部分不完整的文化及发展时间较短的文化，世界上大多数文化都以某种形式或多或少地积累了人类的生活智慧。这些不同的文化可以把各自不同的经历与其他文化分享，通过讲述各自的精彩“故事”，共同编织人类的“文化大全”。泰勒指出，尽管人们不应把文化中的不同艺术表现形式等量齐观，给予同等的艺术价值，并同时清醒地认识到，世界上的各种文化发展顺序先后不一，但人们在学习研究和考察评判任何文化时，首先必须有一个基本预设，即任何一种与我们不同的文化，我们所知甚

① Charles Taylor and Amy Gutmann (ed.), *Multiculturalism: Examining the Politics of Recognition*, New Jersey: Princeton University Press, 1994, p.65.

② Ibid., p.66.

少，所以我们千万不可因它与我们不同，或者我们对它感到陌生，而“先入为主”地否定它的价值。从这个意义上讲，拒给任何文化这种预设之本身，轻者为歧视性行为，重者为否定“他者”文化的平等地位。[①]换言之，我们不可以用自己熟悉的文化表现形式中所隐含的价值，作为判断我们不熟悉的文化表现形式的价值之标准。举例来说，如果西方人用基督教信仰标准来衡量和评判其他宗教，那么，他/她也许没法客观、公正地理解后者对其他宗教信徒的价值。反之亦然。再举一例。如果欧美人用钢琴乐器的审美标准来审视和评判印度人的拉加乐曲（raga）或者中国人的二胡乐曲，那么，欧美人将永远不可能欣赏和享受东方乐器的美妙之音。反之亦然。如果两种文化都顽固不化地“坚守”自己的标准，那么，它们将无法给予对方以平等的承认，多元文化主义也因此无从谈起。

那么，人们应该如何做到文化之间的互相尊重，创造出一个多元文化环境呢？泰勒建议采纳德国哲学家伽达默尔（Gadamer）提出的视域融合（Fusion of Horizons）之观点来应对。所谓“视域融合”，指的是不同价值体系或世界观在互相尊重的基础上进行平等对话，大家设法取得同情性理解，最终实现视域融合。[②]泰勒认为，一旦人们遵循伽达默尔的视域融合来进行对话，大家就可以获得一个更宽广的视域，把自己习以为常的文化认知模式与那些陌生的文化认知模式并置，通过平等“对话”和“商讨”来了解和知晓“他者”文化的价值，并借助视域融合之路径，达到调整和改变原先价值判断标准的目标。泰勒指出，如果自由社会采取“我们应给予所有文化以平等的尊重”之态度，预设所有文化都有其可取价值，从平等的视角出发去理解和挖掘它们的价值，那么，实现视域融合的可能性就可以得到几何级增加，多元文化主义也就指日可待。相反，如果主流文化拒绝接受这种预设，不愿“放下身段”去同情地理解和

---

① Charles Taylor and Amy Gutmann (ed.), *Multiculturalism: Examining the Politics of Recognition*, New Jersey: Princeton University Press, 1994, pp.66—67.

② http://baike. baidu. com/view/2131979. htm.

欣赏非主流文化，那么，视域融合就会出现“短路”，单元文化主义与多元文化主义也会因此而陷入争论不休的僵局，相互指责、相互诋毁，直至走向“文化战争”。[①]

泰勒指出，从逻辑推理上讲，单元文化主义鼓吹者拒绝接受多元文化主义的申诉和主张完全站不住脚。这是因为，前述多元文化主义者的预设，其基本前提就是“自由主义1”所主张的平等尊重政治原则，即以平等尊重的态度对待所有的文化，主流和非主流皆然。以此观之，多元文化主义的主张和立场完全符合“自由主义1”的精神。以此推论，不仅“自由主义1”与“自由主义2”可以相互“兼容”，找到重叠处，而且“自由主义2”还可以要求“自由主义1”贯彻和落实其平等尊严政治的普世主义精神，使“自由主义2”所提倡的多元文化主义也能沐浴到平等尊严政治的普世主义阳光。泰勒坚持认为，尽管多元文化主义中隐含的“自由主义2”主张，因涉及对“自由主义1”有关“无视差异”（difference-blindness）原则的挑战而显得与其普遍主义精神相悖，但因多元文化主义主张的思想原则源于“自由主义1”有关普遍平等尊严的思想准则，所以，多元文化主义的主张，从根本上讲，是完全可以与“自由主义1”相融合的，因而没有被后者拒绝的理由。泰勒为此做了一个类比，说：“如同所有人，不管其种族和文化与他人有多少不同，都应该拥有平等民权和平等选举权一样，所有人都应该赞同这样一个预设，即他们的文化与其他文化都具有一定的价值。”[②]这里，泰勒实际上把文化平等权提高到了等同于平等公民权和平等选举权的地位，认为如同公民权和选举权不可被剥夺一样，文化权也不能被剥夺。至此，泰勒从*承认*政治出发，在论证了自由与平等内在逻辑关系的基础上指出：从根本上讲，*承认*不同文化具有价值之本身，就是秉承和坚守西方

① Charles Taylor and Amy Gutmann (ed.), *Multiculturalism: Examining the Politics of Recognition*, New Jersey: Princeton University Press, 1994, pp.67–68; James Davison Hunter, *Culture Wars: The Struggle to Define America*, New York: Basic Books, 1991, p.12.

② Charles Taylor and Amy Gutmann (ed.), *Multiculturalism: Examining the Politics of Recognition*, New Jersey: Princeton University Press, 1994, p.68.

的自由思想和平等精神。不承认弱势社会群体的文化具有平等对待的价值，不啻褫夺它们的尊严、剥夺它们的自由、否认它们的存在。为了实现真正的自由，主流社会不仅应该而且必须借助政府行为，从政治上承认所有文化，给予它们平等地位，以真正体现出自己社会的平等和民主精神。

需要指出的是，泰勒所论证的是，所有文化都具有价值，因而都必须得到平等对待；他并没有指出也没有坚持，所有文化都具有同等价值，因为文化平等对待和文化具有同等价值毕竟不是一回事。泰勒执意要强调的是，主流文化不应利用自己的强势地位，以先入为主的思维定式，把非主流文化判为“次流”文化，或戴着“有色眼镜”判断非主流文化。简言之，所有文化都具有价值，无论其价值大小多少，此为其一；自由社会以民主为基石，所有人群都享有平等权利，无论该人群人数多寡，此为其二；作为自由和民主的维护者和捍卫者，政府有责任和义务在政治上*承认*所有社会群体的文化，尤其是非主流群体文化，确保它们的生存和发展，此为其三；政府是否政治上*承认*非主流文化事关重大，因为它涉及非主流文化群体的身份认同问题，而一旦身份缺失，即等同于失去平等公民身份，此为其四；自由与平等存在内在张力，但也可相互兼容，政府的责任在于平衡两者，即通过提高非主流文化群体的政治、经济和社会平等地位来促进和弘扬自由精神，并同时通过公平自由精神的张扬来确保和巩固平等原则的实现。具体到多元文化主义，这意味着主流文化*承认*非主流文化与主流文化的*差异*，不仅不把差异视为“他者”或“另类”而加以歧视和排斥，反而将其视为财富和宝藏而给予珍视、接纳和保护。毕竟，无论从字面意义上讲，还是从实际内涵上讲，所谓“多元文化”，指的就是有多种具有差异的文化；而所谓的“主义”，就是要求从政治上确定和确保这种多元文化或多样文化格局的合法性和合理性。其关键就是在政治上*承认*文化的差异性。下面讨论多元文化主义中的另一个重要理论，即差异政治。

第二章

差异政治
——多元文化主义理论（2）

多元文化主义，从本质上讲，就是主张和要求*承认*不同文化，而*承认*不同文化之要义，就是*承认*不同文化的差异。如果拒绝*承认*文化差异，那不啻意味着漠视其他文化的存在，甚或鄙视“他者”文化的价值。因此，一个社会若要构建一个真正的多元文化格局，就必须以开放、包容、平等的心态对待所有文化，而不是以狭隘、排斥、自大的态度对待不同文化。要实现这一点，主流社会一方面有必要摆脱其“赢者通吃”的思维定式，摒弃任何试图消除文化差异、同化不同文化人群的念头和计划；另一方面须采取措施，从政治上*承认*文化差异，不仅在法律上确保不同文化享有平等地位，而且在政策上积极提升非主流文化地位，使后者以平等的身份与主流文化“平起平坐”，共同创建一个斑斓多彩的多元文化社会。毋庸说，这里所谓的“差异”乃是与主流社会文化或主流社会规定的相关“标准”相对而言的，主要指西方主流社会长期以来漠视或者敌视的“差异”文化。所以，非主流群体若想使其文化差异获得*承*

认，一是需要他们去积极争取斗争，二是需要主流社会拿出政治意愿。显然，围绕“差异”展开的较量，如同前述围绕“承认”进行的较量一样，也是一场政治博弈。前者为“承认政治”，后者为“差异政治”；两者诉求对象不一，但目标一致，即为非主流文化群体争取平等权利和地位，实现多元文化主义。

第一节　差异政治的渊源

作为一种现象，人类中的差异可说是“与生俱来”；但如何对待差异，则反映出人类对自己的认识及人类社会的进步和文明程度。譬如，针对那些种族、阶级、性别、信仰、族裔、习俗、语言及性取向等方面与我们不同的人群所采取的态度和立场，往往能够折射和体现出一个民族国家（nation-state）的价值观念和文明程度。“非我族类”是一种，“天下一家”是另一种。前者体现了对异类的拒绝和排斥，后者表现了对另类的包容和接纳。整个人类历史上，因“差异”而引发的纷争冲突和战争暴力此起彼伏，从未间断。究其原因，各种因素盘根错节地纠缠绞合在一起，难以一言一语说清，但从文化或文化人类学角度讲，对“差异”的认识和理解肯定是其中一个重要原因。中国先哲孔子所言“君子和而不同，小人同而不和”，讲的就是这个道理；而中国传统文化所倡导的“万物并育而不相害，道并行而不相悖”之精神，则更清晰地表达了如何对待“差异”的正确立场和态度。

西方人在“差异”问题上也不乏各种观点，经历了一番“否定之否定”的过程。据印度学者古普里特·马哈简（Gurpreet Mahajan）考察，公元前4世纪时，即亚里士多德时代，西方哲人曾对人类的“差异”问题有过明确的界定。譬如，亚里士多德本人就不信平等，而是主张社会等级制，强调社会差序格局的重要性。他明确指出，人本质上是不同的，如有的人具有理性思辨和思考决断的能力，而有的人则只能听从他人的指引和教导。以此推论，亚里士多德认为，在古希腊这样的城邦里，人们不可能处于相同的地位，也不可能得到相同的待遇。依此，亚里士多德把人分为优、劣两类，并为此把他们定为隶属关系（如奴隶主与奴隶）、主从关系（如男性与女性）和尊卑关系（如家长与子女）。概言之，亚里士多德认为，鉴于人类本质上存在“差异”，社会应该区别对待他们，根据他们“良莠不齐”的情况，要求他们承担相应的责任和义务。①显然，亚里士多德为古希腊社会构建的“蓝图”名义上基于所谓的智力“差异”，其结果是导致阶级分野，出现社会等级制。这与中国封建社会强调的“君君、臣臣、父父、子子”纲常伦理如出一辙，都旨在建立和固化社会等级制，把人类“差异化”。

进入近现代社会后，随着自由主义思想的兴起，尤其是随着“天赋人权”思想的广泛传播，西方人深受启蒙，开始质疑亚里士多德式的社会等级观念及建立在这种等级观念基础之上的社会等级制度。为此，西方诸多国家，如英、美、法等，掀起了一场旨在消除社会或国家等级“差异”、争取个人或民族平等与自由的斗争。在与君主和贵族的斗争中，西方社会的民主思想逐步发展，新兴阶级和普通民众的权利意识和自主观念不断增强。在这股强劲民主之风的吹拂下，原先基于种族、性别、宗教、阶级或种姓“差异”的社会等级制受到挑战和批评。用托马斯·杰弗逊在《独立宣言》中的话来说，“人人生而平等”，都拥有“自由、平等和追求幸福”等不可剥夺的权利。这些“天赋权利”“不言自明”，不因种族、性别、宗教和阶级或种姓等人为产生的“差异”而被剥夺。②之后，随着民主

① Gurpreet Mahajan, *The Multicultural Path: Issues of Diversity and Discrimination in Democracy*, California: Sage Publications, Inc., 2002, p.86.

② 这里需要指出，美国《独立宣言》发布时，那些所谓的“国父们”恰恰在“差异”问题上“跌了筋斗”，以“差异”为由，把黑人、女性、印第安人和无产者等群体当做“另类”，长期剥夺他们的“自由、平等和追求幸福的权利”。这一现象一方面反映了美国“国父们”思想的局限性，另一方面也说明了资产阶级革命家的虚伪。

思想进一步深入人心，西方人的平等意识愈益增强，要求民主社会在公民权、民权和人权等问题上摒弃任何人为的“差异”标准，给予所有公民平等自由权，即“我们不因信仰相异或者肤色不同而把人类划分开来，因为作为人类大家庭的一员，我们每个人都一样，都必须得到平等相同的对待，至少在法律面前人人平等，不分高低”[①]。

显然，作为对亚里士多德所主张的社会等级制的一种回应和反动，自由主义“天赋人权”思想原则和政治立场无疑是人类历史上的一大进步。其坚持人人平等、反对以“差异”为借口来建立社会等级制的观点，为创建民主社会奠定了不可或缺的理论基础。这里特别需要提及的是，“天赋人权”思想否定了“差异”观点的基础。如前所述，亚里士多德等古代西哲所提出的社会等级制，完全建立在种族、宗教、阶级或种姓等承袭于祖辈的因素，人们因这些方面存在“差异”而被划入泾渭分明的不同阶层和类别。社会等级如此划分后，一个人的社会角色和身份，不仅“与生俱来”，而且“终生相伴”。个人既无法选择，也无法改变，只有顺从“认命”，或终生主人，或终生仆人。更糟糕的是，这种等级制安排不仅现世如此，而且世代相传，个人无论怎样优秀或如何差劲，都无力撼动或改变这种局面。与此相反，“天赋人权”观点开宗明义地指出，社会角色和社会身份及与此相关的公民权利和权益，与其说是天生承袭的，还不如说是天生赋予的。这里同样是“天生”，但在“承袭”和“赋予”之间，却存在天壤之别。前者源于无法控制和无法改变的“祖传”，如种姓/阶级和肤色等，因而天生存在“差异”，后者的源泉人无法控制，且没有必要改变，因为它是“天赋”的。人们不因在肤色、性别或宗教等方面存在“差异”而被剥夺每个公民都应享有的权利。前者以“差异”为出发点来确定人类区别、建立社会差序，后者以“相同”（sameness）为预设赋予所有人以平等公民权，包括那些“承袭”了不同肤色、宗教、种姓/阶级的人群，旨在建立一

① Gurpreet Mahajan, *The Multicultural Path: Issues of Diversity and Discrimination in Democracy*, California: Sage Publications, Inc., 2002, p.86.

个公正平等的民主社会。如果说基于“差异”观念的等级制在于排斥“另类”，拒绝给予他们平等权利，那么，基于“相同”理念的平等社会则在于接纳不同人群，赋予他们同等的权利。这是自由主义“天赋人权”观和平等观最基本和最核心的思想。

从历史发展角度来说，自由主义代表着人类自我认识和自我解放的一大飞跃，是人类摆脱蒙昧、走向觉醒、赢得自由的重要理论武器，也是人类社会不断发展、日益文明的思想源泉。自由主义有关普遍公民权的主张和理想尤其值得称道，因为它为原先被等级制排斥在外的社会群体以平等身份进入公共政治领域，从理论上做了无可辩驳的论证，使得他们逐渐把它从“批判的武器”变成“武器的批判”。所谓“批判的武器”，指的是以自由主义为武器来批判社会等级制观念；所谓“武器的批判”，指的是用多元文化主义批判自由主义，其中一个重要视角就是从“差异政治”立场检视、批评和揭露自由主义的局限性及它本质上对非主流社会群体的偏见和不公。这不能不说是一个悖论。这是因为，如前所述，恰恰是自由主义打出了消除世袭制的旗帜，不仅提出“人人生而平等”，倡导全民拥有公民权，而且要求摒弃和废除以肤色、性别和种姓/阶级“论英雄”的观念和习俗，以确保社会所有成员，无论其与主流群体存在多少“差异”，都享有公民的基本权利和权益。然而，令自由主义鼓吹者和捍卫者甚感困惑和不悦的是，主张“差异政治”的多元文化主义者，非但不赞同自由主义对“差异”的漠视和抹杀，而且还对自由主义的这一立场大加指责，强烈要求主流文化承认和保护“差异”文化，竭力主张突显和高扬“差异”文化的重要性。正是在这里，多元文化主义引出了一个与“承认政治”理论相辅相成、互为一体的理论，即“差异政治”理论。两者可说是一枚硬币的两面，因为“承认政治”中的“承认”，指的就是承认那些“差异”文化群体；而“差异政治”所诉求的，恰恰就是“差异”的正当性和合理性及“差异”获得“承认”的重要性和必要性。

现在的问题是：自由主义理念及建立在其思想基础上的制度是否伤害了“差异”文化？如果答案是肯定的，那么，我们需要进一步追问一系列与此相关的问题，如自由主义在哪些方面不利于“差异”文化？为什么自由主义会对“差异”文化造成不公？多元文化主义为什么要举出“差异政治”这面大旗？“差异政治”的认知前提是什么？其思想逻辑的合理性在哪里？其具体申诉和诉求为哪些？其目标和宗旨是什么？从相当程度上讲，思考和解答这些问题，实际上就是在思考和诠释多元文化主义的本质。原因很简单：所谓多元文化主义，其本质就是强调“多元”，而所谓“多元”，其本质就在于“差异”。没有“差异”就不成“多元”，而“多元”一旦形成，“差异”也自然就在其中。

从理论角度上讲，多数中国学者倾向于认为，多元文化主义的“差异政治”理论是对自由主义的一种批判性回应；①但也有中国学者指出，“差异政治”理论是试图拆解、颠覆甚至取代自由主义的一种激进理论。②公允而言，作为后现代主义思潮的一部分，以否定同一性和普世主义为指归的“差异政治”确实具有很大的颠覆性，但说“差异政治”旨在取代自由主义也许言过其实。第一章在考察和讨论泰勒“承认政治”理论时，曾探讨和分析了其“自由主义1”和“自由主义2”相互兼容的观点，明确指出，基于社会普遍平等观念的自由主义精神与基于个人自由最大化的自由主义理念有可通之处。可见，多元文化主义构建自己的理论时并没有踢开或摒弃自由主义，而是采取了批判反思的态度，剔除糟粕，取其精华，“为我所用”。事实上，多元文化主义非但没有否认自由主义对创建民主社会的贡献，反而理性地给予自由主义以充分高度的评价，认为自由主义对民主社会不断走向开放、包容、平等做出了积极有益的贡献。多元文化主义对自由主义感到不满甚至怨怒的是，后者提出和倡导的“全民公民权理想”（the Ideal of Universal Citizenship）境界高尚，

---

① 马晓燕，“差异政治：超越自由主义与社群主义正义之争”，《伦理学研究》，2010年第1期，第114页；刁瑷辉，“差异政治与协商民主”，《浙江社会科学》，2009年第6期，第30—31页。

② 常士訚主编，《异中求和——当代西方多元文化主义政治思想研究》，北京：人民出版社，2009年，第273页。

但主要惠及主流社会群体，那些非主流文化群体因被政治、社会、文化边缘化而无法充分享受“全民公民权”。究其原因，多元文化主义者认为，自由主义者“没有采取有效措施”去实现“全民公民权理想”，而自由主义者之所以“没有采取有效措施”，是因为：1）自由主义理念及建立在其基础之上的政治体制本身存在先天性缺陷；2）自由主义者长期以来漠视乃至拒绝承认非主流文化的“差异”性。①

第二节　社会少数群体的“双重意识”

为什么多元文化主义说自由主义理念及建立在其基础上的政治制度本身存在先天性缺陷呢？如前所述，自由主义举起“天赋人权”和“人人平等”的大旗时，其思想理论前提就是，人天生平等，无贵贱之分，所有公民都享有自由和平等权利；皇帝与臣民、贵族与贫民、主人与仆人、奴隶主与奴隶等阶级分野现象，并非上苍决定那样“天经地义”，而是一种人为安排，旨在为特权阶级服务和谋利。基于这样一个赋予全民公民权的普世主义理论，自由主义理所当然地要否定任何基于“差异”的特权诉求，更不会采取任何措施来鼓励和弘扬“差异”。相当程度上讲，在自由主义的价值坐标系里，因“差异”而提供“特殊照顾”无异于亵渎自由主义笃信和坚守的普遍平等观念，为培育特权阶级提供温床，动摇自由主义的根基。因此，为了确保自由主义精神“不改变颜色”，自由主义者长期以来对“差异”一直持冷漠态度，坚持认为任何人或群体都不能以“差异”为由而寻求“特殊照顾”，以至威胁或损害他人的自由。

如果仅从抽象理论角度来看，自由主义上述这番阐释不无道理。

① Gurpreet Mahajan, *The Multicultural Path: Issues of Diversity and Discrimination in Democracy*, California: Sage Publications, Inc., 2002, p.86.

同样，如果上述自由主义原则一以贯之地付诸行动，自由主义无疑精神可嘉。更重要的是，如果自由主义更关注平等原则的实际内涵而不仅仅是它的外在形式，那么，它也就不会遭到多元文化主义的批评，被指责说在实现“全民公民权理想”方面的业绩乏善可陈。问题到底出在哪里呢？在多元文化主义者看来，自由主义问题的根子在于：“它在使所有具有不同身份认同的人在获得国家政体成员资格之同时，没有为他/她们提供平等的民主公民资格。”[①]这句话读上去有点拗口，我们不妨先把它细化处理一下。第一，所谓“具有不同身份认同的人”，指的是不同社会群体，如黑人、印第安人、女性和同性恋人群等，他/她们都具有不同的文化身份。第二，所谓“获得国家政体成员资格”，说的是国家政权赋予其成员国籍身份。第三，所谓“平等的民主公民资格”，指的是“名义上是公民，实际上无法平等享受公民权利”。这样细化之后，我们不妨把上述那句较拗口的文字表述为：建立在自由主义理念基础上的民主国家，赋予其所有国民以国籍，并在名义上赋予他/她们以公民权，但没有为文化身份认同不同的社会群体提供平等享受公民权的保障。

换言之，在多元文化主义者看来，自由主义所信奉的公民资格/权利全民化、普遍化、一致化的原则，貌似合理、公平、公正，但由于它撇开和无视不同社会群体的文化“差异”谈论“全民化、普遍化、一致化”，自由主义宣称的“合理、公平、公正”的民主社会只是对主流文化群体而言，并不包括具有“差异”文化身份认同的非主流文化群体。如此一来，建立在这种自由主义理念基础之上的民主社会便留下了诸多不利于非主流文化群体的结构性歧视，其中最主要的是剥夺他们的公民权（如黑人）和平等权（如女性），导致他/她们沦为二等公民。多元文化主义者认为，造成这一结果的原因来自三个方面：1）自由主义仅在国家层面上承认全民公民资格和权利，导致众多非主流文化群体在州和地方层面的公民权无法得到

① Gurpreet Mahajan, *The Multicultural Path: Issues of Diversity and Discrimination in Democracy*, California: Sage Publications, Inc., 2002, p.86.

保障，如美国南方黑人曾长期被剥夺公民选举权；2）自由主义假设共和国里或任何民主共同体内存在着一种单一同质的公共社会，但实际上任何社会都存在异质因子；3）自由主义要求对社会所有成员一视同仁、相同对待，不允许因“差异”而搞“特殊化”。[①]在多元文化主义者看来，这三个原因之组合，直接导致了非主流文化群体的社会边缘化，致使他们以公民身份生活在一个无法平等享受公民权利的国家里。造成这一现象的终极原因，就是主流社会拒绝认可他们的“差异”及拒绝为此采取相应措施。是为“差异政治”之源。

鉴于被主流社会边缘化的“差异”文化群体集中于非主流社会群体，所以，这些被无视和遮蔽的“差异”文化群体，对二等公民身份最有切肤之感，因而也最有可能反思、质疑和批判自由主义对“差异”文化群体的漠视及由此给他们造成的伤害。美国社会里，黑人无疑是这些二等公民群体中最具代表性的一个“差异”群体，其反思之深刻和批判之犀利达到了其他非主流社会群体都难以企及的程度，其中黑人政治思想领袖W. E. B. 杜波依斯（William Edward Burghardt Du Bois）的“黑人双重意识”（double consciousness），最典型地反映了非主流社会群体之“差异”文化被无视或否认之后对黑人造成的严重后果。[②]譬如，在论述美国黑人因种族等“差异”而产生的身份认同困境时，杜波依斯曾做了下面淋漓尽致、入木三分的剖析和论述：

> 黑人深感其双重性：既是美国人又是黑人。在他黑肤色裹着的躯体里存在着两颗灵魂、两种思想、两个不停争斗的理想和两种无法调和的奋斗精神。美国黑人历史就是这样一个奋斗史：渴望获得自觉的人类尊严，把其双重性合二为一，成为一

① Gurpreet Mahajan, *The Multicultural Path: Issues of Diversity and Discrimination in Democracy*, California: Sage Publications, Inc., 2002, p.87.

② Nasar Meer, *Citizenship, Identity and the Politics of Multiculturalism: The Rise of Muslim Consciousness*, London: Palgrave Macmillan, 2010, pp.31—32.

个更好、更真实的自我。他不会使美国非洲化，因为美国有许多东西可传教给世界和非洲，他也不会让黑人灵魂在白人美国主义的洪流中漂白，因为他明白黑人血液里流淌着一个传递给整个世界的信息。实际上，美国黑人仅仅希望有可能既是黑人又是美国人……[①]

细读一下杜波依斯的这段文字，我们可以概括出下面几个主要观点：1）由于与白人主流文化相异，美国黑人长期以来受到欺压、歧视和排斥，无法融入美国主流社会；2）美国黑人具有独特传统，它们是黑人身份的基因，其优秀文化可以与整个世界分享；3）美国黑人既洞察到了白人文化的魅力，又深谙黑人文化的精髓，认为两者都可以为世界贡献一分力量；4）美国黑人既想享有美国公民资格和权利，又想保持其黑人文化传统和身份。然而，出于根深蒂固的种族主义思想，白人主流社会一直因黑人的“差异”性而把他/她们作“他者”看待。在允许他/她们栖息在美国时，白人先是使黑人沦为奴隶，继而剥夺黑人的公民权、把他/她们作二等公民处理，直至今日仍以各种缘由设置种种障碍，阻止黑人享受平等公民权。显然，美国黑人的这种身份尴尬即源于上述两个原因，即，“一方面白人主流社会把黑人归入美国国家政体（polity），把他们看做国家内在构成的一部分，另一方面又把他们排斥在公共文化领域之外”[②]，造成杜波依斯所说的“生活在自己房屋里的人被当做陌生人抛弃”的局面。[③]毋庸说，黑人自认为“生活在自己房屋里”，但白人主流社会却一直把他们当做“陌生人”看待，一不满意即把他们“抛弃”。从身份认同角度来说，这里的白人主体性与黑人主体性都试图从自己

① W. E. B. Du Bois, ed. by Henry Gates and Terri Oliver, *The Souls of Black Folk*, New York: W. W. Norton & Company, 1999, pp.10—11.

② Nasar Meer, *Citizenship, Identity and the Politics of Multiculturalism: The Rise of Muslim Consciousness*, London: Palgrave Macmillan, 2010, p.40.

③ W. E. B. Du Bois, ed. by Henry Gates and Terri Oliver, *The Souls of Black Folk*, New York: W. W. Norton & Company, 1999, pp.10—11.

的视角来确立自己的身份和地位，但由于白人占绝对主导地位，拥有绝对话语权，所以他们从白人利益出发，按白人价值准则列出黑人的种种“差异”，并以此为由把他们归入异类。不难看出，当白人与黑人的主体性发生冲突时，其最后结局取决于谁拥有主导权和话语权；两者的关系从本质上讲是权力关系。只要主流社会拒绝认可和接受非主流群体的“差异”，后者的命运只能是作为“陌生人”被前者抛弃。于白人来说，他们因拥有自由和话语权而生活地富有生气和尊严；但对黑人来说，他们则因“生活在自己房屋里”“被当做陌生人抛弃”而失去尊严、丧失自我。

杜波依斯指出，黑人“差异”被白人主流社会抹杀和否定之后，他们的自我意识无可避免地会出现混乱和冲突。首先，长期生活在白人主流社会种族歧视的环境下，黑人往往自觉或不自觉地把白人对他们的刻板和矮化形象内化，然后在思想和行动上去“对号入座”，导致自我身份的扭曲。其次，作为具有美国国籍的美国人，黑人在承担公民责任和义务上必须与白人一样，如上缴收入所得税和征兵入伍等义务，但在享受公民权方面，如选举权、平等受教育权和就业权，却不能与白人完全一致。这不仅使美国黑人对自己的身份产生怀疑，而且对这种不公待遇感到怨恨。第三，当美国黑人受双重身份煎熬，既想做美国人又不愿放弃黑人“差异”文化传统时，白人主流社会予以抵制和反对，要求他们仅做美国人而不是非裔美国人这种带连字符号、显示双重身份的美国人（非裔美国人英语为African-American 或 African American），致使美国黑人无法摆脱自己双重身份认同的困境。[①]其结果是，由于没有话语权，且“差异”文化又不被认同和接受，又无法充分享受公民权，美国黑人在白人文化一统天下的环境下，逐渐形成了扭曲化了的自我意识。这是因为，作为“他者”和“问题群体”，他们在白人文化的压抑和控制下，往往只能从白人眼中来了解、认识和确定自己，“不仅无法找到自己的真

---

① W. E. B. Du Bois, ed. by Henry Gates and Terri Oliver, *The Souls of Black Folk*, New York: W. W. Norton & Company, 1999, pp.10–11.

实身份”，而且不知不觉中“内化了许多白人有关黑人的种族主义言论”[①]。杜波依斯认为，美国黑人这种自我认知上的偏差主要源于两个方面。一是植根于美国白人价值观的主流文化无孔不入、渗透于各个领域，黑人在构建自我身份时摆脱不了主流文化的影响。二是美国主流社会没有为黑人与白人之间相互理解建立必要的沟通机制[②]，导致黑人像是一个“生活于美利坚民族之中的另一个民族”（a nation within a nation），成为著名黑人作家拉夫尔·埃里森所说的被人视而不见的“隐身人”（Invisible Man），即一个存在与否完全可以忽略不计的人。[③]

在批评和指责白人主流社会无视黑人“差异”、否定黑人存在的同时，杜波依斯指出，相比于美国白人，黑人因长期遭受欺压而得以对自由精神有更深透和更全面的理解。这主要表现在三个方面：第一，作为受欺压者，黑人能够从完全有别于白人欺压者的视角理解自由的真谛；第二，作为“隐身人”，黑人始终处于“暗处”，可以观察到许多白人看不见的东西，对真实的美国有更深刻的了解；第三，作为受歧视者，黑人对美国民主理念和社会现实之间的差距不仅看得更清楚，而且感受得更深切。[④]基于这三点，杜波依斯指出，因“差异”而被白人主流社会遮蔽起来的黑人，一旦把遮蔽住他们的“面纱”（veil）给掀开，且白人社会设法努力客观公正地了解黑人的“差异”，那么，不仅黑人的“异化”感可以逐渐减弱，而且美国社会还可以朝着更民主、更自由的方向发展。[⑤]概言之，杜波

① Nasar Meer, *Citizenship, Identity and the Politics of Multiculturalism: The Rise of Muslim Consciousness*, London: Palgrave Macmillan, 2010, p.41.

② Ibid.

③ Frederic Douglass, “The present condition and future prospects of the negro people”, speech of the American and Foreign Anti-slavery Society, New York, reprinted in Philip S. Foner, *The Life and Writings of Frederic Douglass, II*, New York: International Publishers, 1950, pp.150—152; Ralph Ellison, *Invisible Man*, New York: Random House, 1952.

④ W. E. B. Du Bois, “Does the negro need separate schools?” in Julius Lester (ed.), *The Thought and Writings of W. E. B. Du Bois*, New York: Random House, 1971, pp.414—416.

⑤ Nasar Meer, *Citizenship, Identity and the Politics of Multiculturalism: The Rise of Muslim Consciousness*, London: Palgrave Macmillan, 2010, p.42.

依斯在考察和分析了黑人的特殊历史经历、自我身份认同基础、美国自由理念和美国社会现实后，对美国黑人的出路和追求目标自问自答地得出了这样的结论："我是谁？我是美国人还是黑人？我可以同时既是美国人又是黑人？我们是名副其实的美国人，不仅因为我们出生于美国和拥有国籍，而且因为我们有不同于白人的政治理想。"①显而易见，杜波依斯在黑人身份认同问题上的立场是，既反对文化同化又不赞同文化分离，而是坚持文化差异，以"非裔美国人"这种带连字符号的方式来体现自己的独特身份、表达自己的存在意识、展现真实的自我本质。②

第三节　"差异政治"理论的形成

从很大程度上讲，杜波依斯所主张的连字符号式身份认同（hyphenated identity），就是20世纪末出现的多元文化主义中的"差异政治"理论，只是他那时没有使用"差异政治"这一表述而已。其核心观点是，作为少数群体，美国黑人与白人主流社会存在诸多"差异"。这些"差异"是构成黑人身份认同的基本元素，是他们真实自我的"命根子"，是他们能为美国重新定义自由和平等的宝贵财富。所以，美国黑人不仅可以而且应该平等地参与社会公共领域的一切活动，以有别于其他社会群体的方式，为美国社会发展和进步做出独特的贡献。应该说，杜波依斯的这些论述，尽管没有理论系统化，但已经涉及和阐释了"差异政治"理论的核心内容，其贡献不言自明。把"差异政治"理论化并以比较系统的形式构建成政治

---

① W. E. B. Du Bois, "The conservation of races", in David Lewis (ed.), *W. E. B. Du Bois: A Reader*, New York: Henry Holt, 1999, p.24.

② Nasar Meer, *Citizenship, Identity and the Politics of Multiculturalism: The Rise of Muslim Consciousness*, London: Palgrave Macmillan, 2010, pp.44–45.

哲学的是爱丽丝·玛丽恩·杨（Iris Marion Young），其1990年出版的《正义与差异政治》（*Justice and the Politics of Difference*）一书被认为是多元文化主义理论构建中具有标志意义的学术论著。[①]总体上讲，《正义与差异政治》构架宏大，视野宽阔，“以女性主义理论为基点，通过对分配正义理论以及自由主义普遍公民观的批判，构建了差异政治理论”[②]。限于篇幅，这里仅就杨“差异政治”理论与多元文化主义最密切相关的部分做一简述和分析。

杨认为，一个社会的正义不仅取决于该社会的分配是否正义，而且还涉及该社会的政治制度安排是否正义。譬如，尽管包括美国在内的当今西方民主国家都早已不存在专制制度，但众多社会弱势群体仍遭受不同程度的压迫，究其原因，它显然不是由专制制度造成的，而是由不正义的政治、经济、社会和文化制度及结构所致。根据她对美国等民主国家的观察和分析，杨总结概括出了五种针对社会少数群体的压迫，它们分别为：剥削（exploitation）、边缘化（marginalization）、无能为力（powerlessness）[③]、文化帝国主义（cultural imperialism）及暴力和骚扰（violence and harassment）。[④]显然，这五种压迫形式在烈度和强度上与专制下的压迫都有区别。杨认为，这种“新形式”的压迫，最典型地体现为对少数群体的压迫，其原因之一就是主流社会在构建自由民主社会时漠视乃至拒绝和否定少数群体的独特性和差异性。[⑤]

---

① Nasar Meer, *Citizenship, Identity and the Politics of Multiculturalism: The Rise of Muslim Consciousness*, London: Palgrave Macmillan, 2010, p.46.

② 常士訚主编，《异中求和——当代西方多元文化主义政治思想研究》，北京：人民出版社，2009年，第274页。

③ 常士訚主编的《异中求和——当代西方多元文化主义政治思想研究》一书，把powerlessness译成“无权”（第339页），笔者不敢苟同，认为这里的英语power宜译成“力量”。类似的表述如：knowledge is power（知识就是力量）；black power（黑人力量）；empowerment of women（赋予妇女以力量）等。

④ Iris Marion Young, *Justice and the Politics of Difference*, Princeton: Princeton University Press, 1990, p.16.

⑤ Ibid., p. 97.

那么，主流社会是如何以及为什么漠视乃至拒绝和否定少数群体的独特性和差异性的呢？杨认为，它源于自由主义理论家鼓吹、坚持和追求的普世性公正理想和同质化社会模式。本章前面曾提及，自由主义在批驳和反对贵族等级制时，以“天赋人权”和“人人平等”为思想武器，宣扬和主张普遍公正，坚持认为所有社会成员都享有公民资格和权利，不允许任何个人或群体以“差异”为由提出“特殊化”要求。所有这些说法抽象来看的话，不仅冠冕堂皇、振振有词，而且境界高尚、令人向往。但杨等多元文化主义者，恰恰在这些观点上发现了问题，认为“参与民主制”（participatory democracy）出现了问题。原因有二：第一，“参与民主制”的前提是社会实行普遍公正原则和全民公民权，不接受任何个人或群体的“例外”或“特例”之类的要求；第二，普遍公正原则和全民公民权由多数人决定，而一旦决定，它们便自然成为“放之四海而皆准”的真理。[①]毋庸说，这两条原则由多数人制定、为多数人谋利，所以，它们既显示“公正”又体现“真理”。然而，对其“差异性”和“特色性”受到漠视的少数群体来说，这两条原则不仅有失公正，而且尽显“歪理”。譬如，杨在批评自由主义一味强调价值观念一统性和政治原则一致性时指出，为了把社会各个文化群体都纳入和收编进政治体制中，基于自由主义理念的多数民主制，要求社会中的少数群体摒弃他们的文化差异和特殊需求，通过文化同化的“洗礼”方式，接受和适应主流社会的“政治准则、伦理价值和文化习俗”，以便全面享受公民权利和公民地位。[②]显然，少数群体若要享受全面公民权，其先决条件是放弃他们的“差异”，包括他们长期坚守的价值观和文化传统。

杨指出，向少数群体提出这种要求之所以不公正，是因为这些

① Iris Marion Young, *Justice and the Politics of Difference*, Princeton: Princeton University Press, 1990, pp. 97—98.

② Nasar Meer, *Citizenship, Identity and the Politics of Multiculturalism: The Rise of Muslim Consciousness*, London: Palgrave Macmillan, 2010, p.46.

“原则”都是在少数群体缺席的情况下制定的。[①]少数群体缺席有两种可能：一是他们原先就被排除在外，没有参加这些“原则”的制定，如美国制定宪法时，黑人和印第安人就被排除在外；二是他们“在游戏开始后才参与”，根本不清楚“游戏规则”是怎么制定以及为何制定的，如移居美国的新移民和新近获得民权和受教育权的黑人等。但是，无论是何种情况，少数群体参与“游戏”后，必须遵循他们缺席情况下制定的规则和条例。如果我们把成为美国公民比喻为参与“游戏”，那么，少数群体参与“游戏”玩耍之过程，就是他们被美国文化同化的过程，即按照既定的、由美国多数人制定的规矩、标准和原则生活和行事。杨指出，也许文化同化有多条路径供少数群体选择，后者可“按需索取”“为我所用”，但无论有多少种选择，少数群体都逃离不了承受文化上“脱胎换骨”的宿命。毕竟，所谓的“多项选项”只是在同化方式和程度上不同而已，本质上并没有多大区别，因为文化同化之最终目的，恰如杜波依斯所说，旨在“用白人美国主义（Americanism）的洪流来‘漂白’黑人的灵魂”[②]。但问题是，包括黑人在内的少数族裔，大多数人不愿意看到自己的“灵魂”被“漂白”，而更乐意“既是黑人又是美国人”。可见，在美国这样一个多民族、多族裔、多宗教、多文化的国度里，当白人主流社会试图以统一一致的标准和准则来确定公民地位和公民权利时，他们不可能也不愿意把少数群体的“差异”因素考虑进去，导致后者边缘化，始终处于不平等的政治、经济、社会和文化地位。这即为杨的“差异政治”理论所论述的核心观点，即主流社会忽略和无视社会少数群体的“差异”时会对后者造成不公，使社会正义大打折扣。

杨指出，从理论上讲，自由主义对社会少数群体带来不公的最

① Iris Marion Young, *Justice and the Politics of Difference*, Princeton: Princeton University Press, 1990, p.165.

② W. E. B. Du Bois, ed. by Henry Gates and Terri Oliver, *The Souls of Black Folk*, New York: W. W. Norton & Company, 1999, pp.10—11.

根本原因，在于它的理论预设，即认为建立在个人权利基础之上的全民公民权制度，足以满足社会正义基本原则。[①]其道理十分简单：既然每个人都享有公民权，社会正义怎么会缺失呢？为此，自由主义者认为，为了彰显社会正义（即人人自由和平等），公共领域内，所有人一律一视同仁，任何人或群体都不因“差异”而享受“特殊待遇”，“差异”仅适用于私人领域。杨不赞同这一理论预设及其推论，明确指出：由主流社会人为划定的社会群体，其社会身份本身就是由主流社会强加在他们身上、而非他们自由选择的，无论是过去还是现在，这种非主流群体因被归入二等公民社会身份而导致他们不是遭受欺压就是处于不利地位。所谓的个人权利和全民公民权，就算不是一纸空文，也至少可以说是名不副实。换言之，在忽略非主流群体“差异”及他们为此而遭受剥削和歧视等现象的情况下，如果主流社会仍一味主张一致性和统一性，那只能使非主流群体永远处于不利的边缘化地位。这是因为，由于“这些非主流群体的经历、文化和社会化的能力（socialized capacities）与特权社会群体大相径庭”，当后者以个人权利为前提确定公民权时，他们已经“预先”排除了公正、平等对待非主流群体的可能。所谓的“公民权”，仅对特权社会群体而言，而不包括非主流群体。[②]由此可见，主流社会忽略和漠视群体差异之本身，就是对“差异”群体的一种压迫，就是社会不公的一种表现，就是社会正义缺失的一种表征。这即为杨的“差异政治”观点之理论基础。

在论述了“差异理论”的核心思想和理论基础之后，杨对自由主义所谓的中立立场展开了批判和驳斥。如同上述讨论反复指出的，无论是自由主义宣称的个人权利和全民公民权观点，还是自由主义主张的普世主义精神，其支撑点就是一视同仁、不偏不倚的中立立

① Nasar Meer, *Citizenship, Identity and the Politics of Multiculturalism: The Rise of Muslim Consciousness*, London: Palgrave Macmillan, 2010, p.46.

② Iris Marion Young, *Justice and the Politics of Difference*, Princeton: Princeton University Press, 1990, p.165.

场，即不搞“特殊化”。杨对此不敢苟同，从“差异理论”出发，对它做了犀利的剖析和批判。她指出，首先，“允许社会特权群体的观点和经历来制定和表达公共准则”之本身，就难以令人信服它们是中立和普世性质的；其次，“由于世界上不存在脱离社会环境的真空地带，没有一个社会群体可以做到观点中立”，所以，“占主导地位的社会群体常常以他们的经历和情形来定义和确立所有人群的准则”，这显然不是一种中立立场的姿态；第三，公共社会的中立标准一旦由社会特权群体确立，那么，非主流社会群体除了按此标准被贴上“差异”和“特殊”标签外，别无选择；第四，因为不符合中立标准，非主流群体理所当然地被“物化”为“他者”或“另类”，并因此而边缘化。①

当然，杨并不是多元文化主义者中唯一质疑自由主义中立观的人。在不少多元文化主义理论家看来，基于自由主义的国家和政府根本不可能做到中立，因为“根据其思想构建的道德世界里，个人自由和个人自治价值高于一切”，置其他价值观于从属地位。②显然，在自由主义构建的世界里，个人与“他者”（如群体为形式的“他者”）已经构成了一种不对等、不平等的关系，其本身无“中立”可言。换言之，在自由主义思想占主导地位的社会里，它对自由主义以外的价值观、生活方式及其他相异的理念和诉求，都持不友好甚至敌视的态度，不愿意或拒绝承认“他者”文化的差异。③有时，自由主义也会赞赏多样性，但这种赞赏仅停留于对个人多样化层面的赞赏，而绝不扩展到对群体层面多样化的赞赏。因为，个人多样化是自由的体现，而群体多样化则是特殊化的表现。简言之，自由主义对个人层面上的品位、嗜好、看法和生活方式，都很

① Iris Marion Young, *Justice and the Politics of Difference*, Princeton: Princeton University Press, 1990, p.165.

② Susan Mendus, *Toleration and the Limits of Liberalism*, London: Macmillan Company, 1989, p.107.

③ Gurpreet Mahajan, *The Multicultural Path: Issues of Diversity and Discrimination in Democracy*, California: Sage Publications, Inc., 2002, p.32.

珍惜；但它对表现在不同种族或不同族裔群体之间的差异，却缺少热情，有时甚至无法容忍。[①]根据多元文化主义理论家比克胡·巴瑞克（Bhikhu Parekh）的研究，自19世纪起，自由主义意识形态及自由主义国家的政策行为，整体上来说，对文化差异持不容忍立场。譬如，从19世纪自由主义思想家密尔到20世纪自由主义哲学家罗尔斯，他们“以主体种族为中心，视野狭隘，把非自由主义的生活方式和思想文化都责斥为低级原始文化，并认为自由主义肩负着向他们传播文明的使命”[②]。换言之，以西方为代表的自由主义思想家认为，植根于个人主义和自由选择伦理思想的西方国家代表文明和进步，而非欧美社会则代表着愚昧和落后，需要前者的指点和引领。[③]显然，这种西方与非西方的二元对立思维模式，早已预设了孰优孰劣的态度和立场，没有任何所谓的“中立”迹象。可见，自由主义自诩的中立性难以成立。

需要指出的是，杨对自由主义中立性的批驳与前述杜波依斯在中立观问题上所阐述的观点有诸多吻合之处，颇值得深究一番。[④]譬如，杜波依斯在谈到黑人被白人社会遮蔽起来时用“面纱”做比喻，喻指白人以其经历和价值为标准，把它们作为具有普世主义意义的准则，并要求所有其他群体与它们保持一致。黑人被“面纱”蒙住，意味着他们偏离了白人主流社会制定的准则，因而理所当然地被边缘化和被忘却。站在被“面纱”蒙住的黑人面前，白人除了知道自己可以控制“面纱”后面的人之外，根本不了解也不想了解“面纱”背后的人怎么生活、在思考些什么问题以及有什么需求等。白人感兴趣和想确保的仅仅是“面纱”后面的人必须按他们制定的准则行

① Gurpreet Mahajan, *The Multicultural Path: Issues of Diversity and Discrimination in Democracy*, California: Sage Publications, Inc., 2002, p.32.

② Bhikhu Parekh, “Superior people: The narrowness of liberalism from Mill to Rawls”, *Times Literary Supplement*, 25 February 1994, pp.11–13.

③ Ibid.

④ Nasar Meer, *Citizenship, Identity and the Politics of Multiculturalism: The Rise of Muslim Consciousness*, London: Palgrave Macmillan, 2010, p.48.

事。杨对自由主义中立立场的批评和谴责与杜波依斯对“面纱”的批评和谴责，有异曲同工之妙。这是因为，杨认为，自由主义所谓的普世主义价值观，实际上是在用“面纱”遮蔽住社会少数群体“差异”之前提下预设和制定的，他们仅看到和关注“面纱”前面的一切，无视也不想知道“面纱”后面的人群及其需求，但又以所谓的普世主义精神要求后者“按部就班”地遵循他们制定的准则。显然，这里无中立性可言：无论是白人主流社会确立的具有所谓普世主义意义的准则，还是少数群体自我形成和自我认同的价值观，它们并非产生于真空地带，而是由社会构建而成的，即他们的社会存在决定他们的社会意识。杨为此指出，主流社会确定如此准则并以此构建与之相匹配的制度，然后再以此为统一标准落实到社会所有成员，那么，它必然使非主流群体陷入一个无法摆脱的两难困境：“介入主流社会意味着接受或采纳自己原本不是的身份，而试图不介入主流社会则马上提醒自己和他人其原本的真实身份。”[①]

是同化换上新身份，还是拒绝同化以保持原有身份？这确实成了非主流社会群体的一个问题。这种“双重意识”，即通过他人之眼来确定自己身份认同的意识，与杜波依斯一贯坚持的观点完全一致。作为一个深受“双重意识”煎熬的黑人文化领袖，杜波依斯曾反复强调，自我认知本质上讲是一种文化承认，所以人们对自己文化身份的认同，必然与其共同体其他成员的文化身份认同密切相关。[②]杨在杜波依斯的观点上更进一步指出：文化承认本质上讲就是承认非主流社会群体的“差异”文化，否则，这些社会群体将永远陷于“双重意识”之中，无法确立自己真实的文化身份。杨以此推论，主流社会漠视或拒绝承认文化差异，等同于对“差异”文化

① Iris Marion Young, *Justice and the Politics of Difference*, Princeton: Princeton University Press, 1990, p.165.

② W. E. B. Du Bois, ed. by Henry Gates and Terri Oliver, *The Souls of Black Folk*, New York: W. W. Norton & Company, 1999, p.12.

群体的偏见和歧视，而偏见和歧视不仅会导致主流社会以敌视眼光看待非主流群体，给后者造成心灵伤害，而且还会使非主流群体因被强制性“隐身化”而深感精神遭受打击。[①]概言之，杨认为，在没有给予“差异”文化群体合法承认的前提下，自由主义津津乐道的普世主义“正义论”，无异于强行把“差异”文化群体从他们的历史文化和社会经历中剥离出来，然后把主流社会认同的身份安在他们身上。[②]依据杨的逻辑推理，自由主义无视少数群体文化历史“差异”是造成后者身份认同问题的根本原因，致使他们至今游离于主流社会之外。

那么，依“差异政治”理论，到底该如何解决这个问题呢？杨认为，既然非主流社会群体面临的这个问题是因主流社会拒绝承认“差异”而造成的，那么，恰如中国人所说的“解铃还需系铃人”，主流社会当然义不容辞地应该承担起这个责任。为此，杨提出，主流社会应该在制度上建立一种机制，为各种“差异”社会群体融入多元文化民主政体创造条件，创建一个既保证社会所有成员享有相同权利、又兼顾社会少数群体特殊利益和需求的政治体制。这是因为，“任何一个民主共同体，都应该为那些受压迫的社会底层人群提供机制，不仅使他们的身份得到有效的承认，而且使他们的诉求和观点得到清晰、有力的表达。毕竟，他们也是这个民主共同体的组成部分”[③]。设想一下，把自己机体的一部分人群排除在外的民主共同体，能称自己为民主社会吗？杨因此建议，主流社会应该在制度机制和公共资源两个方面采取实际步骤，为创建多元文化主义社会铺平道路。[④]所谓“制度机制”，指的是在政治、经济、社会等权力机构里增加非主流社会群体的代表性，让他们的意愿和意志在法律

① Nasar Meer, *Citizenship, Identity and the Politics of Multiculturalism: The Rise of* Muslim *Consciousness*, London: Palgrave Macmillan, 2010, p.48.

② Ibid.

③ Iris Marion Young, *Justice and the Politics of Difference*, Princeton: Princeton University Press, 1990, p.184.

④ Ibid.

和政策上得到最充分的体现。所谓“公共资源”，指的是为非主流社会群体提供经济、文化和教育等公共资源，使他们能够像主流社会群体一样享受那些原本无法享用的公共资源。杨认为，借助制度机制和公共资源这两个方面的努力，主流社会将可以为非主流群体提供有效而又实在的帮助，如："1）使他们在自我组织起来的基础上，增强群体力量，以社会共同体为背景反思和了解自己的集体经历和利益；2）使他们在群体认识观点得到充分考虑、群体权利制度化了的环境下，分析群体诉求、提出群体建议。"①

所有这一切牵涉到政府立法和政策制定，属政治意志层面行为，是为“政治”；所有这一切政治行为，其根源来自非主流社会群体的特殊经历和特殊需求，是为“差异”。两者“合二为一”，构成了“差异政治”，即通过政治意志和政治行为承认“差异”的合理性和正当性，并制定和采取相应措施，为这些“差异”群体确立身份认同、保护传统本色、实现自我本真，提供政治法律保障，创建一个名副其实的多元文化主义社会，从字面形式和精神实质上（in letter and in spirit）真正实现宪政民主。根据德国当代哲学家尤尔根·哈贝马斯的观点，一个国家仅在法律上为公民提供平等保护，还不足以构成宪政民主。真正的宪政民主，不仅确保法律之下人人平等，而且确保所有人都明白，自己是那些约束人们言行的法律之参与者和制定者。②以“差异政治”理论观之，哈贝马斯的宪政民主观点表达和体现了“差异”群体介入和参与法律和政策制定的重要性，因为只有当“差异”群体的“差异”声音、诉求和利益在法律和政策上充分反映出来，宪政民主精神才算是得到了实现。

---

① Iris Marion Young, *Justice and the Politics of Difference*, Princeton: Princeton University Press, 1990, p.184.

② Charles Taylor and Amy Gutmann (ed.), *Multiculturalism: Examining the Politics of Recognition*, New Jersey: Princeton University Press, 1994, p.ix.

第四节　弘扬文化多样性

如果说，“差异政治”理论从根本上讲是为了创建一个多元文化主义社会，实现真正的宪政民主，那么，从实践上讲，“差异政治”理论是为了弘扬文化多样性、保护少数群体文化、捍卫少数群体的利益。道理很简单：如前所述，自由主义预设，人类社会存在着一种普世主义，而自由主义意识形态及建立在此基础上的自由主义政体和社会，恰恰是这种普世主义的代表和化身，是人类社会追求的目标和最终归宿。为了实现这一美好理想，自由主义强调同一性，提倡一致性，注重同质性。为此，自由主义以自己的价值体系为标准，以自己的思想理念为准则，以自己的正义公正观为标杆，要求社会所有成员学习仿效、遵循和落实。

鉴于这些标准和准则出自主流社会群体，他们对这些标准和准则不仅不存在异议，反而视其为圭臬，百般珍惜，坚定捍卫。然而，这些标准和准则对非主流社会群体而言，尽管不排除他们对其中的诸多精华和有益成分表示认同和欣赏，但同样不可否认的是，他们对其中相当多的东西未必认同和赞赏，至少不完全认同和赞赏，尤其是那些涉及生活方式、思想理念、宗教信仰、文化习俗和家庭价值等方面的问题。于是，在自由主义“同一性”“一致性”和“同质性”原则的压力下，非主流社会群体面临着被“一化”“一致化”和“同质化”的同化问题。

一旦实现同化，这些非主流社会群体的“差异”便消失，并因此而丧失确定其身份认同的特性；如若拒绝同化，这些非主流社会群体就深陷文化歧视、社会排斥、政治边缘化和经济贫困化的困境。从这个意义上讲，“多元文化主义是对文化歧视的回应”，旨在通过呼吁主流社会承认文化“差异”来制止文化同化行为，弘扬文化多样性，保护少数群体文化。[①]所有这一切，都离不开“差异政治”从

① Gurpreet Mahajan, *The Multicultural Path: Issues of Diversity and Discrimination in Democracy*, California: Sage Publications, Inc., 2002, p.53.

理论层面为“差异”文化“正名”，使其“名正言顺”地获得“合法”保护。

作为“差异”文化，非主流文化在遭受主流文化歧视和排斥的境地下，首先必须解决生存和发展问题。于是，“差异政治”作为多元文化主义理论应运而生，试图构建一个真正体现宪政民主的政治框架，以便使“差异”文化少受或免受文化歧视，促进多元文化共同发展。这是因为，在多元文化主义者看来，“只有当‘差异’文化在公共领域得到承认、认可和尊重的环境条件下，各种不同文化才可能繁荣兴旺地发展起来”[①]。为此，多元文化主义者提出，在落实“差异”政治思想时，有两个问题必须关注：一是弘扬文化多样性，二是保护少数群体文化。这两个部分相辅相成，互为因果：只有当文化多样性得到弘扬后，少数群体文化才可能得到保护；同样，只有少数群体文化受到保护后，文化多样性才可以真正得到弘扬。本节主要讨论第一个问题，即弘扬文化多样性。

在对这个问题展开讨论前，有必要先澄清一下“多数”和“多样”的区别；这两个词在英文里分别为plural和diverse。根据古普丽特·玛哈简（Gurpreet Mahajan）的解释，在日常生活使用中，“多数”和“多样”无甚区别，可以替换使用，用于描述多种族、多宗教、多语言、多文化的社会。此时，这两个词都表达一个基本相同的意思，即一个社会里存在着许多不同的群体。但如果从这两个词所包含的“多样性”和“差异性”来仔细考察一下，它们的内在含义之差别便一目了然。简而言之，英文plural仅表示一种复数概念，描述一个以上的种族、宗教、语言、文化之存在。这些“多数”意义上的“种族、宗教、语言、文化”是如何构建的？如何相处的？如何确定相互关系的？“多数”一词都没有也无法明确表示。它们可能是主从关系或从属关系，也可能是不平等的隔离关系，还有可

① Gurpreet Mahajan, *The Multicultural Path: Issues of Diversity and Discrimination in Democracy*, California: Sage Publications, Inc., 2002, p.53.

能是等级森严的对立关系。[①]以美国为例。长期以来，美国自称是一个种族上plural的国家，如有白种人、黑种人、黄种人等，但白种人与其他种族人始终处于主导与被主导、压迫与被压迫的关系。同样，美国在宗教上也呈plural特色，如新教、天主教、犹太教、伊斯兰教、佛教等，但新教长期以来在美国社会占主导地位，且时常排斥其他宗教群体。“多样”不同，它在表示“多数”的同时，注重强调这些“多数”之间存在着“差异、异质和不一致”。换言之，多元文化主义者“所说的多样性，指的是不能瓦解或消融为一个的多样性”，即“各自单独存在，保持差异”，并以此形成“多样性”。[②]具体到文化问题，那就意味着每个“差异”文化群体“各自单独存在，保持差异”。是为“文化多样性”。显而易见，“多样性”不满足于数量概念上的“多数”，而在于质量上的“差异、异质和不一致”。这应该说是多元文化主义的关键。试想一下，“差异、异质和不一致”缺失的话，何来多元文化？可见，“差异”是灵魂，是多元文化主义的“命根子”。舍此，多元文化主义便如同中国一句成语所说："皮之不存，毛将焉附？"

当然，多元文化主义绝不是为了“差异”而“差异”；它主张和捍卫“差异”，除了说明人类世界本身是由“差异”群体和“差异”文化组成的之外，更重要的是要强调指出和证明，“每一种文化对‘好日子’都有自己的理解和观念，并以自己独特的价值和准则来构建自己的生活方式”。为此，多元文化主义者提出，主流社会应该充分地认识到每种文化的“差异”及它们独特的价值观念和生活准则。漠视和否认它们的“差异”，意味着否认它们对“好日子”的“理解和观念”，否认它们的“价值和准则”，否认它们的“生活方式”。基于这一考量，多元文化主义者认为，不同文化群体的差异性和特殊性不仅应该得到主流社会的承认，而且应该在各个方面得到充分的

① Gurpreet Mahajan, *The Multicultural Path: Issues of Diversity and Discrimination in Democracy*, California: Sage Publications, Inc., 2002, pp.54—55.

② Ibid., p.55.

表述。[①]这里所说的“承认”，就是对“差异”文化的承认；这里所说的“表述”，就是让非主流文化群体分别以各自的独特方式来展示和弘扬自己的“差异”文化。有关文化多样性的重要性，德国历史学家赫尔德（Johann Gottfrid Herder）曾有过精辟的论述：人类历史本身就是由无数互不相同、各自相异的文化构成的，每一种文化都有自己的价值观、道德准则、审美标准及政治和经济结构，形成了“一个完整的整体”，确定了自己的幸福内核。[②]当今的多元文化主义者赞同德国历史学家这种强调文化多样性的论述，坚持认为，既然“每个社会的内在构成、体制结构和价值体系都独一无二，人们就应该根据其特性来研究它”[③]。否则，不仅该文化的“完整的整体”可能会遭到破坏，而且该文化群体的“幸福核心”可能会丢失掉。正是面临这种“差异”文化遭受丢失和破坏的危险，多元文化主义呼吁弘扬文化多样性，为“差异”文化生存和发展提供保障。

这里，多元文化主义“差异政治”理论表达了它的核心观点，即每一种不同的文化代表着它们各自对“真、善、美”的认识和理解，各自根据自己的认识和理解形成了适合自己的价值观念和生活方式，因而它们都值得整个社会的尊重。如若按自由主义所说的那样，把“差异”文化置于私人领域，那么，这些“差异”文化就会因遭受主流社会歧视而缺少政治和经济资源，导致生存空间压缩而自然消亡。相反，如若按多元文化主义所主张的，承认“差异”文化的正当性和合理性，将其纳入公共领域，给予其生存和发展空间，那么，“差异”文化就不仅可以坚守和弘扬它们的“真、善、美”原则，实现它们的“幸福内核”，而且还可以给其他文化群体乃至整个社会共同体提供别致的生活情趣和有益的精神养料。[④]不难看出，

---

① Gurpreet Mahajan, *The Multicultural Path: Issues of Diversity and Discrimination in Democracy*, California: Sage Publications, Inc., 2002, p.57.

② Johann Gottfrid Herder, *On Social and Political Culture*, trans. and ed. by F. M. Barnard, Cambridge: Cambridge University Press, 1969, p.188.

③ Gurpreet Mahajan, *The Multicultural Path: Issues of Diversity and Discrimination in Democracy*, California: Sage Publications, Inc., 2002, p.56.

④ Ibid., pp.57—58.

"差异政治"主张弘扬文化多样性时，有两条鲜明的主线：第一，强调多样性（diversity）而不是多数性（plurality），因为前者明显包含着"差异"的意思，而后者则没有，至少不明确。关于这一点，上面已做了比较详尽的论述，这里不再赘述。第二，鲜明地亮出自己的价值取向，即异质性文化共存不仅可取，而且值得向往。[①]在多元文化主义者看来，不同文化的价值也许大小不一，但即使价值再小，它也值得尊重，因为"世界上没有任何一种文化能够穷尽人类所有的潜力"[②]，以此推论，既然人类潜力不可能被一种文化穷尽，那么，它意味着世界上所有文化都不仅可以而且应该发挥其特色，用不同方式展示人类的潜力。以此观之，弘扬和促进文化多样性，无疑有助于"人类社会总体文化的丰富性"，使人类得以从不同文化视角"观察和认识自己"[③]。可见，文化多样性是极富价值的资源，不仅为人们"批判性地认识自我"提供了条件，而且为人们寻求不同的生活方式和价值理念提供了多项选择。[④]

事实上，多元文化主义者认为，文化多样性的优点不仅仅在于人们可以从不同文化中汲取精神营养；更重要的是，多元文化主义理论家认为，文化多元性本身隐含着一种"内在美德"（intrinsic good），即，即使没有任何其他外来的相伴成分或影响，独处一方的文化也有种种优点。[⑤]"它之所以好并被认为有价值，就因为其本身具有'内在美德'，而不是因为它能贡献什么。"[⑥]以此推论，人

① Gurpreet Mahajan, *The Multicultural Path: Issues of Diversity and Discrimination in Democracy*, California: Sage Publications, Inc., 2002, p.59.

② Bhikhu Parekh, "Cultural diversity and liberal democracy", in David Beetham (ed.), *Defining and Measuring Democracy*, London: Sage Publications, Inc., 1994, p.207.

③ Bhikhu Parekh, "Superior people: The narrowness of liberalism from Mill to Rawls", *Times Literary Supplement*, 25 February 1994, p.13.

④ Bhikhu Parekh, "Cultural diversity and liberal democracy", in David Beetham (ed.), *Defining and Measuring Democracy*, London: Sage Publications, Inc., 1994, p.208.

⑤ George Moore, *Ethics*, New York: Oxford University Press, 1977, pp.28—29.

⑥ Gurpreet Mahajan, *The Multicultural Path: Issues of Diversity and Discrimination in Democracy*, California: Sage Publications, Inc., 2002, p.60.

们不仅应该一直珍惜和爱护文化多元性，而且应该在任何条件和任何情形下都赞赏和弘扬文化多样性。多元文化主义者为此提出了两个理由。第一，多元文化主义理论家泰勒认为，文化多元性之存在，绝不是偶然意外现象，而是“神圣天意”之表现，“旨在带给人类更大的和谐”[①]。这意味着，自由民主社会里所有成员都负有一种神圣的道德使命，爱护和珍惜人类社会的文化多样性。由于西方自由社会“与那个使不同文化的相对价值都一目了然的愿景还如此之遥远”，泰勒认为，西方人有必要清醒地认识到这一点，即所有文化的存在都带有一定的目的；“倘若在尚不理解之前就否定它们的存在，那将不啻是一种目空一切的傲慢”[②]。第二，任何一种文化都形成于悠久的历史，浓缩了人类的经验和智慧，“在人生意义之问题上，为大量品性各异、禀赋不同的人群提供了宽阔的视野”[③]，因此，每一种文化都值得尊重和珍惜。即使某种文化中存在着一些令人不敢恭维乃至厌恶的成分，其对人类的内在价值也不应被轻易地否定而弃置一边。

总之，泰勒认为，鉴于1）人类在人口数量上的有限性；2）人类在认知和智慧上的局限性；3）每一种文化对其社会成员的价值，“所有文化从这些意义上讲都具有神圣的意义”[④]，因而值得尊敬和弘扬。换言之，尊重和珍惜“差异”文化，应如同尊重和珍惜个人一样；[⑤]抑或应该更进一步讲，作为一个群体历史经验和价值观念的承载和表述，“差异”文化一旦稀释消失，它将无法弥补，更无法替代。这，构成了多元文化主义主张和要求弘扬文化多样性的最基本理由。

---

① Charles Taylor and Amy Gutmann (ed.), *Multiculturalism: Examining the Politics of Recognition*, New Jersey: Princeton University Press, 1994, p.72.

② Ibid., p.73.

③ Ibid., p.72.

④ Ibid.

⑤ Gurpreet Mahajan, *The Multicultural Path: Issues of Diversity and Discrimination in Democracy*, California: Sage Publications, Inc., 2002, p.61.

第五节　保护少数群体文化

如同上节所说，多元文化主义旨在保护差异文化、弘扬文化多样性、提倡多元文化格局。毋庸说，这里所谓的“差异文化”“文化多样性”和“多元文化格局”，指的都是被主流社会边缘化了的弱势群体文化。从主流文化角度来说，它当然热衷于捍卫以其为代表的单元文化，并为此长期以来试图同化“他者”文化。当同化不成，主流文化便往往转向歧视，把“他者”文化群体排斥在外。对非主流群体来说，无论是同化还是排斥，其结果无甚区别：不是自己文化变异，就是自己文化消失。正是为了改变或避免这两种结局，多元文化主义者提出了“差异政治”理论，要求主流社会承认文化差异，欣赏文化多样性，为边缘化文化群体创造生存和发展空间，以确保不同文化群体不仅免遭歧视，而且理直气壮地把自己的文化发扬光大。显然，要实现这些目标，首先需要做的就是保护这些长期以来被忽略、排挤、歧视和压迫的少数群体文化，丰富和扩大人类生活方式。试想，如果少数群体文化都得不到足够保护的话，文化多样性又从何谈起呢？

如果说多元文化主义提出保护文化多样性，是出于反击文化歧视、丰富人类生活之考量，那么，它除了在理论上为“差异政治”提供学理层面的支持之外，在现实层面上，它也有诸多实际意义，即承认“差异”和弘扬文化多样性可以创造一个和谐的社会。众所周知，在当今包括美国在内的西方世界，几乎每个社会都呈多元化发展趋势，大量不同文化群体组成自己的社区，共同生活在一个政治共同体中。无论是美国，还是英国和法国或德国，因文化“差异”而引发的种族冲突时常发生，给社会和谐带来了很大的威胁。显然，对西方国家而言，要使民主制度有效运作，确保社会秩序稳定，政府有责任确保不同文化群体学会互相尊重，友好相处。因此，即使从这个极为实际的现实考虑出发，多元文化主义提出的“差异政治”理论及基于此理论所提出的文化多样性主张，显然也具有重要的现实意义和充分的合理性。西方国家尤其是美国近年来频繁发生的种族冲突证明，如果主流社会对“差异”文化缺乏足够的敏感度和同情心，如果政府不想方设法在法律和政策层面承认和保护“差异”文化，种族冲突爆发的频率和烈度就会不断增多和加大，导致整个社会秩序紊乱。[①]从这个意义上讲，多元文化主义提出承认“差异”文化，保护文化多样性，有助于缩小各文化群体的认知差距，增加主流文化对非主流文化的了解，促进整个社会的和谐与稳定。多元文化主义者希望并认为，只要主流社会拿出意愿，“一方面设法把文化歧视行为降到最低点，另一方面尽力提供不同文化的平等性”，那么，“近年来长期困扰（美国）的一些最棘手问题，就可以找到有效的答案”。[②]显然，要实现这一目标，关键在于主流社会是否具有政治决心，在承认“差异”文化的前提下，保护文化多样性，为创建平等和谐社会采取切实有效的措施。

当然，多元文化主义指出文化多样性的现实意义之目的，绝不是仅仅出于这一实用主义考量；实用主义确实有现实目的，但多元文化主义提倡文化多元性的更直接目的，“在于强调和突出主流社会采取保护社会少数群体的重要性、必要性和有益性”[③]。我们知道，多元文化主义是为社会边缘群体利益呼吁和呐喊的思想意识，其对立面为代表主流社会的单元/一元文化主义。后者执意坚持和捍卫单元文化主义，并为了保护既得利益而反对和排挤被边缘化了的“差异”文化群体。多元文化主义与之相反，其产生之初衷就是为了替非主流文化群体“行天道”，为社会边缘人群伸张正义。所以，“承认政治”也好，“差异政治”也罢，其目的“殊途同归”，即保护社

① Gurpreet Mahajan, *The Multicultural Path: Issues of Diversity and Discrimination in Democracy*, California: Sage Publications, Inc., 2002, p.61.

② Ibid.

③ Ibid.

会少数群体。从这个意义上讲，多元文化主义的本质是为社会少数群体谋利和服务的意识形态。依此思路推进：既然社会少数群体需要保护，那就意味着他们受到排挤、歧视和压迫，那就意味着他们没有受到主流社会公正和公平的对待。可见，这里的核心问题还是"平等"二字。也因如此，如同多元文化主义的"承认政治"强调平等原则一样，多元文化主义的"差异政治"也强调平等原则。为此，在谈及保护文化多元性时，"多元文化主义把平等原则与多样性原则并列"，将两者置于同等重要地位。原因很简单：没有平等，文化多元性就没有保障；而文化多元性一旦实现，平等也就自然成为可能。多元文化主义这一论述的"潜台词"就是：自由主义以普世主义为名，行单元文化主义之实；其思想原则和政策行为以"中立"为由，实则对少数群体既不利也不公。[①]

既然主流社会对少数群体"既不利也不公"，那么，该如何扭转和改变这一局面呢？多元文化主义者提出，既然自由主义采取的"中立"立场对少数群体"既不利也不公"，那么解决这个问题的方案很简单，即主流社会放弃所谓的"中立"立场，制定和执行"倾斜"政策，为"差异"文化群体取得平等地位创造条件。唯其如此，"差异"文化才可能"成长和兴旺"[②]。不难看出，多元文化主义不仅认为各种"差异"文化可以共存，而且认为社会有责任去促进和扶持文化多样化，因为它一方面有助于不同文化群体在比较中更好地认识自己，另一方面可以为整个社会提供更多、更广泛、更丰富的选择。多元文化主义者认为，一个真正的民主社会，完全有能力"创造一个既能使不同文化群体保持其传统文化渊源，又可以使所有不同文化群体联合铸造（forge）一个集体身份的社会"。是否可以将它付诸现实，关键完全在于"现代民主社会"是否"响应多元文化主义的呼吁"，"向人们展示出更强烈、更深刻的平等主义精神，而

① Gurpreet Mahajan, *The Multicultural Path: Issues of Diversity and Discrimination in Democracy*, California: Sage Publications, Inc., 2002, pp.62–63.

② Ibid., p.63.

不是仅仅空谈多种文化的存在”[①]。这里的核心问题是：不同文化以平等地位共存。正是由于各种“差异”文化遭受歧视，没有平等地位，所以，多元文化主义者要求主流社会对它们这种特殊情况给予特殊处理，即采取“倾斜”政策。

这一要求显然与强调和珍视个人权利的自由主义思想相左。这是因为，按照自由主义的个人自由原则，人的权利和权益，完全以个人为单位来赋予；个人福利和地位，完全取决于个人的努力和奋斗；个人的身份认同，完全由个人来决定。对主流社会成员来说，所有这些都不成问题，因为他们就是这些原则的制定者和受益者。然而，对“差异”社会群体来说，由于受到歧视和排挤，他们若以个人方式努力和奋斗，则很难使这些原则公平、平等地应用到自己的身上。由于权利和权益无法保障，这些“差异”文化群体，即使付出多于主流社会成员数倍的努力，也难以取得与他们的付出相匹配的社会地位和福利，更别说寻找到令人满意的身份认同。基于这些因素，多元文化主义特别强调族裔群体间“差异”性的重要性，尤其强调族裔群体对他们集体身份认同的重要性。[②]换言之，既然“差异”社会群体是作为一个群体受到歧视和排斥，显然，要提高和改变他们的福利和地位，主流社会有必要把他们作为一个群体来对待，而不是作为个人来对待。同样，既然“差异”社会群体是作为文化群体被要求接受主流文化直至最后被后者同化，显然，要确保他们的文化本色不变，实现文化多样性，主流社会有必要采取措施，把“差异”群体作为一个整体来保护，而不是仅仅关注“差异”群体中的个人。

毕竟，“差异”群体个人社会福利和地位的改善和提高，并不能代表“差异”群体整体性的社会福利和地位的改进和提高，更不意味着“差异”群体能从整体上寻找和确定自己的身份认同。正因为“差异”群体中的每个人与整个族裔群体的社会承认、社会尊重、社会地

① Gurpreet Mahajan, *The Multicultural Path: Issues of Diversity and Discrimination in Democracy*, California: Sage Publications, Inc., 2002, p.63.

② Ibid.

位、社会福利和社会身份须臾不可分离，多元文化主义指出，“国家政体必须认识到”，对少数族裔这样的弱势群体来说，“个人尊严与其所属的群体尊严密切相关”。[①]就此而言，多元文化主义尤其担心主流社会以多数决定民主原则为由，将“差异”群体的呼声置之不理，导致出现“文化多数主义”（cultural majoritarianism）的局面。为此，多元文化主义者提醒主流社会，就如同人们应在政治上杜绝“多数暴政”一样，人们也应该在文化上提防“多数主义”。[②]基于这些因素，多元文化主义指出，主流社会有责任制定“倾斜”政策，通过“特殊照顾”之类的办法，来改善和提高“差异”群体的社会地位和权利。这是因为，对作为受歧视和被边缘化的群体来说，只有首先解决和确保他们的群体性平等地位，他们才可能谈论个人的平等和自由。不然，作为一个“差异”群体，他们永远难以得到主流社会的平等尊重和公平对待。

那么，根据多元文化主义者的观点，“差异”文化群体到底应该保护哪些“差异”文化？怎么保护？以及保护到什么程度呢？针对这些问题，多元文化主义者首先指出，在过去的一个半多世纪里，西方人类学家早就关注到人类的文化差异问题，出现了两种具有鲜明特色的不同研究路径和学术观点。一种是以美国人类学家阿尔弗雷德·路易斯·克鲁伯（Alfred Louise Kroeber）为代表的文化人类学，另一种是德国一群历史学家构建的历史阐释论（historical-hermeneutic school of thought）。了解和解析一下这两种学派在文化研究方面的路径、观点和诠释，不仅有助于开阔我们对多元文化主义思想脉络的理解，而且有助于我们进一步深入了解多元文化主义的思想动因和追求目标。

20世纪上半叶，克鲁伯对美国印第安土著人部落和其他生活在现代文明边缘地带的人群展开了深入的跟踪式田野研究，试图记载

---

① Gurpreet Mahajan, *The Multicultural Path: Issues of Diversity and Discrimination in Democracy*, California: Sage Publications, Inc., 2002, p.63.

② Ibid., p.64.

和重构不同文化群体的生活方式和习俗理念。作为一个文化人类学家，克鲁伯极富创意，独辟蹊径地提出，研究人类时，学者们不能先以一个统一的人类形象为框架，然后以此去“套”各种人群，检验一下这些人群是否与这个“统一的人类形象”相符。相反，克鲁伯认为，若要认识人类之本质，我们必须关注和认识不同环境下产生的文化；它们尽管相异，但同样令人信服。[①]克鲁伯的这种构思和理路强调文化的异质性，突出人类大千世界的丰富多彩性，为研究个体文化的独特性和差异性开辟了巨大的空间，引导人类学从早期关注人类共同性认知模式转向人类多样性和复杂性认知模式。[②]克鲁伯的研究理路和研究重心在人类学领域产生了重大影响，一方面促使学者们认识到关注不同文化模式和不同文化习俗的重要性，另一方面帮助人们认识到人类社会差异文化的特殊性和独特性。所有这些新转变和新认识，为“差异”文化的“合法”存在提供了理论支撑，也为后来学者根据考察和研究文化多样性开辟了新的前景。

不过，尽管克鲁伯的人类文化学研究成果意义重大，但受时代和认知限制，他的研究思路和研究目的仍存在诸多不足，为当代多元文化主义的产生和发展留下了空间。举例来说，克鲁伯对印第安土著人部落的考察和研究，旨在记载和说明文化的多样性和复杂性，而没有在此基础上继续发挥，指出和阐述了解这些“差异”文化有助于人类对自己的认识。同样，尽管克鲁伯详尽地描述了北美土著人的部落生活方式和文化习俗，为人们提供了一幅丰富多彩的画卷，但他严守“中立”立场，没有用多少文字表达出对印第安土著人部落文化的尊重和赞美，更没有提及现代人应该如何从他们的生活方式中汲取精神营养。更为严重的是，克鲁伯研究印第安土著人时持“居高临下”的态度，把自己与他们的关系视作“我”与“他者”的

---

① Eric R. Wolf, *Anthropology*, New Jersey: Prentice-Hall, Inc., 1964, p.10.

② Edward Tylor, “Science of culture”, reprinted in Morton H. Fried (ed.), *Readings in Anthropology, Vol. II*, New York: Thomas Y. Crowell Company, 1959, pp.3–20; Eric R. Wolf, *Anthropology*, New Jersey: Prentice-Hall, Inc., 1964, pp.32–33.

关系，致使其研究对象以“原始”“低等”“落后”等形象出现在读者眼前。[①]简言之，克鲁伯在“我们”与“他们”的框架下看待印第安土著人的“差异”文化。对他而言，人类社会中，异质性是天然存在的，因此，每一种“差异”文化都有其存在理由，人们无法改变这种局面。人们是否愿意或者应该从“差异”文化中学习或汲取什么文化养分，这无关紧要；问题的关键是，异质是绝对的，同质是相对的，所以“有必要把人类安排生活和构建社会的不同方式都记载下来”[②]。从承认和肯定文化多样性的角度上讲，克鲁伯在人类文化研究上迈出了一大步，因为他摆脱了长期以来倾向于从同质性视角来考察和解读人类文化的偏见。但从认同和肯定每一种“差异”文化都蕴含着内在价值、因而值得人们平等看待和学习尊重的角度来说，克鲁伯的立场和观点都明显地显示其自由主义的“中立”倾向。一言以蔽之，克鲁伯对“差异”文化的态度仅停留在承认其存在并给它以妥善保护，如同人们把收集到的历史文物小心翼翼地存放在博物馆中保管一样。多元文化主义不同；它不仅寻求保护少数群体文化，而且认为所有“差异”文化都有可取之处，因为它们在形成和发展过程中都产生了一定的价值。多元文化主义者为此提出，文化多样性非但不对文明社会构成威胁，反而对整个人类社会的进步极为有利。因此，“保护其他少数群体文化有利于我们集体的自我利益”；它不仅使“差异”文化群体受益，而且“有利于自由民主政体”的建设和发展。[③]多元文化主义对文化多样性的这种认识，无疑超越了克鲁伯仅承认文化异质性的狭隘视野，为弱势社会群体争取文化平等地位提供了有力的思想武器。

所谓“历史阐释论”，指的是18世纪中叶至19世纪中叶德国史学家对历史发展逻辑的阐释，其核心思想如其“历史阐释论”名称

---

① Alfred Kroeber, “Psychosis or social sanction”, in *The Nature of Culture*, Chicago: University of Chicago Press, 1952, p.327.

② Gurpreet Mahajan, *The Multicultural Path: Issues of Diversity and Discrimination in Democracy*, California: Sage Publications, Inc., 2002, p.69.

③ Ibid., p.70.

所示，旨在强调人类存在和经历的历史性。譬如，德国哲学家赫尔德早在18世纪中叶就指出，人类历史进程的标志之一，就是异质文化的不断出现和演变。每种文化在其构建中，都形成了自己特有的信仰价值体系及与之相关的文化习俗和生活方式。由于它们别具一格、富有特色，且自成一体，所以，人类社会中的文化一直呈多元化发展，异质性远远大于同质性。赫尔德因此指出，考察和研究人类发展史时，我们不应把一种文化看做是另一种文化的垫脚石，以为一种文化的出现必然意味着另一种文化的消亡。[①]赫尔德从哲学层面对历史的这种阐释深得德国历史主体论者（historicist）和阐释学家（hermeneutician）的认同，于是，两者之组合构成了历史阐释论。概而言之，历史阐释论指出，文化多样性是人类社会不可改变的本质，每种文化具有平等（不是等同）的价值。为此，历史阐释论特别强调两点：第一，每一种文化应根据其内在本身具有的价值来判断和评价，而不是根据其他文化的价值评判标准来判断；第二，人类历史上不存在启蒙思想家所认为的单向性（unilateral）直线进步运动，即以一种文化取代另一种文化、一种文明代替另一种文明的方式向前推进和发展。[②]

需要指出的是，历史阐释论有关所有文化具有平等价值之说，主要基于神圣秩序之说，认为如同地球上存在各种各样的物种一样，人类社会也存在各种各样的文化；它们都是造物主精神的表现。德国历史学家以此推论，既然所有一切文化都出自上帝之手，它们之间必然不存在优劣之别。文化之间之所以在一定的时代或一定的地方出现差别，是因为隐含在某种文化中的价值得到了实现，而隐含在其他文化中的价值没办法得到实现，或因被边缘化而仅得到部分实现。其结果是，有的文化在某一阶段辉煌灿烂，而有的文化则在

① Johann Gottfried Herder, *On Social and Political Culture*, tran. and ed. by F. M. Barnard, Cambridge: Cambridge University Press, 1969, p.188.

② Gurpreet Mahajan, *The Multicultural Path: Issues of Diversity and Discrimination in Democracy*, California: Sage Publications, Inc., 2002, p.71.

另一个阶段无限风光。恰如中国人所说的“三十年河东，三十年河西”，不同文化在不同时期“风光一阵”。大家“争相斗艳”，各显神通，“既不存在哪一种文化永远高于其他文化之上的现象”，“也不存在线性历史发展情况”。[①]在此基础上，后来的“历史阐释论”者进一步发展该学说理论。他们在坚持每一种文化都应按其内在价值评判之同时，还主张从阐释学角度来欣赏和理解不同文化的价值。譬如，德国哲学家和历史学家威廉·狄尔泰（Wilhelm Dilthey）就从历史主体论对文化异质性的阐释角度指出，每一种文化的价值在于其内在本质，而不是根据外在其他文化的价值标准。据此，狄尔泰争辩说，既然世界上没有一种价值观适合所有的国家和民族，也没有一套价值体系可以超越时间应用于所有的时代，那么，每一种文化的世界观都必须从阐释学角度进行重构。如此一来，人们就可以客观地理解所谓的“他者”文化，而不是把自己的感受强加在“他者”身上。[②]

相当程度上讲，德国“历史阐释论”挑战了以英法为代表的启蒙主义历史观。这是因为，根据启蒙主义观点，英美两国走的是一条线性发展路径，代表着人类历史上最先进、最文明的纪元。与之相比，德国现代化发展得慢，国家统一之路也充满着曲折，所以，德国被描述成欧洲现代化落后的象征。德国历史阐释论反对这种历史阐释，指出：人类历史进程表明，世界存在着大量的异质文化和文明，每一种文化都产生和发展了一套独特而又值得尊重的历史价值观。为此，历史阐释论反复强调，人们研究历史时，对所有纪元应该平等相待，因为人类历史上的各种文明都同样值得我们尊重。[③]上述这些观点构成了德国历史阐释论学派的主要思想，直接或间接地为保护文化多样性和发展多元文化主义提供了两个重要的思想资

---

① Gurpreet Mahajan, *The Multicultural Path: Issues of Diversity and Discrimination in Democracy*, California: Sage Publications, Inc., 2002, pp.72—73.

② Wilhelm Dilthey, “Pattern and meaning in history”, in H. P. Rickman (ed.), *Thoughts on History and Society: Wilhelm Dilthey*, New York: Harper and Brothers, 1961, pp.166—168.

③ Gurpreet Mahajan, *The Multicultural Path: Issues of Diversity and Discrimination in Democracy*, California: Sage Publications, Inc., 2002, p.73.

源和道德支持：第一，“它突显了按‘他者’表述理解‘他者’的必要性”，明确要求不可以按外在思维模式和价值观去诠释‘他者’文化；第二，“它赋予差异和多样性以积极意义和价值”，不仅指出它们的不可避免性，而且阐述它们对人类社会的重大贡献。[①]简而言之，历史阐释论指出，所谓“他者”，就在主流社会身边；只要后者将其置于客观的历史境地加以考察，那么，理解和欣赏它就不成问题。同样，如果“他者”被允许在其自身长期形成的客观环境下生存和发展，那么，它就终将为主流社会所认识和赞赏。相反，如果主流社会以自己的“历史感受”和价值观念来鉴赏和评判“他者”文化，那么，“他者”文化必然会被主流社会所误解或曲解。[②]

就多元文化主义而言，德国历史阐释论无疑比克鲁伯的文化人类学更贴近多元文化主义的思想和观点。譬如，克鲁伯提出文化多样性是一种自然和普遍现象，也认为要保护“差异”文化。但克鲁伯更多的是把“差异”文化作为博物馆藏品一样来保护文化多样化，且鲜有提及文化之间可以互相借鉴和学习的可能性和必要性。历史阐释学显然比克鲁伯的观点更进步。首先，它“对把‘他者’文化当做博物馆藏品不感兴趣”，而是“致力于承认‘差异’，并以此为依据为‘他者’创造生存空间，争取主流社会对‘他者’价值的承认”。其次，它“承认不同文化的世界观，认为每个时代或每种文明都有值得敬仰的品质。这些品质应该得到承认和尊重”。第三，它强调，“只有按‘他者’的表述方法，即根据‘他者’历史进程中形成的内在准则和价值，人们才可能理解‘他者’世界观为何与我们不同以及不同在哪里”[③]。如果说历史阐释论学派在早期阶段（如

① Gurpreet Mahajan, *The Multicultural Path: Issues of Diversity and Discrimination in Democracy*, California: Sage Publications, Inc., 2002, p.74.

② Wilhelm Dilthey, “The understanding of other persons and their expressions”, reprinted in H. A. Hodges, *Wilhelm Dilthey: An Introduction*, London: Routledge & Kegan Paul, 1949, pp.118–120.

③ Gurpreet Mahajan, *The Multicultural Path: Issues of Diversity and Discrimination in Democracy*, California: Sage Publications, Inc., 2002, pp.73–74.

赫尔德）注重从微观层面考察和研究"差异"文化，如"差异"文化的语言、习俗、音乐和民俗等，历史阐释论学派在后期阶段（如狄尔泰）则更关注从宏观层面解读和阐述"差异"文化，如国家制度、教会组织和社会机构等。对狄尔泰等历史阐释论者来说，只有从"他者"的外部和内部这两个层面对"他者"进行客观的解读①，人们才可能对"他者"文化产生真正意义上的"同情之理解"。

历史阐释论学派这种"设身处地"于"他者"之中来了解"他者"文化的观念和方式，一方面为人们接受和学习"差异"文化世界观开辟了各种各样的渠道，另一方面为人们进入和感受"他者"心境提供了种种可能，②从而为主流文化与"差异"文化之间加强沟通和增加了解创造了有利的条件。对多元文化主义者来说，历史阐释论的这些观点：1）承认文化多样性；2）按"他者"表述来理解和阐释其生活理念和方式；3）每一种文化都有其内在价值；4）必须"设身处地"地了解"差异"文化；5）了解"他者"文化可以开阔人们的眼界、丰富人们的生活③，都具有十分重要的意义。它们不仅可以帮助人们通过了解"他者"的历史经历来了解自我存在的历史性，而且可以通过增加不同文化之间的沟通和了解来促进整个社会的民主和自由。总体上讲，多元文化主义认同历史阐释论的上述观点，发现自己与它契合深切，因而对它们的观点和主张基本上"照单全收"④。

然而，尽管多元文化主义与历史阐释论在许多关键问题上的看法和立场都相当一致，两者在理论侧重点和政治意识形态上则不尽相同。概言之，多元文化主义与历史阐释论之间存在三大区别。首先，多元文化主义对一个特定社会里（in a given society）不同文化

① Wilhelm Dilthey, *Introduction to the Human Sciences: An Attempt to Lay a Foundation for the Study of Society and History*, trans. and introduced by Ramon J. Betanzos, Hertfordshire: Harvester, Wheatsheaf, pp.127–128.

② Gurpreet Mahajan, *The Multicultural Path: Issues of Diversity and Discrimination in Democracy*, California: Sage Publications, Inc., 2002, p.76.

③ Ibid., pp.76–77.

④ Ibid., p.78.

的生存问题极为关切，十分注意探讨保护“差异”文化的路径。历史阐释论关注更多的是跨国家和跨时代的文化差异问题，而不是一个特定社会里的文化差异问题。所以，历史阐释论很少关注一个特定社会里的文化多样性问题，对其“差异”文化和生存文化也不甚感兴趣。一言以蔽之，它关心的核心问题是如何*理解*“他者”而不是如何*保护*“他者”文化。其次，多元文化主义的差异文化保护与其身份认同观点密切相关，即一个人的身份认同相当程度上是由其所属的文化群体（如族裔和宗教群体）决定的，保护这个文化群体等于确保该文化群体成员的文化身份。反之，如果该文化群体退化或消失，其成员的身份认同将出现危机。历史阐释论注重不同“差异”文化的历史性，认为了解和阐释“他者”文化时，必须将其放置于特定历史环境下解读，考察其与当时其他具体历史事件之间的关系。换言之，“差异”文化的身份认同问题，不是历史阐释论的关注点。第三，对多元文化主义来说，保护文化多样性旨在承认和保护少数群体（如少数族裔）文化，让他们以平等的身份和姿态立足于社会公共领域。历史阐释论旨在强调以客观态度重构“他者”的历史经历和生活方式，提醒人们“他者”文化在不同历史时期为人类做出的贡献；如何以及是否有必要提高少数群体的平等地位不是它的旨趣。多元文化主义不同，其旨趣和宗旨就是提升少数群体的平等地位，帮助这些社会弱势群体取得和实现他们的民主公民权。①由此可见，多元文化主义在文化多样性方面比克鲁德的文化人类学和德国历史阐释论不仅走得更远，而且表达得更激进。

那么，多元文化主义在汲取了克鲁德文化人类学和德国历史阐释论有关文化多样性的思想资源之后，到底提出了什么具体的建议和想法来保护少数群体的文化呢？关于这个问题，多元文化主义者争论较大，尚没有达成共识。从宏观角度上讲，多元文化主义者都倾向于认为，所谓保护少数群体文化，就是保护它们的生活方式及

---

① Gurpreet Mahajan, *The Multicultural Path: Issues of Diversity and Discrimination in Democracy*, California: Sage Publications, Inc., 2002, pp.78—79.

与之相关的价值观念。但问题是，生活方式（a way of life）涵盖面太大，而生活方式的特性又难以确定，所以，多元文化主义者在这方面也没定论。[①]这是因为，“生活方式”在不同的语境下可以指不同的事情。譬如，在谈及美国不同族裔的“生活方式”时，它可能指文化习俗和宗教信仰，如美国犹太教徒的宗教礼仪和饮食习惯等。有时，“生活方式”可能指某一群体的机构组织和权力结构，如美国黑人教会在黑人社区中所起的主导作用和黑人女性在家庭中所扮演的重要角色。不过，无论如何界定“生活方式”的内涵和外延，不管是强调文化习俗和宗教信仰，还是注重家庭组织和权力结构，对绝大多数多元文化主义者来说，对“生活方式”定义的要点，是看它与少数群体的身份认同关系，即那些对少数群体自我身份认定最必不可少的、最重要的“生活方式”。[②]

确定了这个前提之后，保护什么和如何保护少数群体文化就比较容易处理了。譬如，既然“生活方式”涉及自我身份认定问题，那么，保护什么“生活方式”应该由与此相关的少数群体自己决定，而不是由外在的势力决定。[③]这一点十分重要；不然，少数群体的“生活方式”就会走样和变味。其次，既然这是一个与群体（如族裔）利益密切相连的“生活方式”，那么，什么样的“生活方式”应该保留以及怎样保留它们都应该由少数群体集体决定，而不是由群体中的精英说了算数。不然，那只能代表小部分人的“生活方式”。第三，所谓“保护少数群体文化”，其宗旨是防止它被社会主流文化同化。因此，社会主流文化不应以任何方式干涉，而应该把“决策权”完全地、毫无保留地归少数群体行使，由后者决定哪些是必须保护的、值得保护的，哪些可以放弃或改变。[④]第四，由于少数群体

---

① Gurpreet Mahajan, *The Multicultural Path: Issues of Diversity and Discrimination in Democracy*, California: Sage Publications, Inc., 2002, p.81.

② Ibid., p.82.

③ Will Kymlicka, *Liberalism, Community and Culture*, Oxford: Oxford University Press, 1989, pp.176—177.

④ Gurpreet Mahajan, *The Multicultural Path: Issues of Diversity and Discrimination in Democracy*, California: Sage Publications, Inc., 2002, pp.82—83.

为社会弱势群体，他们要享受“倾斜”性保护政策的话，必须得到政府有力的支持和帮助；不然，上述一切想法都无法付诸行动。总之，保护社会弱势群体文化是手段，是确保文化多样性的前提，其终极目标是实现多元文化主义。

第三章

平等政治
——多元文化主义理论（3）

无论是从“承认政治”角度来论述，还是从“差异政治”视角来探讨，多元文化主义在理论和实践上所争辩和追求的，都是一个统一目标，即平等。有关这一点，前两章已有提及，分别从“承认政治”和“差异政治”的相关视角，讨论了平等与两者的内在关系，明确指出，就多元文化主义者而言，所谓的“承认政治”和“差异政治”，其核心就是从政治上“承认”“差异”，即通过政府立法和政策制定等方式，在政治层面上“承认”“差异”文化群体的平等地位。正是在这个意义上我们说，多元文化主义从本质上讲，就是探讨和解决“差异”文化的平等问题。毋庸说，这里所说的“差异”文化群体，主要指少数族裔群体，兼顾社会其他弱势群体，如女性和同性恋群体等。

需要指出的是，从理论上讲，美国等西方国家早已在宪法上为所有公民提供平等权，不分性别、不分种族、不分肤色、不分信仰，所有共和国公民一律平等。然而，如同前面所指出的，这种平等主要是一种抽象意义上的平等，而且是一种基于主流社会群体经历、理念、信仰和理想“抽象”出来的平等观念，体现和反映出来的完全是一套代表主流社会的价值观和追求目标。若以它们作标杆运用于非主流社会群体的话，平等权利不是大打折扣，就是失去光泽，甚至荡然无存。显然，从少数族裔及其他社会弱势群体来看，由主流社会定义和确立的平等观念存在不少内在问题，其福祉无法惠泽社会非主流群体。鉴于这种平等观缺陷如此之多，且对少数族裔和其他社会弱势群体带来和造成了如此之大的伤害，多元文化主义者理所当然地认为有必要对平等观念之内涵和外延作评判性解读，重构其意义，使其既适合主流社会，又兼顾非主流群体的利益。

第一节　平等与文化

文化在多元文化主义的论争中占据着核心位置，其重要性不言自明；否则，多元文化主义，不管是作为一种理论，还是作为一种实践，都难以成立。毕竟，整个多元文化主义本身就是围绕文化展开的；没有“文化”这个核心问题，多元文化主义也就名不正言不顺，不成其为多元文化主义了。所以，就多元文化主义而言，问题的关键不是文化是否重要，而是“文化究竟扮演着什么角色？文化到底指的是什么？”有关这两个问题，多元文化主义者尽管在捍卫文化多样性和主张文化平等承认等方面认识相同，但在“文化的作用和意义何在以及文化为何重要”等问题上看法不尽一致。[①]可见，多元文化主义本身也不是铁板一块，其鼓吹者和倡导者在宣扬和提倡

① Paul Kelly, “Introduction: Between culture and equality”, in Paul Kelly (ed.), *Multiculturalism Reconsidered: “Culture and Equality” and Its Critics*, Maryland: Blackwell Publishers, 2001, p.5.

多元文化主义时，尽管在关键的原则方向问题上意见相同，但在一些具体问题上他/她们并非总是“心往一处想，劲往一处使”。换言之，作为“差异”文化群体的“代言人”，多元文化主义者内部也存在诸多“差异”，在文化内涵及其作用等问题上并没有完全形成共识。不过，尽管在文化的作用和意义等问题上没有形成完全共识，但多元文化主义者至少在两点上看法一致。一个涉及对文化作用和意义的认识方法问题，显现出多元文化主义者在定义和诠释文化含义时所具有的鲜明社群主义倾向。另一个不像第一个那样具有浓厚的社群主义色彩。它在肯定文化的族群本质之同时，更注重于为自治和自主等自由主义价值观构建一个更平等的社会文化环境，赋予其重要的社会道德意义。①

先讨论第一点。有关文化研究方法问题，多元文化主义者主要针对当代美国自由主义政治思想哲学家约翰·罗尔斯的公平正义理论提出质疑和批判。众所周知，在构建其纯粹程序正义时，罗尔斯使用了一个著名的“无知之幕”（a veil of ignorance）之假设来论证他的正义原则，即在现实社会面前拉上一道大幕，使人们以零为起点（原始状态）思考正义原则。②“无知之幕”假定大家都不知道各自的社会地位、家庭出身、天赋和潜质等，让大家在这种不受任何人为因素干扰的“原始状态”条件下，推导出正义原则，做出合理判断。主张和坚信社群主义的多元文化主义者，如迈克尔·桑德尔（Michael Sandel）、查尔斯·泰勒和阿拉斯代尔·麦金泰尔（Alasdair Macintyre）等，对罗尔斯的这一正义观都颇有微词，指责罗尔斯在论证和分析公平正义观时，选取了一个狭隘的视角来构思和考察人，使原本生活在社会群体中的人变成了一个如同生活在“真空”中的、被原子化了的人。概言之，这些社群主义多元文化主义者指出，罗

① Paul Kelly, “Introduction: Between culture and equality”, in Paul Kelly (ed.), *Multiculturalism Reconsidered: “Culture and Equality” and Its Critics*, Maryland: Blackwell Publishers, 2001, p.5.

② John Rawls, *A Theory of Justice*, Oxford: Oxford University Press, 1971.

尔斯的这一假设存在着一个致命的弱点，因为它“假设一个人可以在脱离形塑其人性和性格的所有必要条件之情况下”，做出何为公正、何为正义的判断。[①]在社群主义多元文化主义者看来，作为社会一员，每个人的个人特性和价值标准，都脱离不了社会、历史、文化和家庭的影响；人们在选择人生目标、确定人生价值及如何与他人相处和交流等问题上，都深深地打上了其民族文化和生活价值观的烙印。一个脱离了这种根基的人，不可能构建出一个有助于人类进步和公平正义的社会。简言之，社群主义多元文化主义者认为，罗尔斯这种以前社会个体化（pre-social individuation）为预设来论证社会的公正和正义原则，不管从逻辑上讲，还是从人类历史经历上来看，都是无法成立的，因而是站不住脚的。[②]

社群主义文化多元主义者指出，人类有关“个性”和“个人”的概念都是一种社会产物。离开人所生活的社会，所谓的“个性”和“个人”都无从谈起，因为人都是在社会这一环境下塑造和发展自己的，脱离了这一成长环境，人也就不成其为人。以此为基点，社群主义多元文化主义者对罗尔斯等自由主义者所提出的个人主义观念提出质疑和批评，认为这种基于个人权利的平等观念过于狭隘，忽略了人类社会必须首先确保群体利益的根本原则。在论述和阐释群体权利与多元文化主义关系之问题上，爱丽丝·玛丽恩·杨和比丘·帕瑞克（Bhikhu Parekh）最具代表性，他们分别从比较激进的民主思想理论视角，阐述了平等与文化之间的内在联系。先以杨为例。在美国多元文化主义者中，杨“是一位具有批判精神的激进”[③]民主思想理论家。除了在“差异政治”理论上颇有建树之外，她在女性主义、民主理论和正义理论等方面，也著述颇丰，是“构建美

---

① Paul Kelly, “Introduction: Between culture and equality”, in Paul Kelly (ed.), *Multiculturalism Reconsidered: “Culture and Equality” and Its Critics*, Maryland: Blackwell Publishers, 2001, p.6.

② Ibid.

③ 常士訚主编，《异中求和——当代西方多元文化主义政治思想研究》，北京：人民出版社，2009年，第33页。

国多元文化主义政治理论”的一个重要人物。[1]譬如，在其影响广泛的《正义与差异政治》一书中，杨强调指出，社会群体是形塑和构建社会成员文化身份认同的背景和基础，人类社会中不存在罗尔斯所说的“前社会”个人性格或身份认同。作为一个多元文化主义者，杨在此基础上进一步指出，既然个人文化身份认同与其所属的社会群体密不可分，那么，社会如何对待这个社会群体必然对该群体中的个人产生影响，即影响他/她的身份认同及与此相连的自尊和自信等。换言之，杨认为，身份认同完全是通过社会构建的、而不是个人在“真空”下完成的。尽管其塑造因素复杂多样，但其中一个不可或缺的成分是该社会群体的文化因子（cultural element）。没有这个文化因子，该社会成员就失去了身份认同的源泉。[2]以此推论，既然罗尔斯等自由主义理论家以个人权利为公正平等准则，那么，这种忽略群体身份认同和群体权利的思路和主张，显然不可能为身处弱势地位的社会群体带来平等和公正。因为基于个人权利的自由主义思想，在其权利观念预设之处已排除了弱势社会群体享受平等权利的可能性。若用一句话来概括杨在平等和文化关系上的观点，我们不妨把它简述为：不平等对待“差异”文化，即意味着不平等。这实际上是杨“差异政治”论点的核心。

再来看看比丘·帕瑞克在平等与文化关系上的观点和论述。如同杨一样，帕瑞克也是一个激进民主思想理论家，但与前者略有不同。如果说杨所指涉的文化概念比较宽泛，且时常多变，如有时指女性文化，有时指族裔文化，还有的时候指同性恋文化，帕瑞克所指涉的文化概念则狭隘局限得多了。就帕瑞克而言，所谓“文化”指的就是“一种生活方式”，其形成和确立的行为规范具有强大的权

---

① Paul Kelly, “Introduction: Between culture and equality”, in Paul Kelly (ed.), *Multiculturalism Reconsidered: “Culture and Equality” and Its Critics*, Maryland: Blackwell Publishers, 2001, p.6.

② Iris Marion Young, *Justice and the Politics of Difference*, Princeton: Princeton University Press, 1990, pp.46–48.

威性，对遵循和信守这种生活方式的群体具有制约作用。[①]换言之，如果说杨倾向于把文化定义为“自我选择的生活行为”（如同性恋行为），帕瑞克更乐意把文化定义为对群体行为具有一定束缚力的生活方式之“准则”（norms）。不过，尽管两者在文化定义上存在歧义，两者都赞同社群主义理论在身份认同问题上所提出的“社会决定论命题”（social thesis），即个人身份认同源于其所属群体——群体为其身份认同提供“素材”，“素材”将其身份认同塑造成型，其中文化“素材”在形塑身份认同时起着最重要的作用。作为一个激进多元文化主义者，帕瑞克十分强调文化群体的重要性，认为就塑造人们身份认同而言，个人隶属的文化群体较之于民族国家起着更强大的作用，因为前者与个人之间的关系远比后者更直接、更紧密、更相关。可见，文化为个人身份认同提供了丰富而又厚实的内容，试图否认或拒绝它的存在既不明智也徒劳无益。正是在这个意义上，帕瑞克指出，罗尔斯等自由主义者建立在个人主义基础上的正义观和权利观，严重忽略了“差异”文化群体的价值观；而这种有意无意的忽略实际上已经变相为对“差异”文化群体的否认和拒绝，不仅导致其整体上受到羞辱，而且给这一群体的每个人造成了心灵受伤。[②]

杨和帕瑞克都认为，文化在确定人的身份认同上起着其他因素无法替代的作用，其重要性无论怎样强调都不过分。以此推论，既然文化确定人们的身份认同，而身份认同又与人的尊严和价值密不可分，那么，如果主流文化歧视或者打击“差异”文化，它意味着歧视和打击尊奉和坚守“差异”文化的人。同样，既然人的身份认同源于其隶属的文化群体，而那文化群体又是其无法彻底脱离的文化符号，那么，如果主流文化否认或无视其群体文化，它无疑意味

① Bhikhu Parekh, “The logic of intercultural evaluation”, in J. Horton and S. Mendus (ed.), *Toleration, Identity and Difference*, Basingstoke: Macmillan, 1999, p.163.

② Paul Kelly, “Introduction: Between culture and equality”, in Paul Kelly (ed.), *Multiculturalism Reconsidered: “Culture and Equality” and Its Critics*, Maryland: Blackwell Publishers, 2001, p.7.

着否认和剥夺其身份认同，并进而否认和剥夺其存在价值。鉴于文化对个人身份认同和群体利益都如此重要，显然，如果主流社会对“差异”文化不予以尊重乃至排斥歧视，“差异”文化群体就不可能享受政治、社会和经济等方面的平等地位，只能处于被边缘化的状态。正是基于这些认知和推理，杨和帕瑞克等多元文化主义者坚持文化与少数群体之间的密切关联，反复强调文化与群体利益之间不可分割的关系。也正是基于这些认知和推理，杨和帕瑞克等多元文化主义者坚持社会决定论命题，反对罗尔斯等自由主义者所说的“自愿个人主义论”（voluntarist individualism），认为“群体归属和认同先于个人身份认同”①。顺此思路，我们不妨推论：如果“群体归属和认同先于个人身份认同”这一命题成立，那么，作为维持和保护社会公平和正义的国家政府，它显然有责任和义务为社会各个群体，包括“差异”文化群体，提供宪法、法律和政策上的保障，使它们不仅不因文化“差异”遭受不公，而且还因文化“差异”而得到特殊保护。唯其如此，这些“差异”文化群体才可能真正享受平等，民主社会也才可能真正使得公平和正义得到伸张。

下面来考察一下多元文化主义对文化的第二种定义和诠释，即多元文化主义者是如何使自由主义价值观体现出更公正、更平等的内涵的。这里需要指出的是：1）多元文化主义并不全面反对或否定自由主义，而是主要反对自由主义对“差异”文化群体的漠视和否定，并试图以此促使自由主义更包容、更开放、更公正、更正义、更平等；2）多元文化主义者阵营并非铁板一块，而是本身呈“多元化”局面，由不同的“派别”组成。所以，本节涉及的多元文化主义对文化的第二种定义和诠释，反映的是多元文化主义者阵营中自由主义派的观点和主张，其宗旨是试图通过“重新”构建自由主义价值观，使其与多元文化主义的观点和主张融合起来。譬如，自由

① Paul Kelly, “Introduction: Between culture and equality”, in Paul Kelly (ed.), *Multiculturalism Reconsidered: “Culture and Equality” and Its Critics*, Maryland: Blackwell Publishers, 2001, p.7.

主义多元文化主义者威尔·金里卡就试图“在自由主义框架内寻求对群体利益的保护”，通过探讨“群体利益与自由主义的内在相连性，调和多元文化主义与自由主义之间”的张力，坚信自由主义的个人主义价值观和平等主义价值观可以和谐融合。[①]具体到文化定义和诠释这个问题，金里卡认为，文化除了为社会成员提供个人身份认同必不可少的背景素材之外，它同时还是道德之源。[②]在英国政治哲学教授保罗·凯利（Paul Kelly）看来，金里卡是一位“完美自由主义者”（perfectionist liberal），因为他始终认为“自主权和自由意志是自由主义价值的核心，政治自由主义的任务是鼓励和捍卫自主权和自由意志价值”。为此，金里卡拒绝和批驳了罗尔斯等人在何为好日子问题（differing conceptions of the good life）上所持的中立立场，认为后者的这种观点和立场过于狭隘，无法真正捍卫自由主义的价值。[③]

那么，在金里卡这样的完美自由主义者眼中，自由主义价值怎样才可能真正得到捍卫呢？这里涉及两个关键问题。一是金里卡视为圭臬的自主权和自由意志价值；此为金里卡作为完美自由主义者的“资本”。二是金里卡对“文化”的定义和解读；此为金里卡作为多元文化主义者的“标志”。这两点之组合构成了金里卡自由主义多元文化主义者的身份。先讲第一点。在金里卡等完美自由主义者看来，“好日子的价值”（the value of a good life）一定要体现出主体的自由和平等地位，即作为道德主体，一个人在确定自己的“好日子”时，外界不应以任何形式强制其接受某种生活方式。这是因为，所谓“好日子”都是相对而言、因人而异的。甲认为的“好日子”，乙未必认同，而乙所热衷于追求的“好日子”，甲或许根本无法接受。

---

① 常士訚主编，《异中求和——当代西方多元文化主义政治思想研究》，北京：人民出版社，2009年，第271页。

② Paul Kelly, “Introduction: Between culture and equality”, in Paul Kelly (ed.), *Multiculturalism Reconsidered: “Culture and Equality” and Its Critics*, Maryland: Blackwell Publishers, 2001, p.8.

③ Ibid.

可见，所谓的“好日子”，乃由按此“生活方式”生活的人说了算。用比较规范和正式的语言来表述，“好日子”指的是主体在免受外部因素强制干扰的情况下、以完全自主选择的方式来确定自己的生活，以便在最大程度上实现自己的自由意志。依金里卡之见，唯有如此，一个人才算是真正行使和享受了他/她的自主权，并以此保持和维护其作为道德主体的完整性。从某种意义上讲，这就是金里卡作为完美自由主义者的本质之所在。

然而，作为一个政治哲学家，金里卡不仅仅是一个自由主义者；他同时还是一个坚定的多元文化主义者。事实上，略微仔细研读一下金里卡的上述观点，我们就不难发现，其自主权价值充其量仅仅为“好日子”提供了一种形式，即享受和满足“好日子”理想的最低条件。换言之，行使自主权决定自己的“生活方式”仅仅是走向“好日子”的第一步。现在的问题是，寻找“好日子”的形式问题确定了之后，“好日子”的内容该是什么呢？这带出了上面所说的第二个问题，即作为多元文化主义者的金里卡怎么体现其多元文化主义精神？这个问题，说白了，实际上牵涉到如何界定和诠释文化意义的问题。如同其他多元文化主义者一样，金里卡认为，文化在“好日子”中不仅发挥而且必须发挥至关重要的（crucial）作用。在金里卡看来，正是文化而不是其他东西为人们构建自主和有价值的好日子提供了资源，因为从本质上讲，文化“是一种能够为人类所有活动领域提供有意义生活方式的东西，包括社会、教育、宗教、休闲和经济生活等，涵盖公共和私人领域”[①]。从这个意义上讲，在金里卡的价值谱系里，“文化成了一种道德资源，为其社会成员提供传统沿袭下来的价值、信仰和义务体系，使他/她们借此自主选择”，去探索和追求他/她们的“好日子”。[②]简言之，缺少了“文化”这样一

---

① Will Kymlicka, *Liberalism, Community and Culture*, Oxford: Oxford University Press, 1989, p.76.

② Paul Kelly, “Introduction: Between culture and equality”, in Paul Kelly (ed.), *Multiculturalism Reconsidered: “Culture and Equality” and Its Critics*, Maryland: Blackwell Publishers, 2001, p.8.

个塑造和构建身份认同的选择背景，人们在决定何为“好日子”时便失去了参照物，其“生活方式”从终极意义上讲很难说源于自主抉择。因为文化“构成了跨代际的共同体，制度体制相对完整，不仅拥有自己的地域家园，而且共享独特的语言和历史”①，可以说它永远是“人之为其人所不可或缺的组成部分”②。

既然文化与一个人的“好日子”如此息息相关、密不可分，那么，如果一个社会漠视或者否认某种文化，那它不就意味着剥夺该文化群体的人追求和享受他们所认定的“好日子”的权利吗？同样，既然民主社会里“人人生而平等”，有权利追求“好日子”（或者如美国《独立宣言》中所说的“追求幸福的权利”），那么，不允许人们根据其文化价值观自主地确定和追求“好日子”，那它不就意味着褫夺该文化人群的自由平等权吗？正是基于对文化的这种认识和解读，金里卡等自由主义多元文化主义者坚持认为，为了确保自由民主社会里的所有成员平等地追求“好日子”，自由主义者不能仅仅抽象地谈论个人权利或者平等权利，而是应该首先尊重不同文化，承认“差异”文化的平等价值。如果需要的话，自由主义者有责任保护和促进不同文化，尤其是那些面临被强势文化同化和吞没的边缘文化。否则，那些弱势文化群体就会失去他们赖以从中汲取精神营养、获得身份认同的资源。一旦丧失这一文化资源，这些人群便无法过上“好日子”。正是在这个意义上，金里卡认为文化是一种道德资源。失去了它，人们便失去了道德准绳；失去了道德准绳，人们便失去了“好日子”；失去了“好日子”，人们便失去了人的尊严和人的价值。为此，金里卡强调文化与平等的密切关系，指出对文化的歧视意味着剥夺他人的平等权利；因此，若要确保人们的平等权利，社会有责任尊重所有文化，尤其要保护“差异”文化免遭任何

① Will Kymlicka, *Multicultural Citizenship: A Liberal Theory of Minority Rights*, Oxford: Oxford University Press, 1995, p.35.

② Will Kymlicka, *Liberalism, Community, and Culture*, Oxford: Oxford University Press, 1989, p.175.

形式的外来威胁和破坏。不然，民主社会就将失去其道德支撑，所谓自由也就成了一部分人群的自由。[①]至此，金里卡把其自由主义思想与多元文化主义主张成功嫁接。

上述有关多元文化主义者对文化的两种定义和诠释表明，无论是从社群主义理论视角来考察和解读文化的意义和作用，还是从自由主义的自主权和自由意志两个价值观来论述文化的重要性，多元文化主义理论家，如迈克尔·桑德尔、查尔斯·泰勒、阿拉斯代尔·麦金泰尔、爱丽丝·玛丽恩·杨和比丘·帕瑞克等，都认为，文化产生于历史经历和社会进程，构成了人们认识和理解“好日子”的价值体系。一种文化在某一群体眼中也许构成了他们的道德源泉，但它并不意味着该文化必定也是其他人群的道德源泉。换言之，每个群体都因其不同的历史经历、生活环境和传统习俗而形成自己的生活方式及与此相关的生活价值观。从这个意义上讲，歧视他人文化等同于否定他人的“好日子”价值观；否定他人的“好日子”价值观等同于剥夺他人追求幸福的平等权。这些观点构成了多元文化主义者在文化与平等问题上的最基本立场。

第二节 机会平等与结果平等

除了从文化角度强调平等的重要性，尤其是突出“差异”文化对非主流群体身份认同及“好日子”等问题的重要意义之外，多元文化主义对平等本身的解读也与其他诸多论述自由主义思想的理论家相异。其主要原因就是，自由主义者，顾名思义，大多坚持以天

① Paul Kelly, “Introduction: Between culture and equality”, in Paul Kelly (ed.), *Multiculturalism Reconsidered: “Culture and Equality” and Its Critics*, Maryland: Blackwell Publishers, 2001, p. 9.

赋人权为基准的个人自由主义思想，而多元文化主义者则以文化源于群体/共同体为出发点，坚持在涉及任何文化群体的问题上恪守平等主义思想。[①]这是因为，在多元文化主义者看来，对任何文化的尊重，意味着承认其他文化的立场、主张和价值。讨论平等问题如果不把这个文化因素考虑进去，弱势文化群体势必得不到公正对待，并因此而沦落为边缘化社会群体。

从根本上讲，多元文化主义者之所以认为文化与平等密切相关，是因为他们认为此问题关涉不同文化群体是否受到平等的关注和平等的尊重。自由主义者如罗纳德·德沃金和约翰·罗尔斯等也主张平等，但他们的平等思想仅停留在平等的分配标准层面，即社会在分配公民权利、社会福利和其他资源等方面确保平等。这即为自由主义理论家们主张的分配正义理论。[②]多元文化主义者中有自由主义思想倾向的人如威尔·金里卡基本上沿袭了德沃金等自由主义者对平等的认识和解读。譬如，在看待文化价值问题上，金里卡与其他多元文化主义者意见一致，认为对各种文化的平等关注和平等尊重，是确保任何道德理论和政治理论有效的出发点。[③]但问题是，金里卡等自由主义多元文化主义者仅为探讨文化平等迈出了第一步，即要求对不同文化给予平等关注和平等尊重，而没有就更关键的问题，如“什么方面的平等”和“怎样评定平等”，继续追问下去。譬如，假设金里卡等主张对不同文化平等关注和平等重视，但如何把社会各种资源合理、公正、平等地分配，以确保社会中的每一个成员都真正获得平等关注和平等尊重？换言之，金里卡与德沃金等自由主

① Paul Kelly, “Introduction: Between culture and equality”, in Paul Kelly (ed.), *Multiculturalism Reconsidered: “Culture and Equality” and Its Critics*, Maryland: Blackwell Publishers, 2001, p. 9.

② Ronald Dworkin, *Sovereign Virtue*, Oxford: Clarendon Press, 2000; John Rawls, *A Theory of Justice*, Oxford: Oxford University Press, 1971.

③ Paul Kelly, “Introduction: Between culture and equality”, in Paul Kelly (ed.), *Multiculturalism Reconsidered: “Culture and Equality” and Its Critics*, Maryland: Blackwell Publishers, 2001, p.10.

义者一样，主要关注分配正义意义上的平等，即自由主义者津津乐道的机会平等（或机遇平等，equality of opportunity）。对自由主义者来说，政府的责任是确保机会分配的平等和公正，做到了这一点，社会公正和正义就可以得到基本保障。至于由于人们能力大小原因，由于人们把握或利用机会不当原因，或者由于人们智力天赋差异原因，而导致出现种种不平等现象，那应该另当别论，不关乎社会公正和正义。换言之，社会只要确立公平分配原则这一前提，那么，由其产生的不平等情况不仅无可非议，而且不可避免。社会要做的，仅仅是给予那些机会平等面前运气欠佳或能力欠强的人群以一定的补偿即可。这种平等观念（即机会平等）在美国这样一个以个人自由为主导的社会里颇有市场，连金里卡这种赞同多元文化主义的社群主义理论家也基本认同。

从更宽泛和更深层的角度来讲，社会平等与否本质上是正义问题。自由主义者认为，解决社会正义问题的答案很简单，那就是提供和确保均等机会（即机会平等）。自由平等主义者布瑞恩·巴里（Brian Barry）在其名著《正义就是不偏不倚》和《文化与平等》中为此做了有力的辩解。[①]沿袭罗尔斯的正义论思想，巴里提出，自由平等主义政治理论家的任务，就是阐释和捍卫这样一个分配原则，以此确定社会成员的一系列权力和利益，确保公正的平等机会。[②]巴里认为，自由平等主义底线（即平等机会底线）一旦确定之后，其结果如何，社会或国家就不应干涉。换言之，只要前提是公正的机会平等之原则，后面产生的不平等结果，应被看做是“机会平等”的自然结果。理由很简单：既然社会提供了机会平等环境，她自然应允许人们去自由地利用这种平等机会；同理，既然人们可以自由地行使自己的平等权利，社会自然须承认和保护人们因才能和努力

① Brian Barry, *Justice as Impartiality*, Oxford: Oxford University Press, 1995; Brian Barry, *Culture and Equality*, Cambridge: Polity Press, 2001.

② Paul Kelly, “Defending some dodos: Equality and/or liberty”, in Paul Kelly (ed.), *Multiculturalism Reconsidered: “Culture and Equality” and Its Critics*, Maryland: Blackwell Publishers, 2001, p.64.

程度不同而取得的不同结果。概而言之，巴里等自由平等主义者认为，只要结果是基于个人自由原则而出现差异，且这些差异发生在权利和机会分配公正的范围之内，那么，所有这些都没有违反正义原则，社会或政府在这些问题上应持中立立场。[①]显然，在巴里的自由平等主义价值秤杆上，机会平等优先于结果平等（equality of result）；一旦把两者倒置，追求结果平等胜于机会平等，那么，个人自由必然受到伤害，导致人们积极性受挫，影响他们的“好日子”。如此一来，社会正义也随之遭殃。

然而，多元文化主义阵营中不少人反对自由主义者对平等和正义的这种诠释和定位，其中以爱丽丝·玛丽恩·杨和南希·弗雷泽（Nancy Fraser）等激进多元文化主义者最具代表性。相当程度上讲，杨和弗雷泽等激进多元文化主义者之所以坚持平等观念要体现群体权利或承认“差异”文化，其根本原因就是她/他们认为，自由主义者在平等权利分配问题上的所谓中立立场，是虚假的、不存在的。[②]关于多元文化主义者指责自由主义者在社会公正和公平等问题上的虚假性，前面曾提及，其核心观点就是：自由主义者在预设社会公正和公平等标准时，参照基于自由主义者所代表的社会主流群体之经历和价值，他们所设立的社会公正和公平准则之本身具有倾向性，不可能反映中立立场和态度，所以，自由主义者宣称的中立立场和态度纯属子虚乌有，根本没有存在的可能性。基于这个认知前提，杨等激进多元文化主义者一针见血地指出，正是由于自由主义者有意无意地忽略和漠视机会本身所反映出来的不同社会群体权力关系严重不对等这个问题，才“激发了多元文化主义者提出了多元文化主义理论”，试图通过要求主流社会平等尊重“差异”文化的方式，来“调和不同社会群体之间的权力不平等现象”。[③]

---

① Brian Barry, *Culture and Equality*, Cambridge: Polity Press, 2001, pp. 94—95.

② Iris Marion Young, *Justice and the Politics of Difference*, Princeton: Princeton University Press, 1990, pp.164—165.

③ Paul Kelly, “Introduction: Between culture and equality”, in Paul Kelly (ed.), *Multiculturalism Reconsidered: “Culture and Equality” and Its Critics*, Maryland: Blackwell Publishers, 2001, p.11.

在杨等激进多元文化主义者看来，包括金里卡在内的自由多元文化主义者和其他自由主义者所谈论的平等观，在涉及社会或文化群体的平等权利问题时，都犯了一个严重的错误。他们以为，解决不同社会或文化群体平等问题的答案，就是确保分配公正，即把权利和资源分配给不同社会或文化群体，使其成员被其他社会或文化群体平等看待。杨认为，这种看法轻则似是而非，重则本末倒置。这是因为，问题的本质不在于机会是否公平分配，而在于构成这些机会的社会准则是否公平和公正。如果准则本身不公平、不公正，那么，基于此准则之上的分配就不可能公平和公正。[①]换言之，杨等激进多元文化主义者所关注的，“并不是社会和文化群体还应该需要哪些更多的资源，以便在平等的基础上获得其他社会群体享受的种种机遇”。她/他们所关注的，“是构造这些机遇的准则本身”，因为并非所有剥夺平等承认的做法都以露骨的歧视形式表现出来。[②]譬如，尽管美国法律早已规定，女性不因性别缘故而被剥夺晋升机会，但美国女性并没有因此而在政界和商界享受与男性平等的晋升机会。其中一个关键原因就是，尽管社会表面上开放机会，把它们面向任何有才华者，但这些机会本身所反映出来的价值观，仍然是社会习以为常的男女性别思维模式，即女性不像男性那样致力于事业上的发展，而是更乐意从事一些给予他人关爱和护养的工作，如幼儿教育和医院护士等。为此，杨等激进多元文化主义者认为，任何社会的机会都不可能是中立性质的，似乎不存在对某些社会群体“倾斜”和“优待”的情况；恰恰相反，由于机会本身由社会提供，所以它们是社会构造的结果，并因此而体现出不同社会群体之间的权力不等和主从关系。简言之，论及社会平等问题时，激进多元文化主义者强调，机会本身是问题的核心，是否有方法利用或享受机会是次

---

① Iris Marion Young, *Justice and the Politics of Difference*, Princeton: Princeton University Press, 1990, pp.100—101.

② Paul Kelly, “Introduction: Between culture and equality”, in Paul Kelly (ed.), *Multiculturalism Reconsidered: “Culture and Equality” and Its Critics*, Maryland: Blackwell Publishers, 2001, pp.11—12.

要问题。[①]

于是，这里就引出了如何理解机会与平等关系的问题，即论及机会与平等时，到底指的是机会平等还是结果平等。如前所述，对自由主义者来说，机会也好，平等也好，关键是确保机会分配平等，因此，机会平等是自由主义者的“金科玉律”。多元文化主义者，尤其是激进多元文化主义者，反对自由主义者对平等的这种预设，因为这种预设本身受制于主流社会价值观，因而在“预设”时早已为社会主流群体利益做了“预设”。基于这样的推论，杨等激进多元文化主义者并没有把资源分配作为首要关注目标，而是把群体代表性和群体代表比例（group representation and proportionality）作为她/他们的关注中心，即关注本小节小标题中所说的“结果平等”。换言之，如果在政界、商界、学界的高层位置，少数民族或少数群体严重缺失、不成比例，那么，自由主义者所赞赏的分配再怎样公平和公正，也谈不上是真正的平等，因为严重的结果不平等等于否定了分配的平等；当这种不平等固化不变后，其不合理性会愈益明显。正是在这个意义上，多元文化主义者更强调结果平等，即根据社会弱势群体的结果，来评判一个社会是否平等。

杨举例论证道，社会重要岗位中，如果一部分社会群体的代表性严重失衡或严重缺失，那么，它就意味着这个社会存在着结构性歧视现象，导致少数群体始终处于不利地位。杨指出，若某一高端专业领域黑人比例极低，此时如果还以该领域没有歧视案子为例来辩解，说本领域黑人之所以不成比例，是人们选择不同的结果，而不是隐性或显性的歧视之结果，这不啻是“痴人说梦”。[②]对杨和其他较激进的多元文化主义者来说，当某一社会人群在一些具有崇高社会威望的领域，如法学、医学、商学，或者在一些具有重大影

① Paul Kelly, “Introduction: Between culture and equality”, in Paul Kelly (ed.), *Multiculturalism Reconsidered: “Culture and Equality” and Its Critics*, Maryland: Blackwell Publishers, 2001, p.12.

② Iris Marion Young, *Justice and the Politics of Difference*, Princeton: Princeton University Press, 1990, pp.185–186.

响力的领域，如政界、金融界、教育界和媒体界，代表比例严重缺失的话，那无疑意味着该社会出现了结构性问题，不仅没有提供足够的平等和正义，而且使众多社会弱势群体无法有尊严地生活。显然，杨等多元文化主义者认为，考察一个社会是否平等，仅依据自由主义者所说的“机会平等”是远远不够的，甚至是误导人的。只有把“结果平等”因素也考虑进去，人们才可能更客观和更公平地检视和判断一个社会是否公正和平等。如果所谓的“机会平等”之预设在准则和观念上就存在着不平等因素，其结果只能是，不同社会人群因社会资源占有大小不同和政治话语权高低不一而出现悬殊的差异，导致贫富悬殊、种族冲突、族裔对立、社会分裂的局面。

那么，在杨等多元文化主义者们看来，美国该如何解决这种结果不平等现象呢？顺着杨上述有关少数群体代表性比例缺失论述之思路，答案应该说是不言自明的，即借助政府或社会力量，为那些社会和文化弱势群体提供各种资源，使他/她们在各个重要领域的代表性达到或接近主流群体。这种认识和主张的含义是，如果仅仅依靠自己的努力，不改变外部环境和游戏规则，这些处于社会边缘的弱势群体因资源匮乏和话语权缺失，而不可能获得“机会平等”，更不可能享受“结果平等”。所以，如同查尔斯·泰勒在讨论“承认政治”时提出“自由主义2”观点一样，即通过政府制定相关法律和政策给予社会弱势群体“承认”，杨也赞同借助政府举措，如“肯定性行动计划”，来增加弱势社会群体在各种领域里的代表性。[①]诚然，增加代表性并不意味着让非裔或拉丁裔美国人进入各个领域，成为脑外科医生、火箭科学家、设计师、艺术家或者律师。这种观点想强调的是，从代表性角度上讲，社会弱势群体在重要领域里的比例应尽量与其他社会群体相似和接近，如果不是完全相同的话。换言

① Paul Kelly, “Introduction: Between culture and equality”, in Paul Kelly (ed.), *Multiculturalism Reconsidered: “Culture and Equality” and Its Critics*, Maryland: Blackwell Publishers, 2001, p.12.

之，杨认为，当群体在社会重要领域出现代表性严重不足或缺失时，政府仅满足于所谓的权利或资源平等分配是远远不够的，应该拿出政治意愿和决心，针对不同的对象和不同的情况，做出相对应的政治回应。其中最主要的一点，是以平等观念为基础，通过为弱势社会群体提供特殊支持计划，帮助他们维护和捍卫他们的文化价值观，像其他社会群体一样，过上有尊严的生活。

由于社会弱势群体在主流社会规划的“机会平等”原则下无法享受平等，显然，若要确保他们与其他社会群体“平起平坐”，有必要换一种思维模式来思考平等问题。为此，多元文化主义者认为，为了提高和维护弱势社会群体的平等地位和权利，人们不能仅仅停留在“机会平等”原则上，而应该考虑“结果平等”原则；否则，这些社会弱势群体便难有出头之日。在强调“结果平等”这个问题上，多元文化主义激进理论家爱丽丝·玛丽恩·杨最具代表性。杨对机会平等观念的批评和对结果平等主张的赞同可以从三个方面来阐释和论证：第一，论证给予弱势社会群体和文化群体结果平等的必要性；第二，探讨如何从社会群体利益的维护走向结果平等的实现；第三，研究群体代表性问题与机会平等问题的关系，即如何从群体代表性走向机会平等。[①]下面对上述三种阐释逐一展开，略做讨论。

首先需要指出的是，美国多元文化主义理论家在突出文化群体独特性和重要性的同时，对其侧重点的强调不尽一致。一般而言，多元文化主义者往往开宗明义地指出，文化群体不同于社会上的一般性自由结社群体，如高尔夫俱乐部；也不同于政治上的利益集团群体，如绿色环保组织；甚至不同于多变且不停追求新奇生活方式的人群。[②]对所有多元文化主义者来说，文化除了提供“质地

① Paul Kelly, “Defending some dodos: Equality and/or liberty”, in Paul Kelly (ed.), *Multiculturalism Reconsidered: “Culture and Equality” and Its Critics*, Maryland: Blackwell Publishers, 2001, pp.66–74.

② Bhikhu Parekh, *Rethinking Multiculturalism: Cultural Diversity and Political Theory*, London: Macmillan Press, 2000, p.150.

丰厚、内容丰富的习俗，使该文化人群以一种共同的方式生活和思考”之外，还为人们提供了“语言、符号和规则，使该文化人群以它们为指南，规范自己的生活言行和价值观念”。[①]正因为文化如此重要，多元文化主义理论家再三强调“差异”文化的重要性和尊重它们的必要性。譬如，帕瑞克十分关注不同移民群体的文化，认为在诸如美国这样的多族裔社会里，移民群体如果失去其文化特质，不仅移民群体会丢失身份认同，而且多族裔社会本身也将失去文化多样性。[②]但对金里卡和塔利（James Tully）来说，多元文化主义应该更关注原住居民的文化，因为其文化历史悠久，但却被长期忘却。[③]杨与他们不同；她在关注诸如移民和原住居民文化人群的同时，更多的是关注社会群体，如女性、种族和族裔群体等。这些群体固然有其文化特性，但杨所考察的主要是这些群体的社会属性并兼顾其宗教信仰和文化价值等因素。[④]总体而言，杨的群体概念涵盖面更广，涉及的群体更多，因为这些人群的身份并非由其共同特色（characteristics）决定，而是由其认同的共同历史经历和社会地位决定的。杨之所以以社会而不是以文化为基点来分析群体不平等现象，其主要动因在于：以文化为基点来确定群体对象，其边界范围过于狭窄；而以社会为基点来确定群体对象，其包含的对象无疑多得多。更主要的是，杨以社会群体为研究对象的路径，除了考虑其本人自我认同之外，还关注其他社会群体对其及其所属群体的身份认同。换言之，杨认为，源于共同社会经历的社会不平等现象比出于共同

① Paul Kelly, “Defending some dodos: Equality and/or liberty”, in Paul Kelly (ed.), *Multiculturalism Reconsidered: “Culture and Equality” and Its Critics*, Maryland: Blackwell Publishers, 2001, p.66.

② Bhikhu Parekh, *Rethinking Multiculturalism: Cultural Diversity and Political Theory*, London: Macmillan Press, 2000, p.165.

③ Will Kymlicka, *Multicultural Citizenship: A Liberal Theory of Minority Rights*, Oxford: Oxford University Press, 1995, p.35; James Tully, *Strange Multiplicity*, Cambridge: Cambridge University Press, 1995, pp.28—30.

④ Iris Marion Young, *Justice and the Politics of Difference*, Princeton: Princeton University Press, 1990, p.43.

文化习俗的不平等现象更能说明问题。基于这一认识，杨在论述“机会平等”和“结果平等”时，始终把社会群体遭受压迫这一结果作为分析社会不公正、不公平的出发点，即把结果不平等看做问题的起点，而不是把机会平等作为考察问题的前提。以此观之，既然黑人和女性等群体都因种族和性别因素遭受结果不平等，其解决路径自然是借助政府立法和政策之方法，来提高黑人和女性在社会各个重要领域的代表比例，提升这些社会弱势群体的平等地位，即通过政府有形之手，把弱势社会群体置于平等地位。

显然，在杨看来，要实现弱势社会群体的“结果平等”，关键在于为他/她们提供适当比例的群体代表性，即根据他/她们在全国人口中的比例，在社会各重要领域为他们提供大致对等的名额。具体而言，杨提出，在分配岗位和工作时，社会有责任确保各个群体的代表性，使他/她们在实际结果上平等。这就是“名额制”观点和“肯定性行动计划”的理论依据。[①]举例来说，如果在高校尤其是著名高校的一些专业，如法律、医学和商业等，非裔和拉丁裔学生比例严重失衡的话，这些高校就有责任和义务划出一定的名额，专门用于录用非裔和拉丁裔学生，以确保黑人等少数族裔人群在这些专业领域里取得一定的代表比例。这是因为，如果按“机会平等”原则让他们与主流社会人群竞争入学考试的话，这些社会弱势群体因长期无法享受教育资源，而难以在一个平等的起跑线上与他人“试比高低”。于是，在“机会平等”原则因他们“先天不足”而失效的情况下，社会有必要从“机会平等”转向“结果平等”，即让他们“跳过”阻碍他们奋进前行的“机会平等”之门槛，直接进入“结果平等”之堂奥。

长期以来，自由主义者认为，解决社会不平等的方法，重在取消不平等人群进入各种职业和岗位时遇到的种种人为设置的门槛，

---

① Paul Kelly, “Defending some dodos: Equality and/or liberty”, in Paul Kelly (ed.), *Multiculturalism Reconsidered: “Culture and Equality” and Its Critics*, Maryland: Blackwell Publishers, 2001, p.67.

创造一个“机会平等”的环境。只要做到这一点，社会就可以实现分配正义。杨对这种分配正义原则持怀疑态度，认为当整个社会弥漫着种族和性别歧视且又根深蒂固时，黑人和女性等社会弱势群体是不可能享受平等机会的。她强调指出，检视和考察一下美国社会现实，人们可以轻易地发现，社会各重要领域里，非裔、拉丁裔和女性等人群之代表性严重不足。这些事实表明，“机会平等”原则实际运用时不仅不像它所许诺的那样，为所有人提供平等的机会；恰恰相反，由于鼓吹“机会平等”原则的人群，一方面掌握话语权，另一方面拥有丰富的资源，结果他们占尽“机会平等”原则给予他们的“天时地利人和”优势，不断地拉开与社会弱势群体的距离，导致整个社会越来越不平等、越来越不公正。可见，所谓的“机会平等”在实践中并不平等。因此，杨“赞同结果平等”，认为唯有如此，社会弱势群体才可能真正“跳出”群体受压迫、遭排挤的困境，因为只有当他/她们实现“结果平等”后（即跨越“机会平等”这一关，直接进入实际平等），这些社会弱势群体才可能在真正意义上享受公民平等。换言之，从理论上讲，自由主义者提出的“机会平等”也许行得通，但社会实践证明，所谓的“机会平等”不仅不可能平等，而且在实行的结果上为社会弱势群体带来了严重的不平等。在杨看来，社会一部分群体在社会重要领域比例缺失之事实，就是他/她们受压迫和无权力的最有力证明。[①]显然，要扭转这种局面，赋予他/她们力量，除了强调和落实“结果平等”之外，没有其他任何有效方法。

在杨的论证过程中，群体代表性无疑是问题的核心。这是因为，杨坚持认为，主张“机会平等”的自由主义者在制定他们的分配正义原则时，不可能也无意把社会资源平等地分配给不同的社会人群，而仅仅是把所谓的“机会”平等地分配给他们自己的社会成员。由

① Paul Kelly, “Defending some dodos: Equality and/or liberty”, in Paul Kelly (ed.), *Multiculturalism Reconsidered: “Culture and Equality” and Its Critics*, Maryland: Blackwell Publishers, 2001, p.68.

于社会结构本身不平等，其结果是，社会主流群体可以占尽其有利地位的优势，最大限度地"享用""机会平等"给他们创造的条件，长期"盘踞"主流社会"地盘"，而社会弱势群体则因先天性资源缺乏而无法享受"机会平等"原则，只能永远处于不平等地位。杨认为，这种群体性不平等地位是一种压迫行为，解决它的办法只能是提高和强化群体代表性，以确保他/她们首先不输在"机会平等"之"起跑线"上。杨认为，自由主义者纠正"机会平等"带来的不平等现象之措施，如给予弱势人群平等权和增加"机会平等"渠道等，充其量只是一种"治标不治本"之做法，因为它没有触及弱势群体遭受压迫的制度和结构性之根本原因。[①]换言之，自由主义者建立在分配正义原则基础之上的"机会平等"，也许有助于社会弱势群体中的个别人实现"结果平等"。但是，对弱势群体中的绝大多数人来说，"机会平等"意味着"机会不平等"，而"机会不平等"则意味着"结果不平等"。显而易见，如果把弱势群体的不平等现象看做是个人行为所致，那么，它无疑忽视了社会结构性歧视之深层次原因，犯了"见木不见林"的认知性错误。[②]很大程度上讲，正是基于这种认识和解读，杨等激进主义多元文化主义理论家提出，增加社会各重要领域里弱势群体的代表性，使之比例与他/她们在全国人口中的比例接近或相仿，是提高社会弱势群体的根本解决方法。在这些多元文化主义者看来，只有先通过群体代表性来提高"结果平等"，社会弱势群体才可能与社会主流群体在"机会平等"的"起跑线"上公平竞争。简言之，如果说社会主流群体是通过"机会平等"使社会弱势群体"结果不平等"的话，后者是设法借助"结果平等"来实现"机会平等"。

---

① Paul Kelly, "Defending some dodos: Equality and/or liberty", in Paul Kelly (ed.), *Multiculturalism Reconsidered: "Culture and Equality" and Its Critics*, Maryland: Blackwell Publishers, 2001, p.70.

② Ibid., p.67.

第三节　平等与多元文化社会

多元文化主义理论家认为，西方社会长期以来对平等之意的理解和解释存在着比较严重的误解，其原因盖在于西方对人的本质之错误解读。[①] 根据帕瑞克的解释，许多西方哲学家“从本体论角度来理解人的本质，从没有或鲜有人认为文化对人的认识至关重要”[②]。譬如，帕瑞克指出，西方哲人在阐释人类本质时不外乎遵循下面两种路径。一种路径集中于关注人类的共性，如人类都是依上帝形象创造的、具有灵性的动物；人类都有相似的生理构造、具有一些基本能力和需求。另一种路径强调人类的差异，如人类社会中的文化各自相异、人类群体中的每个人不尽相同。帕瑞克认为，纵观西方文明发展史，西方社会一直以来以第一种路径作为考察和认知人类的标尺，认为本体论是认识和理解人类的最合理和最有效的路径，因为本体论之说最能概括人类的所有共性。[③]以此思路推论，西方哲人在界定和解释平等概念时，也就自然以人类共性作为思考的出发点，认为人之所以必须被平等看待，其根本原因就是，人从本体上来说是一样的，具有许多共同的人性特质。正是基于这些共同特征，人类可以相互理解，平等相待。

以帕瑞克为代表的多元文化主义者认为，这种占据西方主导地位的人类本质认知观存在严重问题，是导致对人类本质认知观出现偏差的主要原因之一。帕瑞克指出，“人既是自然人，又是文化人”（Human beings are at once both natural and cultural beings.）。这即为马克思所说的，人既有自然属性，又有社会属性：一方面人类具有共

① Bhikhu Parekh, *Rethinking Multiculturalism: Cultural Diversity and Political Theory*, London: Macmillan Press, 2000, p.239.

② Ibid.

③ Ibid.

同的人类身份，但另一方面，这种人类身份又是人类在各自文化环境下构建形成的。换言之，作为自然人，人类有共性；但作为社会人，人类因历史文化成长环境不同而有差异。这两种特性并非被动地相处，而是相互渗透、相互作用；两者中的任何一方都不可以宣称自己先于对方存在，或在道德上比对方更重要。[①]如果帕瑞克的这一观念成立，即判断人的本质必须兼顾其自然和文化特性，两者缺一不可，那么，它意味着，人们在确定平等原则时也不能仅仅基于人类共性，而应该同时考虑人类差异，因为人类本质本身具有上述所说的两种属性。不然，人的本质等于被人为地割裂开来，成了一个不完整的人。这是从认识层面来说这种认识存在着对人本质认知上的偏差。从实践层面上来说，如果人们仅仅把平等原则建立在人类共同性上面，那么，它意味着对自己"同类"给予平等尊重和平等对待，但对于"异类"不给予平等尊重和对待。根据上述有关"自然人和文化人"这两个构成人类本质特性的论述，我们这里可以推出这样一个结论：西方社会长期以来盛行的平等观，仅以人的自然共性一面为标尺，否认人的文化差异这一面。其结果是，一旦这种单向性标尺转换成单一性准则，那它就很可能走向"顺我者昌、逆我者亡"的局面，即认同"同类"人群，排斥"异类"。这意味着，任何想获得平等尊重和对待的人群，必须放弃差异，向"同类"靠拢，以取得一致。帕瑞克认为，这种"党同伐异"的观点，"因其以人类共性为基准来划线，导致哲理上不连贯，道德上成问题"。[②]

毋庸讳言，人类确实都具有各种能量和需求，但多元文化主义强调，这些能量和需求都与文化息息相关，因为大多数情况下，人们的能量大小和需求性质，主要是由具体的某种文化定义和构建的，从而在不同的文化语境下形成了不同的能力和需求概念。如果这种观点成立，且认同人类既存在共性又具有差异这一人类特性，那么

① Bhikhu Parekh, *Rethinking Multiculturalism: Cultural Diversity and Political Theory*, London: Macmillan Press, 2000, p.239.

② Ibid., p.240.

它意味着，所有的人都应该且必须受到平等对待。正是在此基础上，多元文化主义理论家帕瑞克对平等进行了重构，提出既不把平等建立在人类共性上，也不把它构建于人类差异上，而是把平等置于人类共性和人类差异相互作用之上，使平等意义避免走向任何极端的可能。经过如此重构之后，平等的内涵不仅有了扩大，而且有了深化。具体而言，“平等意味着人们有与他人不同的平等机会和平等自由”[①]，即在选择与他人或其他群体不同之问题上，所有的个人或群体都具有平等的机会和平等的自由。帕瑞克对平等内涵的这一创新阐释，使平等保存其本意之同时，又被赋予自由意义，使多元文化主义者积极主张的平等主义观点拓宽了其涵盖面。与此相对应，人类平等相待要求我们把人的共性和差异都考虑进去。当差异在平等相待问题上无关时，平等意味着一致或相同的对待；反之，当差异在平等相待问题上相关时，平等意味着不同对待。[②]帕瑞克对平等做了这样宽泛、灵活的定义和解释后，平等就可以兼顾基于人类共性和差异的不同人群，为多元文化主义落实到不同文化群体提供充分的理论基础。当然，需要指出的是，这里的平等权利并不是说同等的权利，因为不同文化背景和不同文化需求之下的个体，在追求其权利所涉及的具体内容时，需要不同的权利来实现其目标。概言之，“平等不仅意味着拒绝接受与平等权利无关的差异之说，而且意味着全面承认与平等权利相关的合理性差异”[③]。

在多元文化主义者看来，平等有几层意思。从最基本意义上讲，平等指平等尊重和平等权利；再上一个层面，平等指机会平等、自尊平等和自我价值平等；再往上递进，平等指权利平等、福祉平等和人类基本潜能发展平等。要确保平等的实现，社会有必要关注平等在每个层面所包含的相关意义，注意文化群体的差异；否则，不

① Bhikhu Parekh, *Rethinking Multiculturalism: Cultural Diversity and Political Theory*, London: Macmillan Press, 2000, p.240.

② Ibid.

③ Ibid.

同人群往往会因生活方式和价值观念不同而受到不公平的对待。为此，帕瑞克指出，论及平等时，人们必须“关照他人的文化背景，进入他人的思想世界，以他人的意义体系（system of meaning）解读其言行举止”[①]。但实际情况是，主流社会人群在处理事务时，往往以为自己的一套意义体系最理性、最具普世意义，其他文化群体都应以此为标准，与之靠拢、向它仿效。如此一来，且不说“差异”文化群体将失去最基本的平等尊重；更重要的是，如果不同文化群体真的都群起仿效，那么整个世界将不可避免地走向单一化。

如同“平等尊重”这一概念需要包含文化层面意义一样，多元文化主义者认为，自由主义者竭力提倡的“机会平等”之主张也需要纳入文化层面的意义，因为所谓“机会/机遇”，其本身就是一种基于主观意识的概念[②]，隐含文化意义。譬如，我们知道，讲到“机会/机遇”时，人们往往联想到“一种便利、一种资源或一种行动”可资利用。但问题是，“机会/机遇”本身非但无法自我表述，而且始终处于被动状态，即“机会/机遇”不会自己主动说明它应该属于或给予哪个人或哪个群体。在这种情况下，当主流社会创造和提供机会时，主流文化群体就可以顺势而上，轻而易举地抓住这些机会，把它们一个个地收入囊中。因为他们具备了必备的能力和条件，成了“机会/机遇”的天然受益者。然而，对来自非主流文化群体的人来说，鉴于他们“先天性”能力不强，缺少相应的文化知识，且文化价值观不同。这类“机会/机遇”对他们而言意义不大，因此，他们对主流社会提供的这些“机会/机遇”，不是“望洋兴叹”，就是觉得不值得追求。举例来说，假设一份工作要求求职者穿着正装，不允许穿戴与自己宗教信仰相关的衣帽。这样一份工作，对美国主流社会中的白人来说，无疑是个“机会”，但对宗教信仰要求他们戴亚莫克便帽（yarmulke，一种圆顶无边小帽）的犹太人来说，或者对

---

① Bhikhu Parekh, *Rethinking Multiculturalism: Cultural Diversity and Political Theory*, London: Macmillan Press, 2000, pp.240–241.

② Ibid.

宗教信仰要求他们扎包头巾（turban）的穆斯林和锡克教徒来说，这种求职“机会”不仅在“机会”提供前就不存在，而且即使“送上门”也无法接受。这就是上述所说“机会/机遇”本身具有一定主观色彩的意思，因为那些提供“机会/机遇”者在公布“机会/机遇”时，脑子里已有相当明确的主观意愿，即什么样的人群可能或应该来寻找他/她所提供的“机会/机遇”。再举例来说，当一个地处白人社区的白人男性企业家招聘业务员时，他所发布的招聘广告也许宣称，所有符合招聘条件者都可应聘，但他心中实际上早已清楚，他所寻觅的是一个男性白人大学毕业生。这个他心目中早已定型的应聘者，就是上述“机会/机遇”隐含的文化意义，即1）男性；2）白人；3）大学毕业生。以此观之，女性、有色人种和未接受高等教育的人群，就被无形地排斥在外了。显然，这类“机会/机遇”对他/她们而言不仅毫无意义，而且还是一种变相的人格侮辱。正是在这个意义上，美国多元文化主义中的激进主义者坚持认为，谈论“机会平等”时，必须考虑上述文化意义；否则，“机会平等”的精神就无法真正得到落实和实现。

除了为“机会平等”赋予文化意义之外，多元文化主义者认为，在贯彻“法律面前人人平等”（equality before the law）和“法律平等保护”（equal protection of the law）原则时，人们也应该具备文化自觉意识。①譬如，多元文化主义者指出，世界上所有国家都制定了禁止个人或群体“吸食毒品”（the use of drugs）的法律。从法律文字和适用范围看，这项条款公正平等，因为它一视同仁，无一例外。但问题是，从历史上看，人类大家庭里，不少文化群体长期以来一直把某些植物用于他们的宗教仪式，如美洲印第安人和牙买加黑人教派拉斯特里派（Rastafarian），就在他们各自的宗教仪式场合，分别使用佩奥特（Peyote，一种产于墨西哥的仙人掌或由此提取的致幻剂）和大麻（Marijuana，也译成“大麻烟”）。换言之，在现代

① Bhikhu Parekh, *Rethinking Multiculturalism: Cultural Diversity and Political Theory*, London: Macmillan Press, 2000, p.241.

文明把佩奥特和大麻确定为“毒品”前，美洲印第安人和西印度群岛的牙买加人出于宗教目的，一直使用着这些植物，并使它们成为这些文化群体生活方式的一部分，直至今日。多元文化主义者指出，他们使用这些“植物”的初衷，与现代社会人吸食这些同类“毒品”的目的，显然不可相提并论。前者是出于宗教信仰和宗教仪式的需求，后者是出于寻求感官刺激、追求生理快感的欲望。因为前者与宗教仪式相关，“毒品”在使用时间和使用场所两方面都有一定限制；后者纯粹“玩的是心跳”，“毒品”的使用不仅在时间和地点上不受限制，而且在剂量上也以刺激和快感为唯一限制标准。为此，多元文化主义者认为，现代国家的禁毒法律，理论上和形式上都看似公平合理、无懈可击，实际上，这些法律在构思和制定时，就因为没有把上述提及的印第安人和牙买加人之宗教习俗考虑进去，而具有“歧视之嫌”。[①]这是因为，鉴于佩奥特和大麻是他们宗教仪式不可或缺的一部分，禁止他们在宗教仪式上使用这些植物，变相为否定他们举行这种宗教仪式的权利。进而推之，否定他们的这种宗教仪式，等同于不尊重或不承认他们的宗教信仰。当然，多元文化主义者并非以此反对禁毒，主张“毒品”开放，而仅在于借此强调，即使是“法律面前人人平等”这样的神圣原则，如果没有兼顾个别文化群体的特殊历史文化传统习俗，它也很有可能造成不平等的结果。简言之，“法律面前人人平等”原则在实际运用时，有必要把类似上述不同群体的文化习俗考虑进去，给予他们区别对待，以显示对他们历史文化传统的尊重。多元文化主义者认为，唯有如此，平等精神才可以说是得到了真正的体现。[②]历史上，美国政府曾在这方面做出过一定程度的努力。譬如，1920年通过的禁酒令，严禁酒精类饮料的销售和消费，但对犹太教和天主教用于宗教仪式上的高浓度酒网开一面，予以“放行”。这种做法无疑体现了法律与文化兼顾

---

① Bhikhu Parekh, *Rethinking Multiculturalism: Cultural Diversity and Political Theory*, London: Macmillan Press, 2000, p.242.

② Ibid.

的精神。

于是，这里就引出了文化同质性程度高的社会和文化异质性程度高的社会如何对待和处理平等问题之棘手难题。多元文化主义理论家帕瑞克对此做了阐释，从理论上论证了多元文化社会里如何贯彻和体现平等精神的必要性和可行性。他指出，在一个文化同质性较高的社会里，人们在许多涉及文化价值的问题上，可以在相当程度上取得广泛的认同。譬如，在道德准则、行为动机、社会习俗、生活方式、文化需求和行为举止等问题上，文化同质性社会里的成员大多能相互理解和相互欣赏。在这样的社会文化条件下，“平等权利意味着大家或多或少都享有相同的权利，而平等对待则意味着所有的人或多或少都得到同等的对待”[①]。鉴于这一原因，在文化同质性强的社会，人们不仅可以顺畅地为平等原则下定义，而且还可以顺利地据此定义贯彻和落实平等原则。基于大家对平等原则认同性强，一旦出现与平等原则相抵触或相矛盾的歧视性现象或行为，文化同质性社会比较容易发现和应对。但是，文化异质性高的社会就不一样了。原因很简单：在多元文化社会里，由于各文化群体在政治、经济、社会、文化、教育和媒体等方面的资本大小不一，文化群体之间不仅在界定上难以就平等原则达成共识，而且在实践中如何实现平等尊重和平等相待也无法取得一致。譬如，“从广义上讲，所谓的平等，指的是社会在一些被认定为重要的相关方面，给予平等对待”，适当解决不平等问题。[②]但问题是，在一个多元文化社会里，各个文化群体对何为“相关方面”、何为“重要”、何为“适当解决”、何为“平等对待”等问题，常常无法达成共识，造成各自陈述自己的理解和诉求。此外，在应对和解决平等问题时，“如果把文化差异因素考虑进去，平等对待意味着差异性对待（differential

① Bhikhu Parekh, *Rethinking Multiculturalism: Cultural Diversity and Political Theory*, London: Macmillan Press, 2000, p.242.

② Ibid.

treatment），而不是等同对待（identical treatment）”[①]。于是，多元文化社会里的平等问题，就演变成这样一个棘手的难题："如何使平等原则确保各文化群体享受真正平等，而不是以平等原则为托词，行歧视或特权之实？"[②]

这里所谓的“歧视”，指的是主流社会以自己的价值观为前提来界定何为平等原则，导致非主流社会群体遭受歧视。这里所谓的“特权”，指的是多元文化主义激进者提出的各种特殊要求，引发反多元文化主义者指责前者寻求特权。帕瑞克认为，“歧视”和“特权”都有走极端之嫌，应该规避和力戒。于是，这里就产生了两个问题：如何理解和消除基于文化习俗迥异的歧视行为，以及如何为此采取应对措施而不产生任何可能的特权现象？帕瑞克在这个问题上基本上赞同其他多元文化主义者都主张的差异政治理论，认为差异政治的核心是差异平等。[③]为此，帕瑞克根据多元文化社会所面临的一些具体问题提出了几点看法。

首先，帕瑞克指出，若要做到既坚持自由民主原则又保护差异文化特性，关键在于培养和提高文化敏锐性，促进和增强同情性理解，在制定相关法律或政治时具体情况具体应对。[④]举例来说，众所周知，依据他们的宗教信仰，穆斯林和锡克教男性教徒头上需扎包头巾。现在的问题是，如果穆斯林和锡克教男性教徒有意愿加入警察队伍或武装部队，他们是否应该像所有其他警察和军人一样，戴上警察帽或军人头盔？加拿大尽管是西方国家最早实行多元文化主义政策的国家，但针对这一问题，该国上上下下在20世纪末为此展开了激烈的争论。主张穆斯林和锡克教徒佩戴警察帽的人群指出，加拿大皇家骑警（the RCMP）代表加拿大国家机构，是加拿大司法系统的象征，而穆斯林和锡克教徒的包头巾带有明显的宗教色彩，

① Bhikhu Parekh, *Rethinking Multiculturalism: Cultural Diversity and Political Theory*, London: Macmillan Press, 2000, p.243.

② Ibid., p.242.

③ Ibid., p.243.

④ Ibid., p.241.

允许他们在加拿大皇家骑警中扎包头巾不仅有失严肃性，使其在人们心目中失去原有的威严，而且有违政教分离原则，为宗教信仰干预政治大开方便之门。反对禁止穆斯林和锡克教徒扎包头巾的人指出，尽管加拿大皇家骑警所戴的斯泰森毡帽（Stetson）是加拿大少有的几种象征物之一，但既然加拿大在法律上确立自己为多元文化主义国家，代表其国家机构的加拿大皇家骑警理应也体现这一精神，允许穆斯林和锡克教徒在执行任务时扎包头巾。更何况，该国不少省份的警察机构都允许穆斯林和锡克教徒扎包头巾执行任务，不仅没有发现这些人因扎包头巾而影响公务，也没有发现他们因为这样做而把其宗教信仰置于公务之上，出现所谓的政教不分离之局面。[①] 最后，在多元文化主义力量据理力争之下，加拿大皇家骑警局同意在该骑警局工作的穆斯林和锡克教徒执勤时可以扎包头巾。帕瑞克认为，加拿大皇家骑警局的这一决定体现了文化敏锐感，因为他们在确保服饰不影响公务的原则下，以同情眼光看待穆斯林和锡克教徒扎包头巾的需求。[②]换言之，加拿大皇家骑警局在包头巾问题上对穆斯林和锡克教徒“网开一面”的做法，一是避免了对他们的“歧视”，二是没有因为允许他们依伊斯兰教和锡克教教义规定扎包头巾而给予他们任何多于他人的“特权”。

其次，帕瑞克认为，在任何一个多元文化社会里，人们在坚持自由民主原则的同时，必须从文化差异角度考虑和对待平等问题。[③] 如果说上述涉及包头巾等穿戴服饰等问题在贯彻平等精神时相对来说比较容易做到的话，其他一些涉及道德观念的问题，人们会因为文化理念迥异而难以真正做到平等相待。譬如，西方国家法律都有规定，凡胁迫之下的婚姻都可判定无效。这一观念在西方社会具有悠久的历史，其理念早已深入人心，为所有人所接受。然而，同样

① Bhikhu Parekh, *Rethinking Multiculturalism: Cultural Diversity and Political Theory*, London: Macmillan Press, 2000, p.245.

② Ibid., pp.244—245.

③ Ibid., p.248.

一个观念，在一个文化观念和传统习俗完全不同的社会里，其定义及其内涵就不那么容易确定。举例来说，一个英籍亚裔姑娘在其家庭威逼下，嫁给了一个由其家长选定的男子；她之所以“从命”，是因为其父母威胁她说，若她不从，家人就将她驱逐出门。法律上完婚之后，这位姑娘上诉法庭，以威逼成婚为由要求法院解除婚姻。起初，法院对差异文化置若罔闻，以“威逼指对生命和自由构成即刻威胁”为由拒绝接受其起诉，结果激起社会舆论，掀起一股批评狂潮。数年后，在判决类似一个案子时，该法院来了个180度的大转弯，判决一个英籍亚裔女性婚姻属威逼性质而无效。其理由是：尽管当事人受到的“社会压力严重程度不及同样情况下一个英国白人姑娘可能遭受的程度”，但考虑到亚洲文化在女性婚姻问题上的强大影响力，来自家庭的这种压力对亚裔女性而言，其严重程度与英国白人文化语境中所指的“威逼”无疑对等。①

此案于是提出了一个涉及如何平等对待不同文化群体的问题：在同样的情况下，法院判决当事亚裔女性的婚姻无效，但若此案当事人为白人女性，其结果则可能完全不同。这样做是否在给予她们特殊权利，有偏爱亚裔女性之嫌？在反多元文化主义者看来，答案无疑是肯定的，即亚裔女性在这个问题上享受了一定的特权。但是，在多元文化主义者看来，这里所谓的“特权”仅是一种表面现象，易产生误解。其实际情况是，“威逼”在不同的文化语境下表现形式不一。譬如，在亚洲文化环境里，逐出家门、断绝关系，对儿辈们“性命攸关”，相当于在家族或村庄及其他形式的共同体内被判处“社会死刑”（social death），其严重性不亚于西方文化语境下的“对生命和自由构成即刻威胁”。帕瑞克为此指出，鉴于不同文化对“威逼”解读不一，若以白人文化之解读套用于亚裔人群，那么，它无疑会导致不平等。多元文化主义者要求解读和对待不同文化群体时兼顾文化差异，其目的就是为了体现平等精神。毕竟，同意上述亚

① Bhikhu Parekh, *Rethinking Multiculturalism: Cultural Diversity and Political Theory*, London: Macmillan Press, 2000, p.248.

裔姑娘解除婚姻诉求，“并没有给予她额外的离婚权利，而只是从文化敏锐性视角来解读既存相关法律”[①]。多元文化主义者强调，这就是兼顾文化价值前提下对不同群体的平等相待的实例。

第三，帕瑞克认为，在多元文化社会里，针对不同文化群体的传统习俗行为，尤其是涉及宗教信仰的习俗，相关的法律条文或政府指令，应根据有关传统习俗的来龙去脉及其具体历史背景来制定和实行，以确保不同文化群体享受平等。帕瑞克把这类平等称做“一定背景下的平等性”（contextualizing equality）。举例来说，1989年，从北非移居法国的三个穆斯林姑娘戴hijab（头巾）去上学，结果被来自加勒比海的黑人校长勒令不允许披戴具有伊斯兰教象征意义的hijab去教室听课，因为法国公立学校实行世俗制（laicitée），学生和教师都不能以任何形式的宗教来影响或挑战这一由国家制定的政教分离法律条款。此消息传出后，许多法国穆斯林姑娘头戴hijab上学，抗议上述学校的做法。此事迅速波及全国，引发了一场舆论大战。面对这一情况，法国教育部在咨询了相关部门的意见后决定，穆斯林姑娘可以在公立学校戴hijab上课，只要她们不以这种具有宗教象征意义的饰物来宣传她们的宗教信仰，或借助这种宗教标记来感化他人，鼓动人们皈依伊斯兰教。然而，这一决定非但没有平息争论，反而因其措辞含糊和界限不清而引发了更多和更大的争论。1994年，法国教育部长迫于世俗力量的压力，推翻法国教育部1989年做出的决定，裁决道：尽管学生们可以佩戴各种具有宗教象征意义的饰物去公立学校上学，但“那些带有明显试图改变他人宗教信仰或隐含明显宗教歧视成分的饰物”，在公立学校不许存在；穆斯林姑娘佩戴的头巾恰好属于这类饰物，因而，不准她们戴这种头巾上公立学校。[②]

---

① Bhikhu Parekh, *Rethinking Multiculturalism: Cultural Diversity and Political Theory*, London: Macmillan Press, 2000, p.248.

② “La saga des foulard”, *Le Monde*, 13 October 1994, 转引自 Bhikhu Parekh, *Rethinking Multiculturalism: Cultural Diversity and Political Theory*, London: Macmillan Press, 2000, p.250.

显然，这个问题涉及公民性和国民身份问题。在大多数法国人看来，法国应该坚守世俗主义精神，坚持把学校等社会机构作为思想解放之地，抵制任何以群体或宗教习俗之名义来改变这一宗旨的企图。在一部分法国社会知识精英眼中，法国是一个建立在单一文化基础之上的国家，其国民身份具有鲜明的法兰西特性，独一无二，不可分离。法国公立学校在法国文化传承中扮演着其他社会机构不可替代的作用，担负着把来自不同文化背景的人群融入和同化进法兰西文化的重任。在他们看来，穆斯林姑娘佩戴头巾在法国公立学校上课，轻者是在“昭示”异端文化，重者是在“宣传”落后习俗。用法国《解放报》编辑的话来说，“穆斯林女性佩戴的头巾之背后是移民问题，移民问题背后是民族融合问题，民族融合问题背后是世俗主义原则”[①]。显然，在反对穆斯林姑娘佩戴头巾上学的人群看来，此问题的核心是法国世俗主义精神原则，即政教分离原则。依据他们的思路逻辑，既然法国捍卫的是世俗主义精神原则，而穆斯林姑娘所佩戴的头巾是一种宗教象征物，那么，她们佩戴hijab去公立学校上学就意味着违背世俗主义精神原则。

如果仅从政教分离原则来看，法国政府在hijab问题上的看法和决定似乎有理，但如果深入分析一下，我们就会发现，法国在此问题上的看法和决定根本站不住脚。毋庸讳言，hijab具有明显的宗教象征意义，但大多数宗教象征物都有这一特性，且世界上没有任何一个国家明文规定，宗教象征物可以或不可以明显到什么程度。此外，穆斯林姑娘佩戴hijab上学时，仅是佩戴它，并没有以此来“传教”，试图用它说服周边人皈依伊斯兰教。简言之，穆斯林姑娘佩戴hijab之本身，就如同基督徒在脖子上挂十字架物件一样，并不意味着从事宗教活动。事实上，佩戴还是不佩戴hijab，往往由穆斯林姑娘自己决定，与自己的生长环境有关，并非一定因家庭压力而成。退一步讲，即使是父母决定而为，人们也难以就此指责家长，说他

---

① Bhikhu Parekh, *Rethinking Multiculturalism: Cultural Diversity and Political Theory*, London: Macmillan Press, 2000, pp.250–251.

们试图通过孩子们头上的hijab来宣传伊斯兰教。最重要的是，法国政府在禁止穆斯林姑娘佩戴hijab上公立学校时，却没有对基督徒胸挂十字架（或犹太人头戴犹太小圆帽）上公立学校做出同样的禁令。所以，在多元文化主义理论家帕瑞克看来，法国政府在hijab问题上的看法和决定，政教分离原则根本不适用，因为问题的实质是文化歧视和文化不平等，而不是hijab本身对法国世俗主义精神构成了挑战或威胁。[①]可见，这里涉及的hijab问题，与其说是宗教信仰问题，还不如说是文化习俗问题；与其说是政教分离问题，还不如说是文化平等问题。如果基督徒也被禁止胸挂十字架上学，那么，穆斯林姑娘不可以佩戴hijab上公立学校的规定就可成立；否则，这就是一个无可否认的文化歧视问题。为此，帕瑞克指出，如同十字架对基督徒和犹太小圆帽对犹太教徒有身份认同意义一样，hijab对穆斯林姑娘也具有身份认同意义。因此，对待不同文化群体时，国家也好，社会也罢，大家都有必要考虑各文化群体的历史文化背景，充分认识历史文化背景下产生的传统习俗对该群体成员的意义，尤其是它们对文化群体成员身份认同的意义。[②]唯有如此，差异文化群体才可能享受真正意义上的平等。

从上述三个方面论述了如何在多元文化社会里构建和实现不同文化之间的平等这一问题后，帕瑞克就如何避免“歧视”差异文化群体又不给予它们“特权”的问题进行了总结。他明确指出，只要社会在给予平等对待时把文化差异因素合理地考虑进去，那么，它就很可能意味着给予差异文化群体不同的（different）或者特别的（differential）对待。帕瑞克认为，“通常情况下，对个人或群体的不同对待方法，只要这些方法意味着个人或群体以不同的方式去实现同样的权利，那么，这样做就是平等相待。换言之，只要这种不同的对待方式没有造成一方享受更多的权利，并同时没有使另一方

① Bhikhu Parekh, *Rethinking Multiculturalism: Cultural Diversity and Political Theory*, London: Macmillan Press, 2000, pp.252–253.

② Ibid., p.256.

失去更多的权利，那么，这样做就是平等相待”[①]。举例来说，生活在西方社会的一个亚裔女性，若因父母以逐出家庭威逼成婚而上诉法院要求解除婚约，其诉求应得到法院支持。但是，若同样的情况发生在一个西方白人女性身上，但法院判决其诉求无效，那样做并没有任何不公平或不平等之嫌。这是因为，法院都是根据法律中的“威逼”条款作为判决依据的，只是西方和东方文化对“威逼”的内涵有着不同的界定和解读。为此，帕瑞克总结到：在看待涉及不同文化习俗的同类问题时，“我们有必要考虑这类问题关涉的权利或条款之本质和目的，确保区别对待不同文化群体的同样问题时，绝不背离或违背这些权利或条款的本质和目的”[②]。这里的关键是，在多元文化社会里，政府和社会对待差异文化群体的权利和权益问题时，一定要从历史文化背景出发，以较高的文化敏锐度，同情地理解传统习俗与差异文化群体身份认同的密切关系，以真正体现公正和平等原则。

帕瑞克在此基础上进一步指出，在一个多元文化社会里，政府和社会除了采取不同和特别的政策外，还必须为一部分差异文化群体提供“额外”的权利。这是因为，长期以来，不管是社会历史原因，还是种族歧视原因，一部分文化群体遭受了苦难的经历，如北美土著人和非裔美国人等。如果不给予这些弱势文化群体进一步的权利，任由他们在不平等的起点上与其他社会群体，尤其是既得利益群体，进行所谓的“平等的”竞争，那么，这些弱势文化群体要享受和品尝“平等机会”只能是一种奢望。为此，帕瑞克提出，国家或社会有责任和义务给予这些弱势文化群体一些“额外”的权利，帮助他们尽快“站立在与社会其他群体同一的起跑线上”“实现政治融合、社会和谐及促进文化多样性等人类值得追求的共同目标”[③]。

① Bhikhu Parekh, *Rethinking Multiculturalism: Cultural Diversity and Political Theory*, London: Macmillan Press, 2000, p.261.

② Ibid.

③ Ibid., p.262.

这是因为，当一个群体长期遭受压迫、被边缘化时，他们往往缺乏自信心，鲜有机会和能力与其他社会群体平等竞争；有时，他们甚至还会面临强行同化的外在压力。帕瑞克为此强调，针对这些弱势文化群体，国家和社会有必要给予他们一些其他社会群体不可享受的“特殊权利”，如增加他们在有关政府部门或其他社会机构里的代表性，如教育机构和公司企业等。换言之，若要在一个多元文化社会里实现平等和共同发展，边缘化文化群体应该被给予一定程度的“额外”权利，其目的与其说是赋予他们“特权”，不如说是“把这些弱势社会群体拉入社会主流，为平等公民权赋予实质性意义”①。

简言之，多元文化主义者认为，给予这些弱势文化群体一些“额外”权利和权益，是一种“两全其美”的举措。这是因为，它一方面可以纠正主流社会长期以来对他们的歧视，使他们“建立信心”“产生共同体归属感”“一起关注国家的政治稳定，促进社会和谐”。另一方面，由于它是一种“补偿”性措施，即“补偿”主流社会过去对这些弱势文化群体“欠下”的种种不公和不平，所以，这里所谓的“额外”权利和权益，不构成一般意义上的“特权”。毕竟，这些“特权”并不是旨在让他们借此扩大既得利益，加剧社会不公；恰恰相反，这些“特权”旨在消除已有的社会不公和不平，以促进和确保“更大和更重要的社会利益”。若能在这方面对主流社会开展教育，晓之以理，动之以情，积极沟通，细致阐述，帕瑞克认为，多元文化社会完全有可能创建一个文化群体之间相互尊重、平等相待的和谐社会。尽管路途艰难，困难重重，但只要秉承社会公正和人人平等的精神，文化群体之间的不平等可以不断缩小、逐渐消除。②

相当程度上讲，多元文化主义者就是从上文描述和探讨的承认

---

① Bhikhu Parekh, *Rethinking Multiculturalism: Cultural Diversity and Political Theory*, London: Macmillan Press, 2000, p.262.

② Ibid.

政治、差异政治和平等政治三个方面来构建和辩护他们的多元文化主义理论和主张的。如果说承认政治理论把承认弱势群体的文化价值提高到政治问题层面来论述，并要求主流社会承认弱势文化群体的话，那么，差异政治理论则旨在论证差异性和多样性而不是普遍性和统一性才是人类社会的常态，并以此为基础要求主流社会接受和认同差异文化群体。然而，无论是承认政治理论还是差异政治理论，两者的落脚点和核心点都是“平等”二字，即要求主流社会承认、接受和认同弱势和差异文化群体，两者的出发点和归属点，都是基于民主社会的平等理念和平等原则。所以，从根本上讲，多元文化主义的政治理论和政治主张都围绕平等思想和平等政策展开，旨在使主流社会群体所享有的权利和权益平等地为弱势和差异文化群体分享。简言之，多元文化主义者要求民主社会所宣扬和捍卫的平等权利，不仅体现在主流社会群体身上，而且要照拂到社会所有文化群体身上。

第四章

多元文化主义在教育界的爆发

如同本书前面所指出的，多元文化主义很大程度上既是一种政治理论，又是一种政治行动，其政治实践意义在美国教育界最为突显，有“校园烽火”之说。[①]从这个意义上讲，探讨美国多元文化主义的政治实践意义，以“校园烽火”为切入点不失为一个有益的视角。其原因主要有三：第一，多元文化主义在美国学校争论得最激烈、最广泛、最深刻；第二，教育机构不仅担负着传授知识的角色，而且还是一个向美国年轻一代，尤其是不了解美国文化传统观念的年轻移民后代，灌输和传递美国价值观的机构；第三，教育机构既是传承和发扬光大美国价值观的阵地，又是形塑、产生和引领美国价值理念的场所，关乎美国国民性的塑造和美利坚民族的未来发展。下面以两个州内发生的多元文化主义之争来揭示多元文化主义争论的特点和实质。

---

① John Arthur and Amy Shapiro (ed.), *Campus Wars: Multiculturalism and the Politics of Difference*, Colorado: Westview Press, 1994.

第一节　佛罗里达州的多元文化主义之争

据美国学者内森·格雷泽（Nathan Glazer）的研究，全美国范围内围绕多元文化主义争论之标志性事件之一发生于1994年。[①]那年5月，《纽约时报》在该报不起眼的地方刊登了一条新闻报道，说是佛罗里达州湖县塔瓦雷斯地区（Tavares，Lake County，Florida）校区委员会做出一项决定，同意在隶属于该校区的学校里为学生提供有关非主流文化的相关课程，但该项决定又同时强调，这些“非主流文化”属于“低级文化”，无法与主流文化相提并论。[②]佛罗里达塔瓦雷斯原本默默无闻，但经《纽约时报》报道，且以如此赤裸裸的文字贬低“非主流文化”，便一下子“蹿红”起来，吸引了美国公众的极大关注。据报道，在这片否定“非主流文化”的喧嚣声中，塔瓦雷斯地区的基督教保守派充当了“主力军”的角色，为塔瓦雷斯校区委员会提供了精神武器。[③]

那么，塔瓦雷斯校区委员会为什么要通过这样一个言辞如此尖刻、语气如此挑衅的决议呢？要理解此事的来龙去脉，有必要追溯一下佛罗里达州政府1991年制定的一项有关在该州公立学校开展多元文化主义教育（multicultural education）的政策。根据《纽约时报》的报道，该政策要求就读于该州公立学校的学生都必须了解其他文化，“消除个人和族裔层面的民族中心主义观念，并充分认识到，没有任何一种文化本质上优越于或低劣于其他文化”[④]。该州的教师工会都支持州政府的这个政策，认为在一个日益走向多元化的

---

① Nathan Glazer, *We Are All Multiculturalists Now*, Cambridge: Harvard University Press, 1998, third printing, p.1.

② “School board will recognize other cultures, but as inferior”, *New York Times*, 13 May 1994, Section A, p.16.

③ Ibid.

④ Ibid.

社会里，有必要教育学生理解、欣赏和尊重“他者”文化的重要性。但对坚守美国传统文化的人群来说，尤其是对执着信奉美国犹太—基督教文明精神的保守派来说，佛罗里达州政府有关开展多元文化主义教育的政策有“大逆不道”之嫌。譬如，上述塔瓦雷斯基督教保守派坚持认为，美国中小学的目的，是向孩子们“灌输美国传统价值和文化理念，帮助他们认识美国的共和国制度、资本主义制度、自由企业制度、爱国主义精神、坚固的家庭观念、宗教自由思想和其他基本价值观，使他们确信美国所具有的这些价值观和思想理念都优越于其他任何国家的文化，也优越于历史上任何文化传统”①。显然，佛罗里达州塔瓦雷斯基督教保守派的上述言辞表达了他们对州政府教育机构相关政策的不满和怨怒。但美国州政府各个区教育委员会是由本地区选民产生的，他们制定和推行的政策必须体现选民的意向和愿望。从这个意义上讲，围绕多元文化主义教育产生的争议是佛罗里达州选民之间的争议，是该州多元文化主义鼓吹者和多元文化主义反对者之间的争议，其中还包括教育委员会内部在多元文化主义问题上的分歧和对立。不然，塔瓦雷斯地区校区委员会为什么一方面说要提供“他者”文化教育课程，而另一方面又明确宣称“他者”文化低劣呢？这种说法，除了明显地表现出“政治不正确”之外，还隐含着该校区委员会做出这项决议时所处的无奈境地和抵制情绪。所谓“无奈境地”，是指佛罗里达州议会1991年通过的一项有关公立学校开展多元文化主义教育的法案，作为下属机构，地区教育委员会有义务和责任执行该法案。所谓“抵制情绪”，是指地区教育委员会用“他者”文化“低劣”一词来表述自己被迫执行该法案的心态。

现在的问题是，佛罗里达州政府为何要制定那项涉及多元文化主义的法案？促使该州议会制定该法案的动机何在？是因为该州学生不能或不知道如何了解和欣赏外来文化？还是因为该州学生不能

① 转引自 Nathan Glazer, *We Are All Multiculturalists Now*, Cambridge: Harvard University Press, 1998, third printing, p.1.

或不知道如何了解和欣赏美国非裔文化、美国拉丁裔文化或者美国亚裔文化？此外，佛罗里达州的那项法案是哪些议员提出的？其背后支持者是什么人群？州教育部门在这项议案的制定过程中起了什么作用？作为“域外人”，我们缺少第一手资料，难以揣测，但基于上述州政府要求该州公立学校提供多元文化课程以及塔瓦雷斯“被迫”按此新政策落实的资料来看，我们可以推测：(1)这是一个源于美国国内社会政治形势变化而推出的一项政策；(2)这是一个具有争议的政策（如教师工会支持，但基督教保守派反对）；(3)这不是一个孤立现象，涉及美国价值观之争；(4)前面讲过塔瓦雷斯是个默默无闻的小地方，不是佛罗里达州迈阿密市这样人口成分复杂的城市。小地方在多元文化教育问题上尚且如此分裂不和，在大城市里此问题必然会给社会造成更大和更强的撕裂；(5)作为“公仆”，州议员和地区学校委员会委员都面临着来自选民的压力，其中有支持的也有反对的；(6)因为多元文化主义是一个十分敏感的问题，塔瓦雷斯地区教育委员会的那项决议经《纽约时报》报道后引起了全国关注，并进而引发了一场全国性的大辩论。

毋庸说，塔瓦雷斯地区教育委员会的决议在佛罗里达州激起了一片谴责声潮。首先，佛罗里达州教委主任窦格·詹姆逊（Doug Jameson）感到极为恼火，对塔瓦雷斯地区教育委员会的决议进行了严厉的批评。[①]其次，塔瓦雷斯地区一个名为“为创建主流价值观人民”的民间组织主席也对该区教育委员会的决议做了批评，认为此决议乃多此一举，因为“我们已经在教育我们的孩子们热爱祖国、为国争光，为何还浪费那么多时间和财力去谈论我们早已经在做的事情呢？这样一来，我们岂不成了世人的笑柄吗？”再者，该州的一位历史教师在评论此事时说，上课时，我们教育孩子们说，“我们认为美国文化是一个十分多样化的文化”；这已经是铁板钉钉的事实，“真搞不清楚（塔瓦雷斯地区教育委员会的决议）所指的优质和低

① Larry Rohter, “Battle over patriotism curriculum”, *New York Times*, 13 May 1994, Section A, p.22.

劣文化是哪些文化”。[①]不难预料，在上至教委主任，下至普通教师的反对和谴责之下，塔瓦雷斯地区教育委员会改选时，那些赞同把“他者”文化定性为低劣文化的委员一个个落选，反对这样做的委员都高票继任。

塔瓦雷斯地处佛罗里达州的一个小岛，鲜为外人所知。那里的居民主要是“留守”农民及一些住不起佛州海滩城市的退休老人。这么一个不起眼且相当闭塞的小县居然引起《纽约时报》这样一个具有全球影响力的大报之关注，这说明，该县争论不休的问题显然触及了包括《纽约时报》记者和编辑在内的全美国民众的“神经”。为此，塔瓦雷斯地区一下子为整个美国所知，成为美国教育界、学术界乃至政界关注的热点。人们不禁要问：佛罗里达州为何要在1991年制定那个要求该州学校为学生提供有关外来文化的课程的法案？其背后动因是什么？是因为学生不能欣赏和理解外来文化还是学生仅仅不能欣赏和理解美国非裔文化或者美国拉丁裔文化？议员们在推动这项法案时是出于对所有外来文化的考虑，还是仅仅出于对美国国内少数族裔文化的考虑？塔瓦雷斯地区教育委员会通过的那项决议是否真的与州法相抵触？那项决议宣称美国白人文化优越于少数族裔文化确实带有明显的种族主义论调，但它所列举的价值观，如共和制政府、资本主义、自由市场经济、宗教自由和家庭观念等，也确实是大多数美国人信奉的价值观。这种“优越”到底说明了什么问题？其实际意思指涉什么？不同文化群体对此做出什么反应？

从很大程度上讲，这些问题的实质，与其说是塔瓦雷斯地区教育委员会的决议本身有多大意义，还不如说那项决议引发出来的截然对立的回应和反响更值得关注。举例来说。从右翼角度来讲，塔瓦雷斯地区教育委员会非但无可厚非，反而值得赞赏。小布什政府副总统切尼之妻林·切尼对多元文化主义在美国教育界的发展趋势

① 转引自 Nathan Glazer, *We Are All Multiculturalists Now*, Cambridge: Harvard University Press, 1998, third printing, p.3.

就深为反感。在担任美国“全国人文学科基金会会长”期间，林·切尼在该会的资助项目上就对多元文化主义颇有微词。塔瓦雷斯地区教育委员会的决议在报刊上讨论之后，她十分困惑，并以立场鲜明的言辞表述自己的观点。她指出：“塔瓦雷斯地区教育委员会之行动阐明了一个重要问题。美国在诸多方面不及其他文化……，但在许多方面我们代表着世界的光明，其中重要的一点是，美国是由来自世界各个角落的人创造出来的。”[①]换言之，仅此一点就足以使美国傲视全球，“代表着世界的光明”。然而，支持教育界开展多元文化主义教育的左翼人士却对塔瓦雷斯地区教育委员会决议持坚定的反对立场。以左翼知识分子托德·杰特林（Toddy Gitlin）为例。他对塔瓦雷斯地区教育委员会的决议评述道：“此事真正令人惊奇之处是，它竟然可以成为一个值得关注的新闻点。掐指算来，数十年前，大家都理所当然地认为，美国占据世界文明的顶峰。”[②]杰特林言下之意为：多元文化主义兴起之前，人们对WASP的主流文化鲜有质疑和挑战，但随着民权运动和女性运动的兴起，WASP的根基开始发生动摇，并在教育战线体现出来。鉴于教育界是灌输、传递和塑造价值观的场所，右翼与左翼在教育界争夺话语权也就不难理解了。

相对于中小学而言，美国高校内发生的多元文化主义之争表现得更为激烈、更为广泛。究其原因，主要是高校乃致力于推进思想创新、培育社会栋梁、研究新生事物之地。所以，就美国多元文化主义引发的文化论战而言，它主要发生在美国高校，如（1）怎样调整学生必读经典书单，即“下架”部分传统经典作品，增加其他“新经典”作品；（2）怎样调整课程设置，如增设族裔学和女性学课程；（3）怎样转变高校教授的学术兴趣和方向，即关注原先被主流文化忽略的社会和文化现象；（4）怎样提高高校教育质量和教学管理，及时回应社会少数族裔群体和女性群体及性取向不同人群的诉求，创建一个更宽容和更开明的校园环境；（5）怎样改变高校录取学生和

① Lynn V. Cheney, *Telling the Truth*, New York:Simon & Schuster, 1995, p.31.

② Todd Gitlin, *The Twilight of Common Dreams*, New York: Metropolitan Books, 1995, p.41.

录用教师比例问题，增加长期以来被排除在外的少数族裔人群和女性人群等。[①]

需要指出的是，所有这些变化并非都是20世纪90年代一蹴而就的，而是在60年代兴起的民权运动和女权主义运动的带动下逐步发展积累而成的。如果说七八十年代这些变化呈细流状态，90年代则变成洪流状态，从而在美国引发了亨特所说的“文化战争”[②]。这些变化出现时即遭到了社会保守派的抵制和反对，认为这种以群体为标准的录取和录用方式违背了美国个人主义精神、背离了美国“机会均等”的用人原则。支持和赞同这些变革的人群则指出，黑人和女性等社会弱势群体在“起跑线上”就一直没有也没办法享受所谓的“机会均等”原则，若不通过政府立法的方式确保他/她们在“起跑线上”的平等机会，那么他/她们将永远无法与主流文化群体公平竞争。公允而言，双方都有一定的道理，它们的说法是否成立取决于人们从哪个角度来看问题。如果从美国个人主义精神来看，一个人仅仅因为是黑人或女性而在入学或录用上受到“照顾”，这样做显然破坏了机会面前人人平等的原则。但是，如果从黑人和女性长期以来被剥夺高等教育（更别提在高校执教和研究）机会这个角度来看，“人为”地为他/她们增加入学和录用名额，非但没有“照顾”之嫌，反而具有“拨乱反正”之势，为这些原本无法与主流社会人群公平竞争的人创造了机会面前人人平等的机遇。显然，这牵涉到到底应该运用哪一种自由主义原则和从哪一个历史维度来对待它的问题。按传统自由主义原则，“人为”创造计划破坏了公平竞争理念；按现代自由主义原则，政府有责任为社会弱势群体创造公平竞争机会。同样，按静止的历史眼光来衡量，存在的即是合理的，因而没有必要改变现状，更不应该由政府出面强制性地改变现状，因

---

① Nathan Glazer, *We Are All Multiculturalists Now*, Cambridge: Harvard University Press, 1998, third printing, p.5.

② James Davison Hunter, *Culture Wars: The Struggle to Define America*, New York: Basic Books, 1991.

为这种人为改变是以牺牲另一部分个人利益来换取和实现的。但是，按动态的历史角度来看，变是绝对的，不变才是相对的，因而社会有必要随着时代的迈进而做出相应的变化。许多情况下，多元文化主义者与单元文化主义者之所以争执不休，往往就是他们从不同的价值观念和历史维度来看问题而导致的。

应该说，就学生录取、教师录用、课程设置和管理人员多元化而言，多元文化主义者已经成功地在美国高校里占据了无法撼动的地位，尤其是在人文科学和社会科学学科两个领域。然而，如同任何事情容易走向极端一样，多元文化主义在争取其权利和捍卫其立场时也出现了一定程度的极端倾向，其中“政治正确”最为典型[①]，引起了包括开明派在内的相当多人的不悦乃至反感。在“政治正确”原则的指导下，美国许多高校在新生入学时被告知，哪些言论允许可说，哪些词语禁止使用。这显然涉及言论自由的问题。[②]同样，新入职的男教师被告知，哪些言辞可以对女生讲，哪些行为不许在师生之间发生。这些“须知”守则之长度超过任何其他项目的“须知”篇幅。[③]“政治正确”走到这一地步是引起社会争议和包括温和派在内的人群对它进行反击的原因之一。

然而，一个值得关注的问题是，尽管高等院校是美国多元文化主义争论最激烈的地方，相对于私立学校而言，多元文化主义在美国公立学校里推行得最为成功也最为彻底。众所周知，自美利坚合众国诞生之日起，公立学校历来是美国塑造不同文化群体的工具，旨在让来自全球各个角落的移民及其后代同化成“美国人”。据内

① Gerald Gunther, “Good speech, bad speech—No” and Andrew Altman, “Liberalism and campus hate speech”, in John Arthur and Amy Shapiro (ed.), *Campus Wars: Multiculturalism and the Politics of Difference*, Colorado: Westview Press, 1994, pp.109–113, 122–136.

② “Campus speech codes: Doe v. University of Michigan”, in John Arthur and Amy Shapiro (ed.), *Campus Wars: Multiculturalism and the Politics of Difference*, Colorado: Westview Press, 1994, pp.114–121.

③ Nathan Glazer, *We Are All Multiculturalists Now*, Cambridge: Harvard University Press, 1998, third printing, p.6.

森·格雷泽研究，从20世纪八九十年代起，美国公立学校的这一功能开始发生明显变化，即从形塑单一性的美国文化走向多元性的文化，且这种变化基本上没有引起社会关注，直至90年代大爆发，它才成为社会热点问题。[①]于是，媒体以“校园烽火”和“文化战争”等标题描述这些极具争议的变化。这一“校园烽火”先是从加利福尼亚州燃起，继而“横跨”美洲大陆燃烧至纽约，直至最后燃遍全美。时至90年代末，多元文化主义占据美国各地公立学校教学课程的“高地”，表面上看来，几乎没有人会对它的合理性和必要性产生怀疑，更没有人会对它提出挑战。关于这一点，佛罗里达州湖县的一位教师讲得最朴实同时也最明晰："我们历来把美国文化看做是极为多样的文化，真还不知道他们（塔瓦雷斯地区教育委员会）所指的‘美国价值’是什么价值。”[②]其言下之意为：多元文化主义早已遍布美国，扯什么文化优越于其他什么文化干吗？

“多元文化主义”一词在美国使用得十分广泛，从内容上讲它涉及价值观，从范围上讲它牵涉教育界。此外，该词常常被用于不同语境之中，导致它的定义不明确、不清楚。据内森·格雷泽的研究，英语“多元文化主义”一词迟至1988年也无法在Nexis Data（一个专门收集美国主要报纸文字使用频率的数据库）中找到。而1989年则出现了33例，1990年出现了一百多例，此后急剧上升，直至1994年佛罗里达州湖县塔瓦雷斯地区教育委员会做出那项决议时已达到1 500次。这表明，进入90年代后，随着多元文化主义争论的加剧，报纸对它的报道增多，读者的关注也相应增加。1995年，Nexis Data统计表明，该词在该数据库中出现过1 200次，低于1994年出现的次数。[③]这一现象既可以理解成多元文化主义持续争论的现象，也可

① Nathan Glazer, *We Are All Multiculturalists Now*, Cambridge: Harvard University Press, 1998, third printing, p.7.

② Larry Rohter, “Battle over patriotism curriculum”, *New York Times*, 13 May 1994, Section A, p.22.

③ 转引自 Nathan Glazer, *We Are All Multiculturalists Now*, Cambridge: Harvard University Press, 1998, third printing, p.8.

以理解成大多数美国人已经接受了多元文化主义的基本观点。需要说明的是，尽管20世纪80年代末前美国媒体没有或者很少使用“多元文化主义”，但这并不意味着英语词汇里没有。譬如，《牛津英语词典》1989年正式收入multiculturalism一词，因为加拿大和澳大利亚较早就开始执行多元文化主义政策。鉴于此，诸如哈佛等大学的图书馆，在词条检索部分，但凡包括multiculturalism一词的书目，都列在加拿大或澳大利亚两国的书目之下。

美国与加拿大和澳大利亚不同。自20世纪初至20世纪80年代末，美国更多的是使用cultural pluralism（文化多元主义）来指涉本国的文化多元现象。从这个意义上讲，多元文化主义在美国是一个新词。以詹姆斯·班克斯为例。作为一个多元文化主义教育方面教师用书编写得最多的作者，1986年前，他始终使用多族裔教育（multiethnic education）一词，直至1986年才改为多元文化教育（multicultural education）。此外，在教育方面，人们还使用跨文化教育（intercultural education）来描述和强调文化多元现象，以说明美国民族的多样性和多元性，直到90年代初才出现用multiculturalism来代替其他词类的做法。[①]回顾一下美国历史变化，我们也许可以对此有一个更清晰的理解。譬如，20世纪50年代前，美国人在讨论美国多元种族、多元宗教和多元族裔等问题时，几乎从来不把黑人考虑进去，似乎他们是不存在的人群，被隔离法律和政策排除在美国多元文化之外。被考虑进去的少数群体主要是天主教徒、犹太裔和亚裔。举例来说，19世纪末，美国教育界争论的问题是，天主教家庭的孩子们是否会去新教教会办的学校读书？ 20世纪初，加利福尼亚州讨论的问题是，是否应该把日裔孩子与白人孩子隔离开来上学？ 30年代大萧条时，美国犹太人对他们被排除在精英高校之外深感忧虑并不断提出抗议。那个时候关注的问题是，精英高校是否应该向犹太人开放？所有这些涉及族裔和宗教的问题一旦与教育联系

① Nathan Glazer, *We Are All Multiculturalists Now*, Cambridge: Harvard University Press, 1998, third printing, p.8.

起来，黑人不是因为早已被隔离开来而被“忘却”，就是因为鲜有人关注而无法让社会知晓。当然，更多情况下，是主流社会拒绝承认黑人的存在。

但是，自20世纪50年代起，随着黑人民族意识的增强和黑人争取民权运动的逐步兴起，美国人讨论教育问题时，一个不可避免的核心问题就是黑人受教育问题。无论是黑人被强制性地安排在被隔离的学校读书，还是黑人整体上教育资源匮乏，抑或是美国教育本身的多元化缺席，一个不可否认的事实就是，黑人因其二等公民地位而无法享受主流社会的资源。为了改变这一局面，黑人进行了不屈不挠的斗争。在他们的一片抗议声中，美国主流社会慢慢做出回应，其中最具里程碑意义的，就是由美国最高法院于1954年宣布的“隔离的学校本质上是不平等的”判决[①]。受此鼓舞，黑人先是在南方硬行开辟出一条破除种族隔离学校的通道，然后在全国各地挑战形形色色的隐形种族隔离墙，之后要求政府为改善和提高黑人学习成绩拨款立项，再后来提出在黑人高校录取问题方面给予倾斜政策（即“照顾”政策——affirmative action），最后就是多元文化主义诉求中包含的承认黑人文化价值、把非裔美国人研究（African American Studies）列入美国大学课程纲要的主张。起初，黑人受教育问题仅涉及入学教育，即黑人享有接受平等教育的机会，课程设置等没有列入议程，因为当时考虑的更多的是让黑人借助平等教育机会与白人融合起来。但是，随着多元文化主义的兴起，更重要的是随着黑人民族意识的增强，他们要求得到主流社会认同和承认的欲望也更加强烈——认同和承认他们的文化差异性和民族独特性。于是，在文学和历史等人文学科和政治等社会科学领域，黑人不仅要求改革课程设置，增添“非裔美国人研究”课程[②]，而且要求在学生入学及教师聘用上增加黑人比例，以增加他们在高校这一重要领域的存在性。这，

① Paul Boyer, *The Enduring Vision*, MA: D. C. Heath and Company, 1993, p. 967.

② Nathan Glazer, *We Are All Multiculturalists Now*, Cambridge: Harvard University Press, 1998, third printing, p.8.

相当程度上讲，就是引发“校园烽火”的起因之一。

当然，说黑人是“校园烽火”的引发者，并不意味着多元文化主义仅由黑人一个群体掀起。在前面的理论部分，本书讨论了承认政治、差异政治和平等政治，其核心内容是确保非主流群体获得和享受主流文化群体所拥有和享受的权利和权益。以此观之，如同黑人群体一样，其他被主流社会排斥在外的非主流群体自然成了黑人争取平等权利和权益的“同盟军”，如女性、同性恋、拉丁裔美国人、亚裔美国人和印第安人等。换言之，尽管多元文化主义的鼓吹者和宣扬者可能来自社会精英群体，多元文化主义理论的支持者和受益者大多来自美国社会弱势群体。正是这些长期被主流社会排除在外的文化群体（族裔的、种族的、宗教的、性别的）要求改革美国大学教学大纲，因为在涉及人文和社会科学等领域，尤其是历史和文学领域，上述社会弱势群体不是被遮蔽住就是被边缘化，没有得到应有的承认和认可，更没有得到尊重和欣赏。[①]他们与主流文化的差异不是从他们的独特性来理解，而是被看做一种异类。在他们看来，主流文化的这种态度和行为，除了暴露其“傲慢”与“偏见”之外，还显现出主流文化的狭隘和无知。鉴于上述这些原因，社会弱势群体认为有必要改革教学大纲，增加涉及少数族裔和女性内容的课程。这样做不仅有助于走向对“差异”文化的认可和承认，而且还能够帮助纠正主流社会的“傲慢”与“偏见”，实现多元文化主义。

需要指出的是，多元文化主义并非是一个中性词，不同人群对它有不同的界定。譬如，尽管美国人都承认美国存在少数民族，且族裔群体多样化，但如何界定这种多元现象，以及如何用多元文化主义来讨论这种多元现象，不同的人群会为多元文化主义赋予不同的含义。举例来说，一些对多元文化主义持强硬反对态度的人，也许会接受和认同普通意义上的多元文化主义，即把多元文化主义看

① Nathan Glazer, *We Are All Multiculturalists Now*, Cambridge: Harvard University Press, 1998, third printing, p.10.

做是对美国社会多样性的描述，各个文化群体相安无事地各据一方。但是，对那些积极鼓吹和倡导多元文化主义的人来说，多元文化主义绝不仅仅在于描述美国社会多样化，而在于表明和阐述他们在美国种族和族裔多元化问题上的立场。这种立场拒绝接受主流文化对少数民族和少数族裔人群的同化政策，反对主流文化把美国比喻为“大熔炉”。这是因为，根据“大熔炉”的概念，美国各族裔群体在美国主流文化的影响下，大多都在“大熔炉”里给熔化掉了，失去了自己的文化特性，被塑造成了单一化的美国人。对多元文化主义者来说，把美国比喻为“色拉拼盘”（Salad Bowel）或者“马赛克”也许更确切一些，因为在“色拉拼盘”里也好，在马赛克里也好，非主流少数族裔和种族人群非但不会被熔化掉，反而仍能够保持他们的民族特性和族裔本性。①

多元文化主义者认为，在保持这些种族和族裔特性方面，学校具有不可推卸的责任，因为学校长期以来扮演着吸纳和同化不同族裔人群的角色。此外，有的多元文化主义倡导者还强调主流文化对少数文化的压迫，认为被边缘化的少数族裔人群长期以来处于受歧视、受压迫的境地，没有办法和途径来表达他们自己的文化。于是，他们中的一些人主张在“美国文明发展史”等课程里增添少数族裔人的贡献；还有一部分人认为“增添”不是办法，应该“改变”这些课程，即完全改变黑人等少数族裔人群在美国文明上的故事。他们认为，这些“故事”应该由黑人等少数族裔人群自己来撰写和讲述。②于是，由此引发出一些极端多元文化主义倾向，如有人主张“非洲中心论”或者认为非洲在技术文明成就上优越于西方国家等。③

根据多元文化主义者的观点，一旦实现多元文化主义者所憧憬

① Douglas K. Stevenson, *American Life and Institutions*, Bureau of Educational and Cultural Affairs, USIA, 1989, p.15.

② Catherine Cornbleth and Dexter Waugh, *The Great Speckled Bird: Multicultural Politics and Education Policymaking*, New York: St. Martin's Press, 1995, pp.35–41.

③ Nathan Glazer, *We Are All Multiculturalists Now*, Cambridge: Harvard University Press, 1998, third printing, p.11.

的景象，美国将向世界展现一个美好的形象，不仅各种人为的偏见将消失，而且各种种族歧视现象也将不复存在。具体而言，一旦实现多元文化主义，没有任何一个文化群体可以“傲视群雄”“独霸一方”，也没有任何一个文化群体可以自称其文化代表主流文化或者优越于“他者”文化。那时，任何美国文化都将被看做是复杂文化交融互动的结果，每个文化群体都可以从中找到自己的一部分。而要实现这些目标，多元文化主义倡导者坚信，一切必须从教育开始，从“娃娃”一直到大学生，让他们接受多元文化主义思想的教育，认识多元文化主义能够给美国带来的种种好处。

但是，对反对这种做法的人来说，多元文化主义者的问题恰恰出现在这里。他们认为，一旦美国教育以多元文化主义者所说的方式展开，那就意味着美国教育的灾难。这是因为，首先，他们认为非主流文化不可以与主流文化相提并论，把它们与主流文化放在一起向学生灌输其实是为学生提供不良精神食粮。其次，非主流文化在捍卫自己文化时，或者在促使自己文化“挤入”美国文化大家庭时，不是在贬低主流文化，就是在批判主流文化，似乎美国教育问题就是主流文化出了问题。在这些人眼中，多元文化主义成了谴责美国优秀文化的代名词。他们为此担心不已，甚至深感愤怒。如果说美国学校在录取学生和聘用教师方面必须兼顾少数族裔名额他们还可以接受和容忍的话，改变教学大纲，然后在其中塞入非主流文化（如黑人文化），同时砍去欧美白人文化课程，这在反多元文化主义者看来，不仅无法接受，而且十分危险。这就是本章开头部分所说的佛罗里达塔瓦雷斯校区委员会决议引发全国性争论的原因之所在。

相当程度上讲，如果仅仅从多元文化主义在录取学生、聘用教师和教学大纲等三大板块来检验的话，多元文化主义大体上可以说在教育领域取得了可喜的成绩。这些变化一定程度上都体现了多元文化主义所主张的“承认政治”“差异政治”和“平等政治”等精神。它们给予了少数族裔群体应有的尊重和尊严。但是，如同任何主张和要求都会出现不全和偏差一样，多元文化主义在实践中提出的诸多主张和要求也出现了不全和偏差现象。譬如，多元文化主义倡导者提出，多元文化主义本身具有普遍意义，依据其观点，所有的文化群体都应该得到和享有平等的尊重。从理论和道义上讲，这种主张非但没错，反而完全有理。但在实际运用过程中，多元文化主义实践者出现了“剑走偏锋”的情况。譬如，多元文化主义者要求在教学大纲里增添关于女性和黑人等少数群体的分量，这原本十分合理。但是，当他们仅仅以“受压迫”为由，要求美国社会“矫枉过正”，在学校里专门开设有关非裔美国人、拉丁裔美国人和亚裔美国人课程时，他们把欧洲所有白人都排除在外，似乎所有白人都是少数族裔人群的压迫者。这对来自欧洲的意大利人、波兰人、犹太人和俄罗斯人来说，就存在不公之嫌，因为在美国历史上，他们也曾受到盎格鲁—撒克逊人的歧视和压迫，只是程度不同而已。关于这种偏差情况，美国加利福尼亚大学伯克利分校的情况颇具典型意义。当该校多元文化主义者要求学校把少数族裔研究课程作为全校必修课时，欧洲白人学生们禁不住问道：既然你们要求开设少数族裔研究课程，那么，我们欧洲白人是否也需要开设一门专门讲授欧洲文明的必修课？[①]可见，一旦“剑走偏锋”，多元文化主义就会产生新的问题，使自己处于尴尬地位。

造成这种尴尬境地的主要原因是，多元文化主义者有一个思想预设，即认为所有的欧洲白人为“一伙人”，他们之间不存在差异，更不存在相互之间的歧视和压迫，因为他们都是白种人，融入和同化不成问题。但是，略微考察一下美国移民史，我们就可以发现，实际情况并非如此。譬如，在相当长的时间里，来自东欧和南欧的白人曾不受欢迎，这在美国1920年的移民法规定的移民额度上充分地体现了出来。[②]更重要的事实是，来到美国后，意大利人、希

① Nathan Glazer, *We Are All Multiculturalists Now*, Cambridge: Harvard University Press, 1998, third printing, pp.14—15.

② 根据该移民法，居住在美国人数越多的国家，其被给予的移民名额就越高，反之亦然。当时，居住在美国的大多数人来自北欧和西欧国家，东欧和南欧的不多。在基数小的情况下，这种名额制移民政策显然对后者不利。

腊人、波兰人、犹太人和斯拉夫人等，都不同程度地沦落到受欺压、遭迫害的地步。然而，这些来自东欧和南欧的人群并没有因此而要求开设有关他们族裔的相关课程，尽管他们都具有自己族裔的独特性和差异性，且还有他们自己的族裔组织。同样值得关注的是，尽管欧洲白人之间存在相当明显的差异，如不同的宗教信仰和不同的历史经历等，但多元文化主义者在谈论美国多元文化现状时，往往把他们归入到“欧洲人”一类，鲜有关注他们的民族身份诉求。不可否认，肤色的一致及共同来自欧洲大陆这一事实确实使东、南、西、北欧人更容易找到共同点，但了解一点欧洲史的人都知道，欧洲各国之间的差异不仅存在于地理位置方面，而且还存在于历史文化层面。很多情况下，它们之间的相互融入并不像想象中那么容易，如天主教和新教之间的长期不和与矛盾等。总之，多元文化主义要求平等、承认和尊严都合情合理，但是，他们在提出这些要求的同时，不仅有必要给不同文化群体以同等的关注，而且应力戒“剑走偏锋”，忽略“他者”的相同诉求。当然，有必要强调的是，黑人及其他少数族裔人群所遭受的歧视和压迫之程度是东欧和南欧白人无法相比的。也许正是出于这一考量，多元文化主义者在提出他们的主张和要求时，更关注自己受害者的身份，坚信当务之急是先应对受害最深的少数族裔人群和女性群体。鉴于教育是改变人们看法和塑造心灵的重要阵地，多元文化主义者认为有必要先在那里“抢占地盘”，占领“制高点”。

第二节　纽约州的多元文化主义之争

20世纪90年代初，有关多元文化主义教育的争论在纽约州达到顶峰，其起因源于一份意见征询稿。根据这份文件精神，纽约州教育局准备对公立中小学的教学大纲做大幅度调整，增添有关黑人和拉丁裔美国人的课程。鉴于纽约市本身地位重要，且又是一个多种族、多族裔、多文化的国际大都市，其影响力和辐射力远非佛罗里达州的塔瓦雷斯可以相比。从这个意义上讲，了解纽约州尤其是纽约市在多元文化主义上的争论，更有助于我们“解剖”美国多元文化主义之争这一“麻雀”，搞清楚其争论的核心内容和内在本质。

一定程度上讲，纽约州围绕多元文化主义的争论既有客观因素，又有主观因素。所谓的客观因素，指的是这场争论的客观条件；所谓的主观因素，指的是参与这场争论的支持者和反对者的主观立场。先讨论客观因素。90年代初，纽约州政府新上任了一位教育署署长，名叫汤姆斯·索伯尔（Thomas Sobol）。他作为一个白人担任此职让该州议会的非裔和拉丁裔议员深感不悦，因为他们认为，这个长期以来由白人担任的局长位置应该轮到非裔或者拉丁裔来坐了。索伯尔为了“不得罪”州议会的这些非裔和拉丁裔议员，任命了几个委员会，专门调查和讨论涉及非裔和拉丁裔所关注的问题，其中一个就是纽约州公立学校教学大纲改革委员会。

如果问题仅止于这里，也许纽约州不会掀起多元文化主义争论之战。问题是索伯尔搭建的这个教学大纲改革委员会成员是清一色的少数族裔人群——不是非裔就是拉丁裔，再加上一个坚决主张非洲中心论的纽约城市大学教授李昂纳德·杰弗里斯（Leonard Jeffries）。不难想象，由这样一些成员组成的教改委员会会提出一个什么样的方案。果不其然，该委员会通过的报告——《包容性大纲》，先是对纽约州公立学校长期以来灌输的欧洲中心论进行了严厉谴责，继而对欧洲文化长期以来占据教育领地表示不满，接着要求在社会科学和所有其他学科领域开设涉及每一个种族和每一个族裔的课程，以彰显出对它们的尊重和平等。有关这个方案的内容和语气，我们只要读一读下面这段文字即一目了然：“非裔美国人、亚裔美国人、拉丁裔美国人以及美国印第安人，数世纪以来一直遭受着白人思想和教育上的压迫，成了美国和欧洲文化及其教育机构的牺牲品。欧美白人对少数种族和少数族裔的负面性概括及这些人群正面形象在教学课程设置中的缺失，对非裔美国人、亚裔美国人、拉丁裔美国人和美国印第安人的心灵造成了严重的创伤。”[①]

这份报告发布不久即招来严厉的批驳，其中，著名美国教育史家戴安·莱维切（Diane Levitch）一马当先。说来令人难以置信，戴安·莱维切也是一个主张教育改革的人，但属保守型改革者，她后来在小布什政府担任助理教育部长。基于其保守型改革理念，莱维切在教育改革方面强调突出历史叙述，而不是像诸多多元文化主义者所主张的社会研究概念大改变。此外，作为一个教育史家，她认为在向学生们讲述美国故事时，应该彰显美国积极和光明的一面，如美国民主制、宪政制、包容性和容忍性等，而不是像众多多元主义者那样，谴责欧洲文明、指责白人主流文化。为了表示对上述报告的不满和反对，莱维切与众多其他美国历史学家，其中包括小阿瑟·斯莱辛格，发表了一份申明，谴责纽约州公立学校教学大纲改革委员会发布的那份报告。该申明写道：“报告读上去更像是一篇战斗檄文，充满火药味。它认为种族之间存在分歧，并把这种分歧作为理解美国历史的分析框架和基础。它显示出对历史的无知，因为起草这份报告的人不懂，历史这门学科的可信度完全取决于普遍接受的证据标准，而不是人为的想象。但这份报告试图把历史看做是一种社会和心理理疗法，试图借助它来提高少数种族和少数族裔家庭孩子的自尊心。”这份申明特别强调，他们大多都是自由主义者，致力于“多视角解读美国历史，支持把那些长期以来被忽略的人群，如女性、移民和少数族裔，纳入美国历史研究范畴”。但是，他们同时宣称，“我们美国毕竟是一个民族，一个如同美国诗人惠特曼所说的，由多民族组成的民族”。因此，他们坚持认为，任何一个有志于民族建设的人都应该明白，美国不能否认美国多样化的现实，而是必须充分承认这种多样化对美利坚民族发展的重要性。[②]

从某种意义上讲，《包容性大纲》遭受主流社会批判乃意料中

① *A Curriculum of Inclusion*. Report of the Commissioner's Task Force on Minorities: Equity and Excellence, Albany: New York State Education Department, July, 1989.

② *Newsday*, 29 June 1990.

之事。首先，它火力过猛，把主流文化比做少数族裔人群的加害者，认为主流文化总是试图以其价值观为普世价值，并把它们强加于所有其他族群身上。其次，它过于偏激，从完全否定主流文化普世价值观这个极端走向无限放大自己文化重要性的另一极端，如宣称非洲黑人在众多领域领先于欧洲等。第三，它具有鼓动性，强调主流文化与非主流文化之间隐形或公开的分歧，让人感到它们之间存在着难以消弭的冲突和矛盾。鉴于上述三个原因，《包容性大纲》被搁置起来，而纽约州教育署署长在舆论压力之下，不得不指定组建一个新的教学大纲改革委员会，为纽约州公立中小学重新制定课程大纲。在吸取第一次失败经验的基础上，第二次组建的教学大纲改革委员会在人员上做了很大的调整。第一，组成人员来自各个层面，如既有学术界著名学者如小阿瑟·斯莱辛格，又有政府或学校管理人士，再加上教师代表。第二，入选委员会的种族和族裔背景意味深长。尽管种族和族裔未必一定与多元文化主义存在必然的联系，但这个肩负着制定教学大纲任务的委员会却显示了这一点：近一半人来自白人主流社会，其他人群分别为拉丁裔美国人（三人）、非裔美国人（四人）、亚裔美国人（一人）、土著美国人（一人）。[①]这样一个委员会之构成方式颇值得玩味一番。第一，主流社会人群与非主流社会人群大致各为一半，形成互相平衡的局面。第二，非主流文化人群大致按他们在美国的人口比例划分，以体现出他们在美国社会的权重。第三，由著名学者和政府及学校官员参加中小学课程设置的制定工作，其本身就彰显出这个委员会的重要性。

毋庸说，搭建第二个委员会的目的，是为了修补和改进第一个委员会那个引发了极大争议的报告。但是，鉴于90年代美国教育领域内有关多元文化主义的争论已经相当激烈，所以，委员会的所有成员都明白，他们提出的报告应该朝比既有教学大纲更多元化的方向迈进。这里需要提及的是，第二个委员会组建期间，纽约州尤其

① Nathan Glazer, *We Are All Multiculturalists Now*, Cambridge: Harvard University Press, 1998, third printing, p.25.

是纽约市的公众舆论极为关注，社会各个阶层和社会不同族群对它表达了不同的看法和预测。然而，新委员会在开会讨论期间，总体上气氛平和，鲜有人提出极端观点或主张，其产生的最终报告比第一个委员会提出的报告要温和得多。有关这一点，看一下它的标题就一清二楚——《一个国家、众多民族：文化互相独立宣言》。但是，此标题并非那么简单，因为它又引发了新的问题。譬如，它意在表明：美利坚民族存在不同文化，它们之间互相依存；同时，它还试图表明：每个文化都具有独特性。如此一来，这份报告标题无形之中为自己出了两个难题：(1)具有独特性的文化怎么相互和谐依存？（2）美利坚民族与构成其国家的各个民族如何处理相互之间的关系？委员会成员围绕它们展开了激烈的争论，且在报告内容上也存在不同看法。后来，作为一种妥协方式，有人建议对报告不搞“同意”还是“不同意”的表决，仅把报告发布出去，各个委员可以根据自己的想法，以文件申明的附录形式发表自己的观点。①这种以妥协方式同时发布报告和附录的形式告诉我们：第二个委员会在如何制定反映多元文化主义的课程大纲问题上存在很大分歧，他们内部也无法达成统一意见。

事实上，委员会内部分歧反映的是其外部的社会分歧。新报告对外发布后，遭到了猛烈的批评，其程度与第一个委员会发布报告后受到的批评程度不相上下。某种意义上，这不难理解。因为第一，第一份报告已经把多元文化主义支持者和多元文化主义反对者撕裂开来，使他们处于对立状态，第二份报告的任何修订都难以取得对立一方的赞同。第二，此时此刻，双方的立场实际上已经定下，要任何一方做出妥协让步都十分困难。第三，新委员会的目的是修订第一份报告中的极端部分，但问题是，如果去掉多的话，非裔美国人和拉丁裔美国人会反对，如果去掉少的话，反对多元文化主义者

① *One Nation, Many Peoples: A Declaration of Cultural Interdependence*. Report of the New York State Social Studies Review and Development Committee, Albany: New York State Development, June, 1991.

会不满意。第四，新委员会的多数教师代表和学校管理人员都认可多元文化主义在中小学教育中的合理性和必要性，不支持这种做法的人主要来自学术界。前者是工作在教育第一线的多元文化主义践行者，后者是远离中小学教育第一线的观察者和评论者——这种分歧无疑使问题变得更加复杂。最后，由于纽约州刚调整了公立中小学的教学大纲，按此大纲的教学正在平稳行进之中，若现在出一个新大纲，那无疑意味着一切又将从头开始。尽管这并不意味着学校或者教师必然反对新教学大纲，但他们的抵触情绪也是完全可以理解的。总之，纽约州的教学大纲改革既复杂又艰难。

现在的问题是：新报告是否理应受到如此猛烈的批评？公允而言，这份新报告质量一般，但它似乎也没有什么严重的问题。譬如，此报告尽量避免使用煽动性语言，强调在公立中小学的社会科学课程中采用多视角看待和解读美国社会和历史。以美国历史为例。新报告指出，既然美国是一个多种族、多族裔国家，教材编写和课程解释都应该从多种族和多族裔角度进行，涵盖非裔美国人、拉丁裔美国人、亚裔美国人和土著美国人等（当然，多视角也可以包括工人与雇主、城市人与郊区人、北方人与南方人和小镇人与农民比较的方式）。但是，有必要指出的是，新报告在提倡这种多视角看美国社会的同时，花了很大笔墨强调美国社会和历史方面的共性，如追求民主、自由和平等价值观等。从抽象角度看，美国人追求民主、自由和平等理念没有错，但问题是，如果不把这些理念放在具体的历史和社会环境中来理解，它们就是空文一张，没有任何实际意义。譬如，历史和现实中的黑人能享受自由和平等吗？历史和现实中的少数族裔人群能享受民主平等权利吗？如果仅是在理论上宣称美国信仰自由平等理念，但在实际生活中剥夺或者拒绝给予少数族裔人群公民自由平等权利，那么，这种理论是经不起推敲的。这，也许是赞同多元文化主义者对新报告提出批评的一大理由。此外，尽管新报告特别强调美国宪法和人权法案作为美国共同价值基石的重要性，但它同时又指出，宪法中的权利和人权法案中的权益，并没有保证每个美国公民都*自然*享受这些权利和权益，而是必须靠自己去积极争取和勤奋奋斗才可能获得。[①]

初看一下，这些文字四平八稳，极为公道。但仔细分析一下，其破绽就显露无遗。略知美国历史的人都知道，美国历史上，长期被剥夺美国宪法和美国人权法案赋予公民权利的人群，主要集中在黑人等少数族裔人群，白人人群中并不多见（白人女性是个例外；这也是包括白人女性在内的妇女与少数族裔主张多元文化主义的原因之一）。黑人从奴隶到公民整整奋斗了数百年；女性从丈夫附属物到赢得选举权整整费了七十多年。为什么主流文化群体不费吹灰之力就可以享受宪法和人权法案赋予每个美国公民的权利，而黑人和妇女要花那么长的时间、用那么多的精力才获得？显然，这里存在着主流文化拒绝接纳非主流文化人群的问题。新报告不反省历史，轻描淡写地说这些权利需要靠自己去奋斗和争取，这对社会边缘群体来说，是难以接受和容忍的。这也是他们猛烈批评新报告的原因之一。

新报告引来批评的另一个原因是，它谈论以主流文化为主体的共同点多，对主流文化与非主流文化区别的内容一笔带过。譬如，在谈及美国文化多元性时，新报告以十分平淡的文字指出："最近几十年里，来自欧洲和其他地方的人群，都在鼓励创建一个更包容、更容忍、更现实的美国身份认同，其呼声超过美国历史上任何时期。这种身份认同致力于民主原则和民族构建，鼓励所有美国人参与这个进程。目前，这一身份认同正在不断演进，朝着一个尊重多元、感悟多元优越性的新模式方向发展。"[②]如果仅读这段文字，人们的第一感觉就是，多元文化主义已经是一个被所有人接受的事实，但实际情况并非如此。其次，这段文字似乎想说，美国人的身份认同致力于"民主原则和民族构建"，但是在"谁的民主"和"怎样的民族

① *One Nation, Many Peoples: A Declaration of Cultural Interdependence*. Report of the New York State Social Studies Review and Development Committee, Albany: New York State Development, June, 1991.

② Ibid.

构建”等问题上三缄其口。多元文化主义者对主流文化这种抽象宽泛之说抱怨最大，认为其中的虚假内容很多，无法体现出非主流文化人群被这种抽象宽泛之说遮盖住的受歧视、受排挤、受压迫的实际情况。第三，这段文字调子乐观，给人以“形势一片大好”的印象，而实际上对垒分明的两个群体围绕着多元文化主义问题展开着较量和斗争。最后，这段文字在强调民族共同点时，赞赏了多样性的优点，但是它只字未提“平等”。本书第一部分中讨论多元文化主义理论的内容涉及三个方面，即“承认政治”“差异政治”和“平等政治”。按这三个理论来检视，我们可以发现，新报告“承认”了多样性，提及了“差异性”，但没有（或许不愿意）用“平等政治”来讨论如何在教学大纲中贯彻以平等为基础的多元文化主义教育。这种方式自然引起了多元文化主义者的警觉和不满。

尽管争议较多，纽约州教育署署长汤姆斯·索伯尔鉴于第一次报告给他带来的政治麻烦，决定在提交新报告时附带几条建议。他强调指出，这些附带建议将既不会提出“贬低西方文化中心论”的课程大纲，也不会建议非洲中心论的课程大纲，“更不会把美国历史仅仅叙述成一个族裔和文化的历史，因为如此一来，历史将仅仅关注那些为本族裔鼓劲欢呼和为本族裔闹分裂的人群，进而颠覆历史”[①]。不难看出，这些附带建议更多体现的是多元文化主义批评者的意见，因而引起了纽约新闻媒体的一片声讨，其中包括《时代》周刊杂志和《新共和》期刊等。这里值得一提的是，新报告原想使用“政治正确”语言来“取悦”黑人和印第安人，如用“被奴役的人”（enslaved person）代替“奴隶”（slave）；提出感恩节既要从白人角度来看，又要从印第安人角度来看，结果弄了个两头不讨好的结局。这是因为，对黑人来说，他们获得自由前，就是白人的奴隶，不能用“被奴役的人”来轻描淡写。同样，对印第安人来讲，他们的祖先帮助早期白人殖民者渡过难关，得到感恩乃题中之义之事，

① 转引自 Nathan Glazer, *We Are All Multiculturalists Now*, Cambridge: Harvard University Press, 1998, third printing, p.30.

还需强调什么？但是，从白人角度来看，用“enslaved person”也许可以减轻一点他们的负罪感；从印第安人视角看待感恩节，也许更能体现他们对后者的尊重。可见，在多元文化主义视角下，原本不是问题的问题都成了问题。更重要的是，人们的视角不一样，问题的性质也会发生变化。譬如，对一些白人来说，感恩节更多的是白人感激上苍的恩典，是白人与上苍之间的一种关系，感激印第安人仅是顺带而已。但是，对印第安人来说，感恩节源于他们帮助早期白人拓荒者度过生活难关的善良之举。

总之，新报告并没有像想象中那样得到良好的反响；恰恰相反，从团体到媒体，它都没有得到普遍和广泛的认可。一个原因是，由于偏向主流文化，非主流文化群体对其感到愤怒不满，认为大纲没有足够体现多元文化主义精神。同样的道理，由于新报告接受了多元文化主义者的部分要求，在教学大纲上做了些改正，多元文化主义反对者觉得不公，认为里面充塞了许多不必要的东西。在同意和反对多元文化主义两个阵营对立的情形下，双方更强调的是差异处，而不是共同点。由于这份新报告没有“平息”原先的争议，纽约州后来又数次组建类似的委员会，调查研究，撰写报告，但始终没有把问题解决得令双方都满意。

纽约州这场围绕多元文化主义的争论，其意义到底何在呢？

根据前述查尔斯·泰勒的理论，社会群体，不管是种族性质的，还是族裔性质的，抑或是女性团体性质的，都要求得到社会的“政治承认”，以便从中获得人的尊严。在教育界，那就意味着在课程设置中包括涉及少数族裔人群的内容，使他们从中找到自己的存在，以及基于这种存在的尊严。具体而言，它要落实到由谁来制定教学大纲、由谁来上课、由谁来确立这种新型教学模式的运作等。长期以来，美国教育的目的之一是把来自世界各地的移民及其后代同化，即美国化。随着多元文化主义的兴起，美国教育的目的显然不能停留在原地，继续把美国化作为教育的目的。然而，这样做必然遭到单元文化主义者的反对和抵制。这是因为，单元文化主义者坚持认为，美国教育旨在：(1) 教育下一代寻找真相（truth）及通向真相的途径；（2）促进美利坚民族大团结；（3）推动社会和谐；（4）帮助社会弱势群体学习和掌握知识，从美国社会中获益。多元文化主义反对者认为，这四点现在正面临着多元文化主义的挑战。他们指出，教育界一旦强调多元文化主义，它将意味着：（1）多元文化主义将教给学生许多假象（untruths）；（2）多元文化主义将威胁美利坚民族大团结；（3）多元文化主义将破坏社会和谐；（4）多元文化主义将无助于社会群体从社会中受益和取得成就。[①]

在具体讨论这四点之前，我们首先有必要拒绝两个极端立场，即非洲中心论和欧洲中心论，因为两者都宣称自己最优秀，胜于其他所有社会文化群体。如果说非洲中心论是多元文化主义极端化的一种表现，那么，欧洲中心主义就是单元文化主义极端化的表现。前者建立在虚空想象基础之上，后者建立在与现存社会脱节的虚化世界基础之上。显然，要取得平衡，我们必须去除这两个极端，既看到欧洲文化对人类文明的贡献，又关注非洲文明长期以来被忽略的事实。取其中者，多元文化主义的魅力即可显现出来。

现在，我们来考察一下上述提到的四个问题。第一，寻求真相是否是学校设立社会科学研究课程的唯一目的？对这个问题，答案也许不言自明，因为教育学生追求真相是每个社会的责任。在这个问题上，极端多元文化主义者和极端单元文化主义者也不存在分歧，因为两者都宣称自己代表事物的真相。但问题是，何为真相就会出现"仁者见仁，智者见智"的情况。对大多数多元文化主义者来说，包括中小学在内的美国学校，长期以来没有为学生提供事物的真相，其结果是，有关少数族裔群体的真相不是遭到忽略就是受到歪曲，有时甚至遭受丑化和贬低。他们特别指出，受欧洲中心主义思想影响，掌握教学大纲制定大权的白人，在但凡涉及少数族裔成就的问题上，不是保持沉默，就是视而不见。[②]这不仅导致少数族裔人群的

---

① Nathan Glazer, *We Are All Multiculturalists Now*, Cambridge: Harvard University Press, 1998, third printing, p.34.

② Ibid., p.38.

成就被遮蔽，而且在他们儿辈的心灵上造成了很大的创伤。这是因为，当学校提供的人文课程和社会科学课程反复歌颂欧洲文明如何辉煌，或者一味宣扬欧洲白人男性多么伟大时，学校实际上是在无形中抹杀非欧洲文明或者非欧洲白人男性。久而久之，这种做法会在少数族裔人身上留下自卑的心理情结，使他们对自己的文明失去自信。这就是多元文化主义者要求改变课程设置、增设有关少数族裔人群文明内容的目的。

多元文化主义批评者可以理解多元文化主义者的这一诉求，但认为如同任何事情都有个标准一样，什么内容应该列入课程也应该有个标准，不是任由感情支配的事情。在多元文化主义批评者看来，多元文化主义者对如何运用科学方法标准来寻找事物的真实性缺乏基本的尊重，导致他们否认西方文明，挑战西方文明所代表的理性主义和科学思想。但在多元文化主义者看来，西方在评价文明优劣时根据自己制定的标准，并以此认为西方文明优越于其他文明。此外，多元文化主义者指出，西方在叙述人类发展进程时，倾向于把西方哲学、西方科学和西方成就夸大，致使西方人自豪感油然而生，对自己的文明信心倍增。与此相反，非西方人因难以在西方人叙述的人类文明进程史中发现自己的“足迹”而感到失落，乃至丧失信心。多元文化主义者为此提出还事物以真相，其具体做法就是去掉西方文化的夸大部分，增添被忽略和遗漏的部分，尤其是涉及少数族裔人群和女性的那部分。此外，多元文化主义者还强调指出，任何事物的真相都源于辨析和争论。如果事物仅从单个角度来解释，其真相将难以保障；相反，如果从多元视角来阐释，其真相无疑可以得到更大的保障。

由此可见，寻求事物的真相必须是学校的职责之一，但是，如何寻找事物的真相，是以单一方式，如欧洲中心论或者非洲中心论，还是以多元方式，如兼顾多种族和多族裔，却是一时半日难以解决的问题。这是多元文化主义者和单元文化主义者争论的焦点，也是纽约州在课程大纲问题上反复争论的原因之一。简言之，单元和多元文化主义者都认为自己是事物真相的代言人，但是，两者通向目的地的路径不同，于是就产生了分歧，引起了争论。根据真理越辩越明的常识，依据事物多样性的本质，多元文化主义显然更有理有据。毕竟，美国是一个移民国家，其多种族和多族裔本质决定了从小教育孩童多元文化主义的重要性和必要性。所有这一切应该“从娃娃抓起”，让他们心灵深处始终有一个“多元世界”的认识。这，不仅有利于少数族裔人群，而且有利于美利坚合众国本身。

现在看一下第二个问题，即如何看待学校对于促进国家大团结的作用这个问题。上面指出，多元文化主义批评者的一个担忧是，学校一旦按照多元文化主义的大纲改革要求做，突出族裔文化与主流文化的差异乃至矛盾，学校的同化功能将受到严重削弱。众所周知，相对于其他国家，美国学校，尤其是中小学长期以来一直担当着教育移民及其后代的职责。回顾一下历史，20世纪中叶黑人民权运动爆发之前，美国学校提供给学生的人文学科和社会科学的内容，可以说是清一色的WASP文化。主流社会不仅强调这是美国的共同文化，而且要求人们忠于这个文化所代表的价值观。这实际上就是美国化。20世纪初，美国曾展开了一场规模较大的美国化运动，从教育入手，通过语言和文化等途径，试图把新近抵达美国的移民们同化。为了更形象地表述这种思想，20世纪二三十年代，有一出剧在不少学校十分流行，以十分逼真的方式演绎了美国化进程。该戏剧情结十分简单：在一个名叫“可爱的出生学校”（a Dearborn school）里，各个移民群体穿着独特的民族服饰登上舞台一端，接着他们前呼后拥地钻进一只巨大的熔炉，之后，从舞台另一端出现时，他们都换上了一套从款式到颜色配置都一样的服饰。[①]这出剧的寓意很清晰：同化各种族裔人群，形塑以WASP为根基的共同文化。这是“大熔炉”概念的核心思想。

毋庸说，多元文化主义者反对“大熔炉”之说。多元文化主义者指出，首先，“大熔炉”之说忽略了美国移民史和移民文化。不可

① Lawrence W. Levine, *The Opening of the American Mind*, Boston: Beacon Press, 1996, pp.110–111.

否认，相当多的移民确实成功地融入了美国主流社会，但同样不可否认的是，许多族裔群体要么被主流社会排斥在外（如非裔美国人和亚裔美国人等），要么自己本身不愿意被主流文化同化（如犹太人和意大利人等）。[①]其次，它把文化等级化。根据“大熔炉”之说，盎格鲁—撒克逊文化最优质，非盎格鲁—撒克逊白人文化次之，亚裔等非白人文化再次之，非裔和印第安土著文化垫底。这种文化等级制的基础就是种族主义，即以种族差异作为衡量文化优劣的依据。第三，它强调单元性，否认多样性。所谓“熔炉”就是把不同的文化在“炉”里“熔”化掉。且不说“大熔炉”是否必定能做到这一点，仅就其意图而言，它在多元文化主义提倡者眼中就很可疑。毕竟，这个世界之所以丰富多彩，就源于它的多样性。第四，它隐含着一种强制性。依据“大熔炉”拥护者的观点，凡想成为美国人的移民，都有必要在“大熔炉”里“熔”一下，不然，他们就有可能成为“非我族类”，被主流社会打入另册。在多元文化主义者看来，这种带有强制性质的做法，有违美国自由民主精神。

上述分析表明，美国学校确实扮演着促进美国国家大团结的角色，但问题是它该如何扮演这个角色。是通过“大熔炉”提倡者的做法，把各自相异的文化“熔化”掉，使之成为单元文化呢，还是如多元文化主义拥护者所说的，鼓励和促进不同文化的共存，让各个文化为这个本来就是以多样化为特色的世界增添它的一份魅力？显然，单元文化主义者所提倡的“大熔炉”之说与多元文化主义者所赞赏的“色拉拼盘”之说难以兼容。如此一来，赞同“大熔炉”者担心和害怕多元文化主义者把它“一锅端”，导致国家分裂，而赞同“色拉拼盘”者则担心和害怕它被摔坏，致使色拉散落一地，无法承担其国家大团结的责任。可见，单元文化主义者和多元文化主义者一样，都希冀通过教育实现国家大团结的目的，但两者抵达这

---

① Nathan Glazer and Daniel Moynihan, *Beyond the Melting Pot: The Negroes, Puerto Ricans, Jews, Italians and Polish of New York City*, Cambridge: The MIT Press, second edition, 1970.

一目的地的方式不同：一个是通过“单元化”的方式，另一个是借助“多元化”的方式。两者都有通过教育手段实现国家大团结的愿望，但是，他们难以找到共同点，于是产生矛盾，引发争议。纽约州在公立学校大纲制定过程中难以找到契合点，其原因概源于此。

接着分析一下第三个问题，即多元文化主义批评者担忧多元文化主义将破坏社会和谐。需要指出的是，这里所谓的“破坏社会和谐”主要指的是种族之间的关系和社会群体之间的关系。一些多元文化主义批评者担心，多元文化主义者在强调各个种族或族裔的特性时，会在种族或族裔之间产生冲突，带来像加拿大魁北克和前南斯拉夫所出现的那种社会不和谐现象。[①]略知美国20世纪下半叶历史的人都知道，伴随着美国黑人民权运动的兴起，美国社会矛盾加剧，种族暴乱此起彼伏。令多元文化主义批评者担忧的是，多元文化主义在教学大纲中突显主流文化对少数族裔的压迫、欺凌、歧视是否会在他们心中产生怨怒和愤恨，从而引导他们走上仇视主流文化的道路，在美国掀起一股种族暴乱浪潮？更令他们担心的是，多元文化主义在教学大纲里增添进少数族裔人群的教学内容后，主流文化的内容将相应减少，使得主流文化的“遗产”慢慢淡化甚至消失。如此一来，且不说主流文化后辈对不起他们的老祖宗，他们的美国话语权和威望也将随之下降。如果主流文化不愿目睹这些情况发生，他们会设法阻挠和抵制多元文化主义者这么做，从而引发意识形态冲突和种族关系恶化，使社会群体之间难以和谐相处。

多元文化主义者当然不认同这种解释。在他们看来，问题的根子恰恰在于主流文化对美国少数族裔群体缺乏理解，或者不愿意去理解。顺着多元文化主义者的思路，我们可以大致理出下面几点：首先，主流文化长期以来压迫和排斥少数族裔群体，对他们的诉求所知甚少；其次，主流文化长期以来对少数族裔群体带有偏见，即使想“走近”少数族裔群体，也常常无法排除其根深蒂固的偏见；

① Nathan Glazer, *We Are All Multiculturalists Now*, Cambridge: Harvard University Press, 1998, third printing, p.46.

第三，主流文化对现状有既得利益，不愿意看到改变这一局面的挑战，尤其是当这些挑战来自他们过去和现在仍然歧视的少数族裔群体；第四，主流文化担心他们的下一代不能受到“正确”的教育，被多元文化主义“洗脑”，从而忘却“我是谁”这样一个最简单的问题；最后，主流文化想方设法确保其主导地位，不愿意放弃其长期以来占据的统治地位，与其他社会群体共享领导权。

应该说，教育促进社会和谐是所有社会提供公立教育的目的之一，美国也不例外。然而，在如何促进社会和谐以及在什么基础上建立社会和谐的问题上，人们的看法和主张不尽一致。在美国，单元文化主义者坚持固守美国传统，继续沿袭WASP的价值理念，把不同文化背景的人融入这一理念，并在此基础上构建和谐社会。多元文化主义者不同，他们要求主流文化“承认”非主流文化，积极和正面地看待它们的文化差异，而不是消极和负面地对待它们的文化差异。具体反映在教学大纲上，多元文化主义者要求在课程设置上增加有关少数族裔和女性的内容，不仅可以帮助这些社会弱势群体理解自己的经历，而且可以帮助主流社会了解和认识他们的经历和诉求。多元文化主义者认为，唯有在此基础上，美国才有可能建设一个和谐的社会。不然，种族冲突和族裔不和问题将难以解决，社会和谐将只能是空中楼阁——可望而不可即。由此可见，单元文化主义和多元文化主义都寄希望于学校教育扮演促进社会和谐的角色，但两者在怎样促进以及以何为基础促进社会和谐等问题上分歧严重，导致它们争论不断。纽约州在教学大纲上反复讨论，无法达成共识之事实，就是这一问题严重性的具体表现。

现在来看最后一个问题，即学生是否必须在他们的课程中找到自己的祖辈才可能有效地学习？多元文化主义者提出，如果学校提供的课程内容里不包含学生的祖辈，或者在教师队伍中自己同族人缺失，那么，他们的自尊心将受到伤害，不仅学校会因此而变得怪异和遥远，而且他们的学习动力也将受到严重影响。正是出于这种考量，多元文化主义者要求改革教学大纲，调整教学内容，增添非裔、拉丁裔和亚裔人群及女性群体，让他们在这些内容上倾听到自己族裔和性别的“声音”，找到自己族裔和性别的业绩，从中感受到自己族裔的伟大和辉煌，并在此基础上产生学习动力，建立自己的身份认同。

多元文化主义批评者对此说法有疑问。他们认为，自尊心未必与学习动力存在必然的联系。历史上有大量的证据表明，许多受压迫人群（如犹太裔、亚裔和非裔等），可以在学术上很有建树，取得辉煌的成就。同样，多元文化主义批评者对少数族裔提出的科目增添内容本身持保留意见，认为在有限的课时里，让少数族裔和女性课程占去大量的时间，必然削弱和稀释主流文化的精华内容。如此一来，也许少数族裔和女性可以找到他们的文化自信和身份认同，但白人（尤其是白人男性）可能因此而弱化自己的文化自信和身份认同。再者，多元文化主义批评者不认为少数族裔人群必须体现在课程大纲里来帮助学生有效学习，取得成功。他们常举的例子就是亚裔移民，说他们既没有在课本里“看到”自己族裔的身影，也没有在教师队伍里看到自己同族人，在这样的情况下仍旧取得了令人仰慕的学习成绩。最后，多元文化主义批评者以自己制定的标准来衡量，认为少数族裔和女性的学术成绩无法与白人男性已经取得的成就相比拟。若把它们“一视同仁”，有委屈白人文明之嫌。

上述分析表明：多元文化主义赞同者和多元文化主义批评者都希望自己所代表的人群在课程里（主要指人文学科和社会科学课程）找到自己祖辈的身影。多元文化主义者希望通过改革教学大纲，增加少数族裔人群和女性的形式，来提升这部分人的学习动力，增强他们的自信心和自尊心。多元文化主义批评者认为，选择什么内容作为课程，取决于它们的质量，而不是族裔身份。既然美国早期深受欧洲文明影响，且其文化根底源于犹太—基督教，它们当然应该构成美国的主流文化。如果美国学校按照多元文化主义者的要求开展改革，添加大量的非主流文化，美国白人的文化传承必然受到影响。相当程度上讲，正是这种寻找祖辈足迹的因素，使得多元文化主义者和单元文化主义者处于对立状态，导致教学大纲改革难以推进。

综上所述，多元文化主义不仅仅是一个理论问题，同时还是一个实践问题。研究多元文化主义，如果仅探讨其理论一面，我们只能做到“一知半解”；只有在探讨其理论的同时，又考察其实践一面，我们才可能对它取得全面和完整的理解。这是因为，作为一种理论，多元文化主义一方面反映和促进了美国等西方社会不断走向多元化的现实；另一方面，作为一种实践，多元文化主义又通过各种政策立法和社会行为，来进一步丰富和深化多元文化主义理论。此外，作为一种政治行为，多元文化主义在实践过程中涉及政治、经济、社会、文化、宗教等问题。只有通过对具体问题的细致考察，我们才能了解多元文化的复杂性和艰难性。上述佛罗里达州和纽约州的案例充分地说明了这一点。

第五章

多样性、族裔学与多元文化主义

从本质上讲，多元文化主义涉及多样性，如种族多样性、族裔多样性、宗教信仰多样性、性取向多样性和生活方式多样性等。因为存在着多样性，社会必然以多元形态存在。同样，因为多样性，不同种族和不同族裔在社会中会受到不同的对待。对处于社会边缘的社会群体来说，随着他们觉悟的提高，他们要求得到主流社会承认的欲望会变得越来越强大，如要求建立和开设族裔学课程。究其目的，一是教育关乎族裔的后代，涉及自己民族自信心的问题；二是通过教育让其他社会群体了解自己的经历，以增强对他们诉求的认识和理解。如果说多样性决定了多元文化主义，那么，族裔学则体现了多元文化主义精神。

第一节　美国是如何对待多样性的？

在单元主义文化盛行时，多样性受到抑制，因而有“大熔炉”之说。从这个意义上讲，多元文化主义的兴起是美国人的价值观改变之结果，并由此导致了一系列问题的产生。譬如，从单元走向多元后，美国该如何确定美利坚民族的国民性？该如何确立自己的文化特色？以前，在单元主义赞同者看来，庆祝哥伦布“发现”新大陆是题中应有之义；现在，有了多元文化主义之后，哥伦布与其说是“发现”了新大陆，还不如说是他“不邀自请”地来到了新大陆。说得更严重一点的话，他的到来是一种对新大陆的“侵入”行为，扰乱了原住居民的生活。这里，我们不妨对照一下美国人不同时期对哥伦布的态度。1893年是哥伦布“发现”新大陆400周年纪念日，那时，美国到处莺歌燕舞、一片欢乐；时至1993年，哥伦布“侵入”新大陆500周年，美国国内气氛凝结、争论不断。这个变化折射出了多元文化主义兴起之后，美国人看问题的视角和评判价值观的转变。简言之，从盎格鲁—撒克逊白人角度讲（单元文化主义），哥伦布“发现”新大陆是一个“福音”；但从印第安人和黑人角度讲（多元文化主义），哥伦布“侵入”新大陆是一个灾难。这就是上述所说，多元文化主义之产生是美国人价值观变化之结果。这种变化直接导致对美国国民性的重新审视和反省。譬如，盎格鲁—撒克逊白人倾向于认为，美国是一个盎格鲁—撒克逊白人基督教国家，这是一种典型的单元文化主义主张。但对非盎格鲁—撒克逊白人基督教，包括盎格鲁—撒克逊白人中信仰其他宗教或无神论者，美国不是也不应该是一个基督教国家。最能说明单元文化主义与多元文化主义在此问题上的争论的，是有关圣诞节时的节日问候问题。长期以来，美国人在这一天用“圣诞快乐”（Merry Christmas）互相问候，但考虑到美国有大量非基督教徒存在这一事实，美国人现在常常用“节日问候”（Holiday Greetings）来代替，以避免引起不必要的误解和尴尬。

这种变化，从深层次上讲，是对美利坚合众国及其历史和价值观的重新解读，其结果之一就是越来越多的美国人愿意接受这样一个事实，即美国是个多元社会，多样性构成了她的最显著特征——多种族、多族裔、多性别取向、多宗教信仰、多生活方式。这些多样性各具特色，都值得尊重和保护，不因人数少或“与众不同”而遭受歧视或偏见。这种观点在美国政府的移民政策上得到了较好的反映，譬如移民不因种族、信仰、族裔或性取向等原因而遭到拒绝。总体上讲，在移民问题上，美国普通民众担忧的是非法移民，而不是种族或宗教原因（特别时期有例外——如特朗普当选总统后试图推出的移民政策）。然而，需要指出的是，这些在道理上或理论上得到认同的问题，在实际运作过程中并非没有争议。譬如，作为多元文化主义在政治领域的反映，主张扩大少数族裔代表的多元文化主义者要求在政党竞选、政府机构和政党组织内增加他们的额度，以充分体现出美国社会多样化的程度。在地方范围，凡涉及各种族、各族裔利益的事务，多元文化主义与其反对者和批评者的争斗更是激烈。譬如，如果地方政府需要减少公共服务开支，它即刻会引发激烈的辩论甚至争吵。我们知道，公共服务的主要服务对象为当地的低收入群体或失业者，其中少数族裔占多数。如果地方政府决定减少公共服务开支，它意味着政府减少给穷人救济站的食品发送。在单元保守派主义者眼中，生活自立是个人问题，与政府无关；但在多元主义者眼中，少数族裔经济收入低或失业严重是社会经济结构问题，所以政府有责任为他们提供社会福利。

现在的问题是：这些问题属于文化问题吗？它们可以用多元文化主义视角来解释吗？美国有学者提出，这与其说是文化问题，不如说是经济就业和社会福利问题。[①]笔者不敢苟同这种观点。这是因为，从表面上看，失业和低收入确实是经济问题，但如果一个群体

① Nathan Glazer, *We Are All Multiculturalists Now*, Cambridge: Harvard University Press, 1998, third printing, pp.80—81.

中（如黑人）有着超比例多的失业和低收入情况，这显然是社会价值观导向出现了问题，如由于遭受主流社会的歧视和偏见，黑人受教育程度低，导致他们的工资收入低和就业率低等情况。如果他们生存困难、身无分文、被社会遗忘，他们怎么可能维持生计、保持自己的生活方式、保护自己的文化传统？从这个意义上讲，不管是中央政府还是地方政府，它们是否为社会弱势群体提供公共福利服务，不仅是一个少数族裔群体是否可以继续他们生活方式的文化问题，而且是一个美国如何对待社会边缘群体的国民性问题，即美国人的福利立场和福利价值观问题。

这里于是引出了一系列问题，如，美国人到底是怎样一种人？[①] 美国人心目中的国家应该是怎样一个国家？美国不同种族和不同族裔应该如何共同相处？美国共同文化（即使是名义上存在的共同文化）如何向富有特性的少数族裔文化提出要求？所有这些问题在教育领域表现得最为显著，其涵盖面不仅涉及教学大纲，还包括人事任命、教师聘任、学生录取、族裔学生比例问题等。这是因为，教育涉及价值观的灌输和传承以及信仰理念的形塑和构建等。

先讨论学校种族隔离问题。在打破学校种族隔离前，黑人与白人的隔离是人为造成的，即白人通过立法形式确定黑人在黑人学校读书，白人在白人学校读书。现在，由于黑人和拉丁裔美国人集聚于大城市中心，他们构成了城市中心学校的主要生源。与此同时，大多数白人居住在郊区，他们的孩子是郊区学校的主要学生来源。如此一来，美国社会无形中形成了这样一个“种族隔离”现象，黑人孩子聚集于大城市学校，白人孩子集聚于郊外学校。它貌似“公平合理”，实际上大有问题。原因很简单：经济能力决定人们选择居住在城市还是郊区。大多数黑人因为收入低，只能生活在城市的贫民窟；相比较而言，大多数白人因为收入高，能够也乐于生活在郊区。这种因经济收入不同而导致的“种族隔离”现象，强化了种族

① Samuel Huntingdon, *Who Are We: The Challenges to America's National Identity*, New York: Simon & Schuster, 2004.

隔离文化，使得学生缺少对“他者”文化的了解。于是，出于改变这种现状的考虑，多元文化主义者要求教学改革，在种族混合的学校里提供多元文化主义课程，借此提高学生对“他者”文化的了解和认识。这里有必要提及的一点是：在最初破除种族隔离学校时，黑人希望他们能享受白人学生拥有的一切，包括教学设施、教科书、学科类目和财政补助等。但是，多元文化主义浪潮兴起之后，黑人逐渐改变看法，觉得那样做会使自己的孩子被白人文化同化，丢失自己的文化传承，于是，他们要求学校增设关于黑人历史文化的课程，确保自己的下一代在种族混合的学校里仍能受到平衡客观的教育。概言之，黑人希望通过打破那个无形的“种族隔离”之墙，培育自己孩子们的民族认同感。

再看一下多元文化主义者在学校选择、录用和提升少数族裔人群的主张和行动。在实行种族隔离政策时，黑人不可能在白人学校里担任教师职位或行政人员职务。如同黑人人数在白人学校里的比例增长后，他们要求增设有关黑人历史文化课程一样，随着黑人人数在白人或混合性学校的上升，他们要求选择、录用和提升黑人教师和黑人校长的呼吁也日益增强。有趣的是，当年其他欧洲移民（如德国人和意大利人）移居美国纽约时，并没有要求改变课程大纲，而是自觉地去适应新的学习环境。黑人不同，他们因为长期受到欺压和迫害，有着一股强烈的改变教学大纲的愿望。为了得到“正宗”的黑人文化教育，为了确保黑人在学校管理上的发言权，为了扩大黑人的升学比例，他们提出学校在选择学生、录用教师和聘任行政人员时，给予黑人以充分考虑。他们坚持认为，这不仅有助于推进教学大纲的改革，而且有助于塑造一个多元文化主义的环境，帮助不同族裔人群加强接触，增进理解。如今，美国从中小学到大学，越来越多的学校行政管理人员在招聘教师和行政人员时给予黑人高度重视。也许，这是学生和政府施压的结果，或者是他们确实认为这样做更能体现社会正义，抑或是他们认为这种方法有助于促进校园多元文化主义氛围的建设。意图不一，结果一样，即提倡多元文化主义。毕竟，作为黑人，这些黑人教师和黑人行政管理人员更能理解黑人学生的诉求，更能与他们展开交流，也更愿意倾听他们的心声。毋庸说，这些成果并不是说来就来、一蹴而就的，而是多年坚信奋斗的结果。事实上，混合学校聘任黑人教师和黑人行政人员，常常伴随着黑人学生的静坐和抗议游行活动。[①]

多元文化主义批评者常常指出，学生在学校的行为方式，尤其是学生的纪律问题，常常因家庭教育、文化背景和阶级层次不同而异。白人中产阶级家庭不允许的行为，也许在黑人家庭得到许可；反之亦然。于是，就出现了这样一些问题：在混合学校，学生们的什么行为该被认为不守规矩？什么行为该被认为具有扰乱性质？什么行为该被认为不应该在学校发生？这些问题目前在美国颇有争议，成了多元文化主义争论的一部分。这是因为，少数族裔学生和他们的家长对诸如此类问题的看法与白人教师和行政人员的不同。他们认为后者在许多无关紧要的问题上小题大做。[②]但是，从白人角度来看，校有校规，学生不应因生长于不同的文化环境而要求学校“网开一面”，受到特殊对待。然而，问题并没有就此打住。譬如，多元文化主义者质问道：这些所谓的“校规”是谁制定的？是以什么标准制定的？在制定这些规则时，黑人参与了吗？为什么黑人没有参与制定的规则，现在要黑人遵守？这样做合情合理吗？这样做符合民主公正原则吗？显然，这些问题触及了激进白人单元主义者的痛处，因为大量的学校条规是在黑人缺席的情况下制定的。对多元文化主义者来说，要求增加少数族裔人员任职教师和行政人员，其目的之一就是慢慢修订和改正那些仅仅反映白人价值观的校规和准则，制定出更符合多元社会需求的学校条规和纪律准则。

如果说公立中小学围绕教学大纲的争议主要集中在社会科学和人文学科必修课应该由什么内容构成的话，大学的争议主要集中在如何确定学习目的及其作用。大体上讲，多元文化主义者与其批评

① Nathan Glazer, *We Are All Multiculturalists Now*, Cambridge: Harvard University Press, 1998, third printing, p.83.

② Ibid.

者在高等教育部分目标一致，即他们认为所有社会群体都有责任提高自己的教育水准，都应具有一定程度的社会和谐理念，都有职责为提高社会生产力做出自己的一分贡献。此外，在如何实现这些目标问题上，多元文化主义者与其批评者也能取得共识。譬如，他们都认为学校有义务培养学生的求真精神、责任心、交流能力和合作能力。但是，他们的共同点仅此而已。如同他们在其他问题上分享目标共同点，但在获取这些目标途径上相异一样，多元文化主义者与其反对者在如何实现高等教育目标上也存在严重分歧。作为单元性的倡导者，白人中的单元主义激进者主张西方文明经典为美国大学生的必修课程，任何其他试图削弱其含量的主张和做法都不利于西方文明发扬光大。但是，作为多样性的鼓吹者，多元文化主义者中的大部分人都要求改变这种课程设置，增设有关少数族裔、女性和第三世界人民的内容，以求在更广泛的范围内体现人类文明的发展进程。20世纪末，美国几乎所有的高校都卷入到这个课程设置改革的大辩论之中。其核心内容就是：美国到底要培养“单元文化人”还是“多元文化人”？

从历史上看，有关培养“单元文化人”还是“多元文化人”在美国并非新问题。追溯其渊源的话，该问题在美国公立学校19世纪40年代兴起之日起就已产生，只是那个时候，人们没有用“多元文化主义”这个词来描述它罢了。从这个意义上讲，当代多元文化主义思潮是用一个新词来谈论一个老问题，即美国公立学校如何应对宗教、族裔和种族背景不同的学生？如何为他们提供适合他们教育需求的公共教育？据美国历史学家戴安·莱维切研究，自19世纪40年代美国推广公共教育起，美国公立中小学，尤其是地处大城市的公立学校，从来就没有摆脱过多元与单元文化争论的困扰。[①]那个时候，问题的核心聚焦于天主教和新教之争。我们知道，美国早期移民以新教为主，天主教一直处于少数派地

① Diane Ravitch, *The Great School Wars: New York City, 1805–1973*, New York: W. W. Norton, 1973.

位。19世纪中叶，大量爱尔兰人因饥荒灾难而远渡重洋，来到美国定居，其中绝大多数人为天主教徒。人数增加后，天主教徒的底气大为增加，其教会领袖于是要求他们的子女在公立学校得到公正和平等的对待。

历史上，美国城市里的公立中小学大多是由具有新教徒宗教背景的社会改革家们创立的，其宗旨之一是让孩子们融入新教道德和宗教世界。由于新教长期以来在美国占据主导地位，新教徒社会改革家认为这种做法乃天经地义之举，无甚不妥。然而，天主教徒不这么看；他们尤其反对学校里让学生读新教的钦定版《圣经》（King James *Bible*）。此外，那个时候，几乎没有人会想到，美国最高法院会援引美国宪法第一条修正案中涉及禁止建立“国教”的条款，不允许在公立学校诵读《圣经》。如此“政教分离”之做法，让天主教徒十分不快。更何况，天主教孩子们在新教为主体的公立学校里遭到不同程度的歧视。在这两种因素促动之下，天主教只好凭借自己的力量，创办自己的中小学，让他们的后代在更宽松的氛围下学习和成长。这一案例说明，19世纪中叶，美国公立中小学就面临着单元和多元文化之争，即新教与天主教是否可以在教育领域共存的问题。由于公立学校严格执行“政教分离”原则，坚持认为学校应鼓励或要求学生做祷告和诵读《圣经》的天主教于是决定与公立学校分道扬镳，建立自己的教会学校，以确保后代得到自己的宗教信仰之“真传”。

19世纪末，美国公立学校再一次出现现在所谓的多元文化主义之争。如果说19世纪中叶的多元文化主义之争是围绕宗教展开的，19世纪末的这场多元文化之争是围绕语言展开的。当时，在德国移民密集居住区，如美国中西部，许多学校教师都来自德国，所以他们喜欢用德语授课。这对清一色德国移民的班级也许不是问题，但是，对班中个别非德国移民来说，这样做显然会带来麻烦。那时，在辛辛那提和圣路易斯等城市，德语授课十分普遍，使得那些主张本土主义（nativists）和同化观念的人群十分不悦。为此，伊利诺伊州和威斯康星州于1889年先后通过立法手段，规定两州私立和教会学校的所有课程必须用英语授课，仅极少数课程例外。第一次世界大战爆发后，德语授课在所有公立学校被叫停；德语作为外语教育的课程也大幅度减少。可见，现在美国人视为理所当然的双语或多语教育，在当时是一个严肃的争论话题。一方坚持运用和落实一种语言教育，并以此贯彻一种标准语言和文化；另一方主张多元化教育方式，为学生提供丰富的语言和文化环境。①

上述两个例子表明，无论是围绕宗教问题还是围绕语言问题，它们所涉及的多元文化主义问题都没有在教育领域真正得到解决。美国历史上正式提出文化多元主义概念的是霍瑞斯·凯伦（Horace Kallen）。一战期间，美国社会精英为“带连字符号的美国人”（hyphened Americans）的自我身份界定之做法十分烦恼，主张这些人应该去掉连字符号，直接称自己为美国人，否则有不效忠美国之嫌。为此，美国在两任总统的领导下，掀起了一场美国化运动。正是在这种历史文化背景下，凯伦提出了文化多元主义的主张，认为美国社会已经呈现出文化多元的景象，公共教育形式应与此保持一致，使教育方式新颖丰富。在这篇以《民主与大熔炉》之名发表的文章中，凯伦指出，英国及深受英国文化影响的美国之外，存在着各种各样其他文化，它们在公共教育领域占据重要一席，其影响和作用绝不可低估。②事实上，此文章标题即明显地表达了作者的政治立场：(1)“大熔炉”之说有失民主；(2)文化多元主义才能真正体现民主精神；(3)就民主精神表达而言，教育可以发挥重要且积极的作用。

凯伦的文章发表后不久，美国哲学家约翰·杜威也加入了讨论。他在为美国“全国教育协会”所作的一次演讲中，表达了他对文化多元主义提法的支持。他特别批评了当时美国媒体对所谓“带连字

① David B. Tyack, *The One Best System: A History of American Urban Education*, Cambridge: Harvard University Press, 1974, p.109.

② Horace M. Kallen, “Democracy versus the Melting Pot”, *The Nation*, 18 February 1915, pp.190—192.

符号的美国人”的攻击，尤其是对德裔美国人（German-American）和爱尔兰裔美国人（Irish-American）的攻击。他指出，“实际情况是，真正的美国人或者说典型的美国人都有一些连字符号性质，因为大家都是移民或移民的后代。但是，这并不意味着，我们仅是部分美国人，然后再添加些外国因素。所谓的美国人是跨民族、跨种族、跨族裔的人……关键是要明确，这个连字符号起着联系的作用而不是分离的作用。这意味着，在公立学校，我们应该教育孩子们互相尊重，让他们了解每一个社会群体为构成我们美利坚民族所做出每一份贡献”①。杜威的观点十分明确，所谓的爱尔兰裔美国人、德裔美国人和犹太裔美国人（Jewish-American）都是伪命题，因为这种称呼本质上在假设一个早已存在的美国。实际情况是，所有居住在美国的人都是美国人，再加上一些移民背景，如此而已。即便英国人早来，那也并不意味着他们构成了美国的全部。因此，如果仅以所谓的连字符号之原因而排斥或者攻击他们，那么，所有的美国人都应遭受排斥和攻击，因为在美国，没有一个人群不是移民或移民后代，包括盎格鲁—撒克逊在内的人群，也是带连字符号的美国人。由此，杜威肯定了凯伦的文化多元主义论点。

然而，尽管杜威声名远扬，尽管凯伦的观点有理有据，但他们两人对文化多元主义意义的阐释主要还是停留在理论层面，在20世纪上半叶难以在教育领域发挥实质性的影响。一战以后，美国刮起了一股沙文主义浪潮，先是把东欧的激进人士驱逐出境，接着又于1924年停止大规模移民，后来又出现了三K党组织。这些带有强烈政治色彩的“红色惊恐”举措和活动，使得杜威等的进步主张难以实现。举例来说，内布拉斯加州禁止为八年级以下学生开设任何外语课程；俄勒冈州禁止该州建立任何私立学校（这两条规定后来都被美国最高法院判为无效）。从20世纪20年代至30年代和40年代初，美国化教育在美国公立学校盛行于世，没遇到任何阻挠。在这

① Horace M. Kallen, “Democracy versus the Melting Pot”, *The Nation*, 18 February 1915, pp.131–132.

种教育背景下，移民子女们仅接受创建美国的英国文化及其美国文化变种，其他的一律被拒之于门外。移民及其后代在接受美国化教育过程中，逐渐产生了自卑感，因为他们无法在教育内容中找到自己国家或者自己父母家乡文化的踪影。久而久之，这种自卑感逐渐内化成自己的思维定式，心甘情愿地接受美国化的“精神洗礼”。其结果是，前面提及的因宗教冲突和语言争议而出现的多元和单元文化之辩论，慢慢沉寂下来。

二次世界大战爆发后，文化多元主义诉求在美国重新出现，其缘由与希特勒实行的种族主义政策存在着密切联系。[①]那时，希特勒宣称世界上的民族有优劣之分，优秀民族应该统治世界，劣等民族应该被驱逐出德国，或者从地球上消失。为此，希特勒到处散布他仇视犹太人和黑人的种族主义观点，为自己清洗犹太人制造舆论工具。不管是从道义理念上讲，还是从现实政治上讲，美国都不能认同希特勒的种族主义观点。美国参战后，更需要以自由和民主形象与德国法西斯划清界限。于是，不管是出于战争本身的考量，还是出于对正义信念的坚守，美国都有必要反对和驳斥希特勒的观点，明确地教育美国后代，世界上所有民族一律平等，无优劣之分，对与己不同的文化群体应给予同等的宽容和理解。在这种思想影响下，二战及二战结束后，美国开始出现“跨文化教育”概念，其目的在于帮助学生们了解构成美利坚民族的各个种族和族裔群体，并在了解它们的基础上学会相互容忍和相互善待。但是，进入50年代后，随着麦卡锡主义的兴起，“跨文化教育”被冲击得无影无踪。[②]

进入20世纪50年代末和60年代后，美国国内的关注点和精力都集中在取消种族隔离问题上，导致文化多元主义问题一时遭到冷落。在南方，黑人和白人开明人士竭尽所能消除那里的种族隔离法；在北方，黑人和白人进步人士积极斗争，想方设法消除现实生活中

① Nathan Glazer, *We Are All Multiculturalists Now*, Cambridge: Harvard University Press, 1998, third printing, p.88.

② Ibid.

的种族隔离行为。这里值得一提的是，在与种族隔离斗争时，当时的黑人展开的斗争，大多旨在融入美国社会。譬如，在教育领域，他们要求获得同白人一样的教育，从教育方法、教科书到教学环境都得到平等对待。那个时候，他们的要求中鲜有文化多元主义或者多元文化主义的成分。略微考察一下美国黑人从20世纪40年代到60年代在法庭上的争辩，我们可以发现，他们的斗争目的只有一个，即取消隔离、融入主流社会。

这里需要强调的是，种族隔离是白人强加在黑人头上的，旨在禁止他们融入白人社会。黑人提出取消隔离、融入白人社会，是对种族隔离的抗议，旨在得到政治和社会方面的平等权利。更重要的是，黑人所说的融入并不等同于同化、放弃自己的文化特性。这里有关黑人要求得到平等权利的诉求，主要是指黑人不因肤色不同而受到歧视，而不是说黑人因为得到平等权利就丢弃自己的文化传统。问题的关键是，那个时候，黑人集中力量与种族隔离斗争，没有充足的时间和精力顾及文化多元主义这个问题。换言之，他们首先必须设法融入主流社会，然后再探讨在主流社会里如何为黑人争取应有的尊严和地位。

果然，60年代末，伴随着民权运动的浪潮和黑人社会地位的提高，尤其是伴随着种族隔离墙的倒塌，黑人中的一些强硬派要求黑人因其黑人身份不同而区别对待，即作为一个具有特性的文化群体，他们应该得到与白人不同的待遇。其时，黑人民族主义思想高涨，产生了黑人力量运动（Black Power Movement）这样的黑人激进组织。与此同时，黑人穆斯林组织积极活动，要求以更坚定的行为捍卫黑人的权利。无论是黑人力量运动，还是黑人穆斯林组织，两者都以强硬派形象出现，向主张黑人融入白人社会的黑人民权运动领袖挑战，要求黑人摆脱白人的控制，自己的事情由自己来干。受这股黑人民族主义浪潮的影响，黑人社区纷纷建立黑人学校，借此向黑人下一代讲授黑人“故事”，传递黑人内心的呼唤。这一事态发展，为多元文化主义的产生打开了一条通道。

在黑人民族主义思想的鼓舞下，墨西哥裔美国人和波多黎各裔美国人，也纷纷开始抱怨，说美国的公立学校仅用英语授课，且还禁止他们使用西班牙语。于是，他们一路诉讼，要求美国最高法院解释一下，他们的民权是否遭到了侵犯。当时比较开明的最高法院认为，民权法保障社会所有成员享受平等权利，包括不讲英语的人可以要求学校提供外语授课形式的权利。最高法院的这一判决在全美国引起强烈反响，许多开明州政府立刻根据联邦最高法院的判决通过相关法律，要求本州教育机构为不讲英语的移民或移民后代提供他们听得懂的语言授课。与此同时，美国联邦政府也通过相关法律和条例，要求学校机构提供用非英语授课的课程。所有这些变化标志着多元文化主义出现了端倪。

需要指出的是，双语教育本身并不是多元文化主义的全部，更不是它的精髓。但是，双语教育对多元文化主义的发展意义重大。这是因为，采用双语教育意味着非英语语言学生可以受到同等的教育，不必因为自己不会讲英语而受到歧视或被学校拒之门外。在这种情形下，教师和学生很可能来自同一个族裔，如拉丁裔老师教拉丁裔学生。这种授课方式会对多元文化主义产生很大的影响。譬如，老师会在授课时突出他们共享的文化和历史，强化学生们的民族认同感。同样，他们还可能把教室布置得更像自己的家，淡化美国文化成分，突出自己民族的文化成分。整个70年代，双语教育在美国公立学校全部铺开。我们知道，作为一种信息传递工具，语言不仅可以交流思想，还可以传达文化价值观。更重要的是，当双语教育得到立法上的保障，它意味着越过语言范畴，进入政治领域。这是因为，一旦确立双语教育的必要性和重要性，它实际上是在肯定一个特定文化群体的存在，说明它与其他文化一样应得到平等对待和尊重。从技术层面上讲，双语教育也许仅仅是提供另一种语言教学工具而已，但从文化角度上讲，双语教育意味着认可另一种文化的价值。更为重要的是，从政治视角上看，双语教育涉及少数族裔的权利和权益问题，即政治上承认少数族裔的文化身份特性。正是在这些意义上，多元文化主义者强调双语教育的重要性，并为争取实现这一权利而进行不懈的斗争。

一个十分值得注意的现象是，20世纪七八十年代，欧洲移民骤减；1965年美国国会立法通过的新移民法也没有改变这一局面。与此形成鲜明对比的是，来自亚洲和拉丁美洲的移民剧增。也许欧洲移民同化比较顺利，也许欧洲移民免于肤色歧视，也许欧洲移民受教育程度比较高，他们的政治和文化诉求没有像非裔或拉丁裔人群那样鲜明地表现出来。其结果是，欧洲移民及其后代的问题不再如20世纪20至40年代那样成为文化多元主义的一个组成部分。偶尔，在纽约等地，公立学校会为俄罗斯和意大利移民及其后代提供双语教育，但总体上讲，为欧洲移民子女提供的双语教育大多是过渡性质的，鲜有人会期待长期的、大规模的以葡萄牙语或亚美尼亚语加上英语的双语教育。由此可见，多元文化主义语境下的双语教育主要为西班牙语，因为在20世纪七八十年代，来自拉美地区和加勒比海地区的移民人数骤然大规模上升，其中许多人不会讲英语。

现在的问题是：为什么多元文化主义运动在80年代末才爆发出来？这个问题相当复杂，不是三言两语可以解释清楚的。毕竟，从60年代起，美国公立学校已着手为黑人和拉丁裔美国人提供适合他们独特文化的学习环境，其中包括修订教科书、开设新课程、介绍新的阅读材料、改变考试方式和内容及提供双语教育等。这些改革措施都在按部就班地进行之中，为什么时至80年代末，少数族裔群体要把多元文化主义提上议事日程？更值得追问的是，多元文化主义教育不仅体现在公立中小学校，而且还包括公立和私立大学。其中到底发生了什么，以至于促动以黑人为代表的少数族裔要求在教育中贯彻多元文化主义？

美国学者格雷泽认为，多元文化主义思潮爆发于20世纪80年代末的最根本原因在于，黑人那时因民权运动没有兑现他们的种种期待而感到十分沮丧，并由此而产生了强烈的挫折感。[①]具体来说，尽管肯定性行动计划（照顾性计划/平权计划）已在美国高校得到落

① Nathan Glazer, *We Are All Multiculturalists Now*, Cambridge: Harvard University Press, 1998, third printing, p.91.

实，许多少数族裔人群也从中受益。但是，在高校中的黑人教授和行政管理人员仍不多。此外，进入大学深造的黑人确实数量可观，但如果没有“优惠”政策为他们提供支持的话，若要继续前行，进入更高端、更高级的学府或研究所，他们仍将面临重重困难。譬如，80年代末，在医学院、法学院和商学院的黑人凤毛麟角，屈指可数。让黑人感到更为沮丧的是，尽管他们在公立学校中的学习成绩有了一定的提高，但他们与白人学生的差距仍然巨大，与亚裔学生的距离更是遥远。原先，人们以为拉丁裔因许多人开始不能讲英语，需要通过双语手段得到教育，他们的SAT和高中毕业考成绩会低于黑人，但实际情况并非如此。同样，人们原先以为，亚裔因语言障碍问题也许会在学习上进步缓慢，但实际情况是，亚裔孩子在学业上遥遥领先于黑人孩子。在学业上垫底相当严重地挫伤了黑人的自信心。不过，尽管黑人总体上学业落后，但是，他们在其他领域，如政治、体育、娱乐、军事、政府和私人企业等，都取得了不少令人羡慕的成就。占据这些重要岗位后，黑人手中拥有比较多的资源可以发挥，可以为推进多元文化主义做出贡献。

亚裔美国人在黑人的影响下，也对多元主义文化的开展起了一定的作用。这里的亚裔主要指亚裔第二、第三代移民。他们长期生活在美国，经历了种族歧视的艰难日子，且有着强烈的身份认同感。如同非裔多元文化主义者一样，亚裔也要求在教学大纲、课程设置和教师聘任上体现多元文化主义精神。在目前美国大学里，亚裔学（Asian Studies）相当普遍，其缘由即来自亚裔的努力。当然，对亚裔来说，多元文化主义对他们意义最大的是入学问题。由于他们考试成绩出色，众多美国顶级大学里云集了大量的亚裔学生，于是，出现了控制亚裔学生录取率的呼声。为此，亚裔学生在顶级学校的录取率受到影响，导致他们因为考试成绩普遍较高而挤掉自己人群中的一部分。这种情况被称做逆向性歧视（reverse discrimination），即亚裔学生因学生成绩优异而受到歧视。相比较而言，亚洲第一代移民对多元文化主义的态度仍比较含糊，因为对他们来说，首要大事是如何被美国社会接受、找到一份理想的工作。只有当温饱问题先解决了，他们才可能开始考虑诸如身份认同、文化传承及多元文化主义等问题。

拉丁裔比较复杂一点，一是他们人多，二是他们人杂。总体上讲，他们主要包括：墨西哥裔美国人、波多黎各裔美国人和古巴裔美国人。在非裔争取平等权利运动的影响下，拉丁裔美国人也开展了他们的民权运动，要求得到尊重和平等。一部分墨西哥裔美国人数代人居住于美国，同化情况时有发生。但对大多数墨西哥裔美国人来说，完全同化相当困难。且不说来自白人社会的歧视，仅就不断有大量墨西哥人移居美国而言，这些新近来到美国的墨西哥人就会触动他们的"神经"，提醒他们的民族身份。此外，墨西哥与美国接壤，墨西哥裔美国人往来于美墨两国十分方便。这种地理位置的接近和穿梭往来的便利，使得墨西哥裔美国人难以完全同化。再者，在其他少数族裔人群纷纷要求多元文化主义的影响下，墨西哥裔美国人不会置之不理。受黑人和其他人群的鼓舞，他们同样会有这方面的诉求。譬如，他们要求双语教育和双语服务等；他们还要求教学大纲和教学课程反映他们的文化。相较于波多黎各人，墨西哥裔人更重视教育，希望他们的孩子在学业上取得良好的成绩。波多黎各人具有美国公民身份，常常在美国和波多黎各两地往返，哪个地方更适合居住就在哪个地方居住。其结果是，孩子的学习缺少连贯性和持续性，导致学习成绩不理想。尽管如此，波多黎各人还是要求双语教育和教学课程设置改革，以体现出他们在美国文化中的存在。古巴裔美国人主要集中在佛罗里达州，在那里享有较大的自由。在那里的学校里，尤其是在迈阿密等城市，他们处于主导地位。所以，他们管理的学校常常体现出古巴文化与其他文化杂糅而成的文化。教育在他们的心目中，始终占据着重要地位。因此，多元文化主义对他们而言，是一个不言自明的话题。

最后是原住民——印第安人——对多元文化主义思潮的作用。在所有少数族裔中，原住民是最小的群体，仅占美国人口的1%不到。相比于其他少数族裔人群，他们因在欧洲移民来到北美大陆之前就已定居在这里，所以，他们"享有"较高程度的自治权，如他们可以有自己的中小学校和大学等。此外，他们“享有”许多特殊的法律权利，但仅适用于印第安人居住区。然而，这仅是原住民的部分情况。近来，越来越多的印第安人（尤其是年轻人）选择离开他们的部落居住区，去美国都市生活。对居住在印第安人居住地的原住民来说，他们的部落文化本身已经构成了美国多元文化主义的一部分。事实上，鉴于印第安人的特殊情况，白人也没有设想过把他们融入“大熔炉”；否则，白人不会划出地盘给印第安人居住。但是，对移居城市的印第安人来说，一种可能是通过通婚融入主流社会；另一种可能是保持自己的民族特色，要求多元文化主义。无论哪一种情况发生，考虑到美国这个动态社会，印第安人不可能不受其他少数族裔争取平等权利的影响，提出类似于非裔、拉丁裔和亚裔的多元文化主义诉求。

上述分析表明，多样性是美国社会的最基本特征。种族、族裔、宗教等方面的多样性，决定了美国文化多元的性质。长期以来，以WASP为代表的主流文化借助其政治、经济、社会、文化等方面的庞大资源，占据着美国社会的统治地位，构成了“一统天下”的局面。黑人民权运动掀起后，不仅广大黑人民族意识增强，而且其他族裔人群的身份认同意识也大为提升。于是，美国少数族裔人群纷纷要求主流社会认同和接纳它们的文化价值。反映在教育领域，这就意味着在各个方面体现多元文化主义精神，其中主要包括课程设置、学生录取和教师聘任等方面。

第二节　美国是如何开展族裔学课程的？

20世纪80年代，多元文化主义兴起不久就呈现出不同的意思。在中小学层面，多元文化主义集中于一个具体的课程设置（前面几章已有论述)，其名称一般定为“多元文化主义教育”。不过，尽管名称统一，学校开设这类课程的目的却不尽一致。譬如，有的学校开展多元文化主义教育是为了帮助不同文化人群顺利融入主流文化；有的学校是为了帮助不同文化群体更好地相处；也有的学校是为了促进文化多元和社会平等精神；但更多的学校是为了帮助学生积极努力地推进文化多样性的发展进程，挑战美国社会的结构性不平等现象。①

在美国高等院校，多元文化主义不像中小学那样仅表现在一个课程或一个教学大纲层面，而是一个内容丰富、涵盖面广的术语。它涉及如何发展美国社会的多样性、如何帮助大学生适应日益多元化的社会环境以及如何批判美国社会和教育领域的权力关系问题等。此外，除了上述几个需要认真研究的问题以外，高等院校的多元文化主义还涉及在校园生活中如何平衡言论自由和种族偏见问题，即高校一方面要确保学生们享有美国宪法赋予的言论自由权利，另一方面又要确保少数族裔群体免遭部分人滥用言论自由权利而带来的精神伤害。

为了实现这些目标，美国高等院校显然有必要进行改革。为此，多元文化主义提倡者提出了一系列主张，其核心思想可以概括为四条。首先，课程设置必须反映出美国社会和美国高等院校日益多样化的特点，从种族、族裔、性别、年龄、性取向和生理条件等方面满足学生们的需求。提出这个要求的多元文化主义者指出，尽管在80年代，黑人尤其是黑人男性的高校录取率出现了一些挫折，但总体上讲，二战之后，越来越多的非裔美国人、亚裔美国人、拉丁裔美国人和土著美国人能够上大学读书。与此同时，越来越多的女性、超龄人士和残障人士也进入大学深造。仅以加州州立大学系统（California State University System）为例，在1983年至1989年期间，女性学生比例从34%上升至54%；非裔增加了7.4%，亚裔增加

① C. Sleet and C. Grant, “An analysis of multicultural education in the United States”, *Harvard Education Review,* 1987, 57(4), pp.421–444.

了57.5%，拉丁裔增加了49.4%。[①]既然学生成分构成发生了如此大的变化，大学自然有义务和责任为他们提供他们所需要的课程。

从宏观层面上讲，这些变化反映了整个美国社会的变化。有些情况下，这些变化体现出美国人口结构的变化，如拉丁裔和亚裔人群在美国全国人口比例中的上升。有些情况下，这些变化与一部分人群在社会其他领域的人数增长，如女性在教育领域和劳动大军中的人数增加基本相同，这意味着越来越多的美国女性开始接受高等教育。还有的情况下，这些变化折射出社会包容性和宽容性的增强，如残障人士在社会更加包容的情况下，入大学读书的例子在80年代已屡见不鲜。多元文化主义提倡者认为，针对这些人口结构性变化，大学应该给予充分认识，为这些校园里的新人群配备相关的教师和行政人员。譬如，女性学生增多，有必要扩大女性教师队伍；少数族裔人数增多，有必要增加少数族裔教师人数。这样有针对性地安排教师给相关的学生授课，有助于提高学生的自尊心和自信心。这是因为，在更多同类人群环境下学习，学生们可以看到学习的榜样，以此提高学习兴趣，激励自己顺利完成学业。基于这种认识，多元文化主义者主张，学校有责任在聘任教师和行政员工时，考虑学生构成多样性这一特点，为少数族裔人群创造一个更友好、更宽松的学习环境。[②]

其次，多元文化主义者指出，所有学生必须为未来做好准备。多元文化主义倡导者认为，美国社会将变得越来越多样化，人口结构趋势将朝着非白人人口增加趋势发展。在美国许多地方，如加利福尼亚州，拉丁裔美国人在20世纪90年代时已多达三分之一以上。在一些工作场所，有色人种的比例已然超过白人。如此巨大的人口结构变化，意味着大学生毕业进入社会之后，必须具备适应人口结

① 转引自 B. Goldstein, “Cultural diversity and curricular coherence”, in D. Halpern (ed.), *Changing College Classrooms*, San Francisco: Jossey-Bass, 1994, pp.109—127.

② Thomas J. La Belle and Christopher R. Ward, *Ethnic Studies and Multiculturalism*, New York: State University of New York, 1996, p.58.

构变化新局面的能力。对学校而言，这意味着为学生提供多元文化主义方面的课程，聘任更多的少数族裔教师和行政人员，让学生了解各种族和各族裔的文化特性，掌握与不同种族和不同族裔人群之间沟通的本领。常理告诉我们，一个从来没有与其他种族或族裔人群长期接触过的人，很可能对这些种族和族裔带有偏见和歧视。以美国马萨诸塞大学为例。1992年秋，该校发生了数起种族冲突事件。后经美国司法部调查，他们发现，这些种族冲突源于许多白人学生对“他者”文化缺少敏锐感，不知道如何与黑人相处，更不清楚用什么语言来谈论黑人问题。他们还发现，该校的白人学生中，60%来自长期以来种族歧视比较严重的马萨诸塞州东部地区，他们不懂得尊重“他者”文化方面的最基本问题。[①]马萨诸塞大学的事件表明，一旦人们对“他者”文化缺少认识、缺少足够的了解，误解和偏见就容易产生，导致族裔之间发生冲突。正是从这个意义上讲，多元文化主义者认为，消除这类误解和偏见的最好办法之一，就是在校园里贯彻多元文化主义精神，通过课程设置和聘任少数族裔教师等办法，来促进不同文化之间的交流，提高人们对“他者”文化的感受能力和对“异类”人群的敏锐度。

第三，多元文化主义者认为，多元文化主义应该让那些原本沉默的人群发出声音，让他们的诉求为人们所知。许多多元文化主义赞同者认为，少数族裔人群长期以来没有得到社会的关注，他们的作品也极难发表或出版。如果他们的文字可以印刷出版，人们就可以了解和洞悉他们的需求和关注，同时这样做还可以在他们心中产生自豪感和自尊心。多元文化主义者特别强调，传统教学大纲经典读物不包括少数族裔人群的作品，致使他们在经典读物名单上缺失。这样做轻者忽略了他们的成就；重者否定了他们的存在。多元文化主义者提出，为了使这些人群发出声音，社会必须承认他们的存在，尊重他们的文化特色，平等对待他们的价值观。唯有如此，这些沉

① A. DePalma, “Massachusetts campus is torn by racial strife”, *New York Times*, 18 October 1992, p.8.

默的人群才可能为主流社会所知，才可能得到社会的公平对待。通向这一目标的途径有不少，但在教育领域，其有效方法之一就是改变经典读物书单，把少数族裔人群的优秀作品列入其中，以提高它们的社会认可度和学术权威性，确保少数族裔人群在经典读物中占据一席之地。必须强调的是，这不是为了列入而列入，而是为了使社会弱势群体得到社会的承认，使他们能够像其他人群一样，活得有尊严，生活得有信心。

第四，多元文化主义者认为，从根本意义上讲，多元文化主义的目的之一是从结构上改变美国教育制度。在多元文化主义者提出改革建议之前，美国高校的人文思想主要来自欧洲文化加美国文化的传统。多元文化主义者认为，如何改变以及在多大程度上改变美国高等教育，取决于美国高校里权力关系和权力结构的改变。换言之，课程调整、大纲改革、学生录取、教师聘任、校园文化、学校条规，所有这些都牵涉到谁掌握话语权和谁掌握决定权的问题。如果话语权掌握在反对这些主张的人手里，它就意味着多元文化主义者提出的这些建议无法得到落实；反之，它们就可以得到落实和实现。正是在这个意义上，多元文化主义者认为，他们提出的一系列改革，本质上涉及权力结构和权力关系的改变。只有改变了权力关系和权力结构，多元文化主义者认为，他们才可能最终决定“教什么？”“怎么教？”和“谁来教？”之类的问题。显然，这些问题牵涉到学校为社会培养什么样的“接班人”之问题。多元文化主义者希望通过改革措施来培养具有多元文化主义意识的接班人，而单元文化主义者则希望借助自己手中掌握的资源，维护现状，继续他们在高校和社会中的优势地位。从这个意义上讲，多元文化主义批评者指责多元文化主义有政治议程是有一定道理的。关于这一点，多元文化主义倡导者也毫不掩饰，明确表明自己确实有改变美国大学权力结构的要求。

针对这四条核心思想，美国高校以不同方式回应了多元文化主义者的各种主张。一种方式是要求一年级大学生修一门多元文化主义内容的课程，或者规定大学生毕业前，必须修完一门族裔学课程。

另一种情况是，学校规定学生在种族、社会性别或族裔等范围内选修一门课程。在有的高校，多元文化主义内容通过写作课或文学课来实施，即通过阅读这些课程规定的相关材料，来提高学生对多元文化主义的了解。还有的高校则要求更广泛一些，要求学生修一系列课程，如女性学和族裔学等。很大程度上讲，多元文化主义者在开设这些课程方面的努力，实际上是一种改变政治权力结构的进程，即通过政治权力关系的较量，来推进这些课程的展开。他们成功与否取决于两个因素，一是自我努力的方式和程度，二是外部力量的支持或反对。下面我们简要地考察一下美国三所大学开展多元文化主义教育的情况，检视一下它们成功与失败的原因。

先说加利福尼亚大学伯克利分校的情况。这所大学有关多元文化主义的要求十分具体，且对所有课程都做了充分的准备。1989年，伯克利教师投票，通过一项议案，决定建立一个名为“美国文化”（American Cultures）的项目，规定所有入学新生都必须在此项目内选修一门相关课程，了解美国历史、社会和特性是如何通过多元文化形式形塑和构成的。[①]“美国文化”项目下，设非裔美国人、美国印第安人、拉丁裔美国人、亚裔美国人和欧洲裔美国人五大板块，每三大板块组成一门课程。如此一来，选修“美国文化”项目的学生，至少可以了解三个族裔的人群，知道美国文化形成的多元化特色。加利福尼亚大学伯克利分校的这个项目很成功，其原因有以下三个。第一，学生构成多样化：三分之一为亚裔学生，三分之一为白人学生，五分之一为拉丁裔学生，非裔学生占十二分之一。第二，此必修课程既不仅仅聚焦于一个族裔群体，又不诉说少数族裔的悲惨经历，而是强调美国社会里的不同群体如何相互交流和共同相处。第三，伯克利大学为此项目做了精心而又详细的准备，并提供了充足的资源，帮助教师顺利开设相关课程。由于“旗开得胜”，伯克利于1989年开始策划，决定在1995年为学生提供120门这类课程；为

① D. K. Magner, “Faculty members at Berkeley offer courses to satisfy controversial ‘diversity’ requirement”, *Chronicle of Higher Education,* 1 May 1992, AI, A16–17.

此，伯克利专门设立了一个名为“美国文化教学中心”的机构，协调课程设计和课程开设工作。①

再看一下俄勒冈大学的情况。该大学1988年先由教师通过了一个议案，同意开设多元文化主义必修课项目，并将此定名为“种族、社会性别和非欧洲人必修课”。根据相关规定，学生必须从这个项目提供的一系列课程中选修一门三个学分的课程。然而，当该校领导重新讨论此项目时，一个由校长任命的委员会提出了不同看法，建议把一门必修课提高到两门必修课，即一门仍从“种族、社会性别和非欧洲人必修课”提供的课程中选，另一门则专门讨论当代美国种族关系。该建议一经提出，便引来一场争论。不仅委员会本身遭受攻击，而且其计划及为落实该计划所需的费用开支也受到猛烈批评。一位俄勒冈大学教师为此评论道，这场争辩十分激烈，显示出美国大学一片糟糕的局面。有的人甚至感到，这场争辩成了争夺教学大纲制定权乃至大学管理权的斗争。②

最初，俄勒冈大学教授理事会采纳了课程改革建议，但是，当它发现该建议引来一片争论之后，决定重新考虑一番。最后，该理事会决定成立一个新的小组委员会，由它来提出一个新的方案。这个新搭建的委员会刚组建时得到了多元文化主义者的认同和支持。这是因为，从委员会构成来说，它很符合多元文化主义的色彩：它由多种族成员组成，且还有教师和学生代表。但令多元文化主义者不悦的是，委员会成员中老教授过多，且他们大多来自非人文学科专业，大多数人对多元文化主义者的诉求了解不透。更使多元文化主义者担忧的是，他们大多代表主流文化，对多元文化主义关注的问题缺少足够的同情心。最让多元文化主义者感到不满的是，学生代表仅有一名，无法广泛地表达学生们的要求。鉴于上述这些原因，该委员会小组最后提出了一个折中性建议：学生被要求在“美国文

① Thomas J. La Belle and Christopher R. Ward, *Ethnic Studies and Multiculturalism*, New York: State University of New York, 1996, p.61.

② Ibid.

化”“多元主义与容忍”和“国际文化”三个学科领域内选修两个领域的课程。需要指出的是，原先，第二个领域仅涉及非裔美国人、亚裔美国人、拉丁裔美国人和美国印第安人，后来又加上了欧洲裔美国人，以体现出真正的多元文化主义精神。

俄勒冈大学的多元文化主义计划进展得不像伯克利大学的那样顺利。其原因主要有二：一是它与学校的经费开支问题纠缠在一起，使得该项目为此争论不休；二是该校的主流文化势力比较强大，为该校多元文化主义课程制定计划的委员会基本上由支持主流文化的人群构成。有鉴于此，多元文化主义者在难以实现更高目标的情况下，不得不接受这个并不能让他们感到十分满意的方案。毕竟，它开了个头，为未来的推进工作做了铺垫。但是，有必要指出的是，由于支持和反对多元文化主义者为此问题争论激烈，俄勒冈大学教师之间和学生之间产生了诸多不快和分歧，校园文化因此而遭到了一定程度的破坏。

最后看一下得克萨斯大学奥斯汀分校的情况。1989年，该校英语系学生和教师对英语必修写作课抱怨甚多，学校当局为改变这一局面公开竞聘，最后聘用了一位新主任。该主任上任后不久就提出了一个新方案。根据该方案，从1990年秋季起，学生不再为写作而写作，即仅仅为了了解和锻炼写作技巧而写作，而是为了培养批判性思辨能力而写作。新主任建议，写作课应该聚焦于差异问题，鼓励学生从差异中思考和辨析，对复杂的种族和种族偏见问题进行缜密的思索，并在此基础上提出富有见解的观点。在讨论该方案时，教师中出现了一些反对声，但是，由于该方案获得了该校文理学院院长的大力支持，负责该项目的一个委员会授权英语系开始实施这个方案。

未曾想到的是，反对派没有放弃。他们迅速组织起来，借助媒体广播和书信发送等方式，掀起了一股反对浪潮。这部分人主要来自英语系，他们认为写作课“改造成”种族差异辨析课后，其性质将跟着发生变化——变得政治味太浓、意识形态太强烈、种族偏见太明显。激进反对派认为，这种变化必须抵制，否则，写作课将变成政治宣讲课。温和反对派提出，这些变化值得怀疑，因为它们大都政治色彩偏浓。总之，反对派倾向于认为，这些改革措施旨在向学生们灌输政治思想，而不是教育学生自由思考。于是，他们不仅把抵制这些改革措施看做是反对英语系内的多元文化主义倾向，而且把它看做是反对得克萨斯州内乃至全国范围内的多元文化主义主张。①

尽管英语系的大多数教师和研究生都支持该改革计划，但是，学校高层管理部门不愿授权英语系开设此课程。鉴于英语系内部本身存在严重分歧，英语系无法以部门的名义与学校高层管理领导交涉。综合起来看，英语系反对者提出的主要理由是：他们认为这些改革措施是多元文化主义者的计划，旨在实现其向学生灌输政治思想的目的。一些反对派甚至认为，多元文化主义者的差异观点，过于强调少数族裔受欺压的情况，有不讲宽容之嫌。②在反对势力占上风的情况下，得克萨斯大学奥斯汀分校的改革努力最后只好付诸东流。

上述三所学校的情况表明：能否在美国高校里开设多元文化主义课程取决于多方面的因素：1. 支持者与反对者的力量对比；2. 校园政治文化——主流还是非主流文化占上风；3. 学校高层领导的立场和观点；4. 教师队伍是否齐心协力、团结一致。加利福尼亚大学伯克利分校之所以成功，就是因为上述四个条件都得到了满足；俄勒冈大学之所以部分成功，就是因为上述四个条件部分得到了满足；得克萨斯大学奥斯汀分校之所以失败，就是因为这些条件基本上没办法得到满足。

需要说明的是，尽管多元文化主义课程是在20世纪80年代末提出来的，其主要内容——族裔学——较早就出现了。从历史上讲，

---

① Thomas J. La Belle and Christopher R. Ward, *Ethnic Studies and Multiculturalism*, New York: State University of New York, 1996, p.62.

② Ibid., p.63.

族裔学课程的兴起，源于美国政治、经济和社会地位底层人群的抗议活动，其提出族裔学的假设和理由有五条。第一，族裔学在高等学院的存在，意味着人们默认，所有社会存在着个体和群体这两个纵横面，且这种分野与种族、族裔、性别和社会经济地位密切相关。个人和群体常常以这种分野来寻求身份认同，而社会则通过个人与群体的分层来确保社会的正常运作。第二，人们越来越倾向于接受这么一个观点，即学生录取、教师聘任和教学大纲应该反映社会大局面和社会大变迁。这种认识变化的直接结果就是，族裔学在许多美国高校纷纷设立起来，挑战传统学科的分割状态。第三，跨学科研究和探索必须把学术思想和研究方法与现实世界结合起来，因为族裔学研究中所涉及的问题与权力资源、身份认同和社会机会不可分割。不与现实世界结合起来的话，一是问题研究无法展开，二是即便做了也意义不大。第四，平等思想应该贯穿于所有族裔和其他社会人群，提倡分享权力，倡导互相影响，而不是让一个阶层或一部分人群独占权力资源，欺压“他者”。族裔学倡导者们指出，在这个基础上建立起来的族裔学可以对种族主义、性别主义、阶级主义（classism）和隔离主义（separatism）进行批判，在种族、族裔、宗教和社会背景不同的人群中建立起一种崭新的关系。第五，高校教学大纲可以被看做是承认社会从属人群对全社会福祉贡献的一种工具。以此推论，族裔学课程设置不仅有助于少数族裔群体提高他们的群体意识，而且有助于教育包括主流社会在内的其他人群了解少数族裔人群对全社会的贡献。[①]概而言之，族裔学的目的是“寻求和重构被历史忽略和遗忘的那些美国人群的历史，确定和承认他们对美国社会和文化的贡献，记载他们的抗议和抵制活动，建立不同的价值观和文化观以及与它们相匹配的不同体制”[②]。

① J. E. Butler and J. C. Walter, “Praxis and the prospect of curriculum transformation”, in J. E. Butler and J. C. Walter (ed.), *Transforming the Curriculum*, Albany: State University of New York Press, 1991, pp.325—330.

② E. Hu-Dehart, “The history, development, and the future of ethnic studies”, *Phi Delta Kappan*, September 1993, 75 (1), pp.50—54.

在美国，犹太学是比较早就开设出来的族裔学，尽管它并不具有典型意义。早在18世纪初，希伯来学就进入美国高等院校。譬如，哈佛学院那个时候就规定，希伯来语为必修课。19世纪下半叶，随着犹太人和美国大学的增多，人们对犹太学的兴趣日益增强。进入20世纪后，尤其是以色列国建立之后，犹太学发展迅速。1966年，美国有92所大学提供犹太学课程；1969年，有六百多名美国学生读犹太学专业。[①]犹太学的存在不仅意味着该学科人员队伍的壮大，更重要的是，犹太学的开设帮助人们增进了对犹太人和犹太文化的了解。这一案例告诉人们，作为一个人群，犹太人从犹太学课程设置中“获益良多”，如获得社会的承认和认可，以及增强了犹太人的民族意识等。

不过，从总体上讲，美国真正意义上的族裔学，是在20世纪60年代末和70年代才比较明显地发展起来的。其原因如下：第一，那个时期，美国高等院校不仅取得了长足的扩大和发展，而且有较多资源可投入到族裔学等新型学科领域；第二，师资队伍有了很大的扩充，其中包括通过增加少数族裔教师人数来扩大师资力量的措施；第三，学校领导不管是出于坚定的信念，还是出于“与时俱进”的想法，都愿意建立族裔学课程，以满足少数族裔人群的需求。概言之，美国高校族裔学的建立，一种情况是在少数族裔人群的施压下实现的；另一种情况是出于政治信念和文化自觉而产生的。大多数情况下，族裔学是在外在力量推动下才在美国部分高校设立和实施的。譬如，上述提及的加利福尼亚大学伯克利分校，她就是在少数族裔施压下才设立起族裔学的。

有的情况下，一所高校是否应该或能够开设族裔学课程会引起激烈的冲突。以加利福尼亚州立大学为例。该校学生和教师1968年要求学校为少数族裔学生和教师提供更大的存在感（即开设相关的

① H. Adelman, “Is Jewish studies ethnic studies?” in J. E. Butler and J. C. Walter (ed.), *Transforming the Curriculum*, Albany: State University of New York Press, 1991, pp.169–185.

族裔学课程和录用、聘任更多少数族裔人等）。该年11月，一群黑人学生冲进文理学院院长办公室，挟持院长及其他工作人员长达三个小时，硬性要求他做出答复。然而，院长不愿意向学生做出妥协；气馁之下，黑人学生拉走了一批院长办公室行政人员，把他们带到校长办公室。在那里，校长被迫签署了一份协议书，同意在学校建立一个非裔美国人研究系（African American Studies Department）。此外，校长还必须答应不仅要录取更多的黑人学生、聘用更多的黑人教师，并且不起诉这些学生。毋庸说，此事尘埃落定之后，这批闹事的学生即刻遭到起诉，且被判绑架罪，其中28人因此而坐牢。[①]这个案例说明，为了实现族裔学课程的开设，部分少数族裔激进分子会采取一些极端手段。但是，同样需要指出的是，在缺少来自少数族裔压力的情况下，许多高校往往无动于衷，不愿自觉地跨出第一步。然而，一旦有了族裔学课程，高校之间常常会互相沟通联系，并在此基础上建立联络网。她们分享资源，交流信息，一起就如何向权力机构施加影响和压力共同出谋划策。正是在这一系列力量的推动下，族裔学课程于70年代末在美国许多高校大规模地开设起来。需要强调的是，这一结果与美国非裔民权运动关系密切。通常情况下，民权运动开展得越广泛和越深入的地方，开设族裔学课程的可能性就越大。同样，少数族裔人群越密集的地方，开设族裔学课程的比例相应地也就越高。

如同在美国高校里引入多元文化主义课程一样，族裔学课程的开设也并非风平浪静，而是充满着波浪和险阻——辩论、争议和冲突伴随着它的整个发展过程。有几个比较突显的问题可以归纳如下：族裔学是否有足够的知识基础作为一门学科开设？没有政治压力的情况下，它是否能够像其他学科一样得到学术认可？在60年代末和70年代初，美国高校和学术界同行们围绕这两个问题展开了激烈的争论。那个时候，尽管第一手资料很多，但是，如何系统地组织和

① Thomas J. La Belle and Christopher R. Ward, *Ethnic Studies and Multiculturalism*, New York: State University of New York, 1996, p.73.

构思这些材料的概念仍十分薄弱，更没有对某一少数族裔群体分析和研究的案例性实证资料。从这个意义上讲，族裔学引入美国高校时，更多的是出于一种政治考量，而不是学术性动机。因为是政治考量，这意味着族裔学的建立常常是学生抗议或社区施压的产物。所以，族裔学在起初阶段往往由研究所或者研究中心开设，而不是由院系开设。大多数情况下，它被掺和到一些传统学科里，以副科形式供学生选修，或以颁发结业证书的形式供社会人员选修。

随着族裔学的发展和演变，研究所或者研究中心已经难以满足少数族裔人群对这些学科的需求。毕竟，以研究所或研究中心形式存在的族裔学规模太小，严重限制了族裔学的发展。更主要的是，没有专门的学位课程，总有点“名不正、言不顺”的味道，让力主族裔学为独立院系的少数族裔学者心存块垒。如此一来，美国高校校园里又开始纷争不断，学生、教师及校园所在地的社区，都纷纷加入进来。90年代，族裔学与多元文化主义一起成了美国高校热议的重要问题。其争论焦点有四个方面。第一，进入高校主流课程大纲后，它是否会失去其改变社会的功能？第二，它作为一个系是否具备足够的专门问题可供研究？其理论范式和研究路径是否完备？第三，族裔学以跨学科为其特色，单独立系是否会削弱这一特色？第四，族裔学如何平衡核心教师队伍和跨学科教师队伍？[①]总之，族裔学在发展过程中一直在“正名”问题上争论不断，其根本原因在于少数族裔人群试图改变传统课程设置，要求自己族裔的尊严获得主流文化的承认，并以鲜明的差异文化要求获得平等对待。其中不免掺和着一定的政治因素，但对支持族裔学的少数族裔人群来说，这更是一个文化话语权问题。

因为被看做是文化话语权问题，族裔学到底应该由哪些人来学和哪些人来教都成了争论不休的话题。有的高校仅让少数族裔学生选修族裔学课，至少该课程的绝大多数人必须是少数族裔人群。还

① Thomas J. La Belle and Christopher R. Ward, *Ethnic Studies and Multiculturalism*, New York: State University of New York, 1996, p.75.

有的高校仅同意非裔教授上非裔美国人课，一旦有白人教授授课，非裔学生就会抗议。这类极端例子相当程度上阻碍了而不是推动了族裔学的发展。更严重的是，这些做法把学科政治化了，不利于族裔学学科建设。相当程度上讲，这是不少人反对给族裔学单独立系的原因之一，因为如此一来，非裔美国人学仅为非裔学生和教师的系，而拉丁裔学系将成为仅由拉丁裔人组成的一个系，亚裔学系将成为一个亚裔人构成的系，欧洲裔学系将成为欧洲裔人的系。如此分割，且不说不利于学科发展，而且有害和谐校园文化的塑造。

另外一个困扰族裔学课程的问题是，族裔学课程一般吸引的是以该族裔为研究对象的学生，如非裔美国人学倾向于吸引非裔人，亚裔美国人学倾向于吸引亚裔。如此这般是否有利于他们扩大视野，认识其他族裔和种族的历史经历？如同欧洲白人需要学习和了解少数族裔人群一样，后者也有必要了解和理解前者的问题。唯有如此，不同文化的人群才可能互相理解，相互促进。这里争论的核心问题是：主张族裔学为本族裔学生的人认为，这类课程有助于提高他们的民族自豪感和文化自信心。反对这种做法的人认为，这样做有两个弊端：第一，视野狭隘，容易陷入盲目自信；第二，聚集同类族群在一起讨论民族经历和斗争，容易误入分离主义，造成各族裔之间的不和与分裂。应该说，两者观点都有一定的合理成分；需要做的是如何平衡，使得族裔学课程在提高其认可和承认度的同时，又达到扩展人们视野的目的，其中就涉及如何开放课程的问题，即不把族裔学课程当做某族裔的课程，而是一个所有学生都可以选修的课程；同样，族裔学课程并不意味着只有非裔可以上非裔美国人课程，白人不可以上。应该打破壁垒，鼓励不同族裔和种族的人上不同族裔的课程，以确保更客观和更合理的教师和学生布局，真正达到少数族裔得到承认和平等对待的目的。

上述叙述和分析表明，作为多元文化主义的早期阶段，族裔学在美国高校早已设立。如同多元文化主义课程一样，它在设立过程中也经历了种种争议和辩论。族裔学的设立为多元文化主义课程的开设奠定了基础，其中不少不仅与多元文化主义课程有重叠之处，而且成了多元文化主义课程的一部分。下面以非裔美国人研究为例，来说明和揭示族裔学的萌芽、演进和发展过程。

所有族裔学中，最显赫、最具规模且最具影响力的当数非裔美国人学，非裔美国人研究在各种族裔学中起着先锋和模范作用。同样重要的是，作为一种族裔学课程，它为建立此学科的合法性和可行性付出了多于任何其他族裔学课程的努力。相当程度上讲，它像一个试验品，为其他少数族裔学课程提供了模版。

不管是黑人还是其他人种，有关此门课程的名称，大家莫衷一是。有的把它称做黑人研究（Black Studies），但又觉得此术语没有说清楚它的本质和特性。也有人称它为非裔美国人研究（Afro-American Studies/African American Studies），认为其重点是关注居住在北美大陆的黑人之生活方式和历史经历。还有人把它称做非洲研究（African Studies），意在强调美国黑人的非洲历史经历及他们漂泊于世界各地的故事。更有甚者，有人用涵盖面更广、意思更宽泛的Africana Studies来指涉非洲黑人和侨居在非洲大陆以外的所有黑人。大多数情况下，非裔美国人研究用African American Studies 来表述。

美国学者哈里斯（Harris）1990年撰文指出，作为一门族裔课程，非裔美国人研究经历了四个发展时期，它们分别为：19世纪90年代至二战爆发；1939年至60年代中期；60年代中期至80年代中期；80年代中期至90年代。在第一阶段，有一部分学者和学术机构开始工作，试图把非洲黑人和居住在美国的黑人的文化记录下来，为研究他们的社会地位做好资料准备。正是在这个阶段，卡特·伍德森（Carter Woodson）创建了“非裔美国人生活和历史研究会”（The Study of Afro-American Life and History），并在此后不久发行《黑人历史杂志》刊物，还确立了“黑人历史周”（Black History Week）活动。同样也是在这个时期，著名非裔学者杜波依斯做出其宏大计划，决心深入研究黑人在美国的经历。被亚特兰大大学聘任后，他决定通过对黑人的研究和思考，不仅如实地记载他们在美国生活的苦难日子，而且要借此纠正白人对黑人的各种偏见。

在第二阶段，非裔美国人研究发展遭遇了一些挫折，其中最典型的例子就是白人主流社会有意无意地误读黑人境遇。譬如，著名瑞典社会学家冈那·默都尔（Gunnar Myrdal）在其名著《美国的困境》（*The American Dilemma*）中，在没有讨论美国黑人文化背景和社会现实的情况下就匆忙下结论说，如同其他族裔人群一样，黑人终将被美国主流文化所同化。为此，默都尔从理论角度做了大量的阐释，但他对黑人的实际情况所知甚少，对黑人的文化习俗和文化理念更是不懂，导致其立论难以成立。其时，美国学术界正在讨论种族适应和族裔同化理论，以及社会行为的先天因素和后天因素理论，所以，默都尔提出的黑人融入美国主流社会的主张"恰逢其时"，迎合了社会的需求，成了公众普遍认可的理论依据。毋庸说，他的这种观点，单元文化主义者听了如获至宝；但对要求民族自信和民族自立的黑人来说，他的观点是一种误读，不利于黑人寻找他们的民族身份。

在第三阶段，非裔美国人研究出现了爆炸式发展。其原因主要有三个。首先，60年代的民权运动引起了社会对黑人遭遇的关注；其次，黑人民族意识的增强促进了他们对自己文化身份的认同；第三，进入大学读书的黑人人数大幅度增加，使非裔美国人研究变得日益迫切和必要。这些变化，尤其是第三个变化，促使黑人要求在以西方文明为代表的教学大纲中加入黑人的部分，从而比较实质性地迈出了挑战"大熔炉"之说的一步。为了实现非裔美国人研究项目，他们展开了积极斗争，要求为该项目设立学位或证书课程。同时，他们还积极努力，要求建立特别机制，为聘任更多的黑人教师和录取更多的黑人学生提供便利。更重要的是，他们要求在高校管理层面增加他们的声音，以便从高层决策部门为黑人争取更多的权利和权益。

在这一阶段，非裔美国人研究以各种形式展开。有的在不同的系开设，有的跨系开设，有的设立全职教师展开研究，有的以兼职方式进行，形式各异，但目的一致——从不同角度和不同学科研究非裔美国人。与此同时，原先的研究所、研究中心以及证书培训项目仍继续开展它们的研究和教学活动。对大多数支持非裔美国人研究的人来说，他们的目标就是想办法取得一个单独的非裔美国人研究系的地位，与其他系平起平坐。大体说来，20世纪80年代中叶，非裔美国人研究基本上确立了它的学术地位，得到了其他学科的承认和认可。

需要指出的是，非裔美国人研究除了研究黑人的生活经历和文化身份以外，还涉及许多其他问题，如平等、自由和民权等。由于非裔美国人研究试图在解释美国文明中提供一个黑人的视角，它不仅意味着主流社会有必要接纳黑人的观点，而且意味着黑人挑战既存的白人观点。20世纪六七十年代的民权运动及人们对它的反思和评价，从某种意义上讲，就是旨在修正白人对黑人的错误理解和故意歪曲。民权运动过后，推动非裔美国人研究发展的动力逐渐减小，该项目的数量也出现了下降。举例来说，70年代早期，非裔美国人研究项目在美国曾多达800个，但在90年代初下降到375个。其原因有很多，如民权运动势头减弱、高校财政资金不足、学科师资人员晋级困难、学术指导老师不够及反对它们扩展力量的壮大等。①

在第四阶段，非裔美国人研究面临着各种新的挑战。这些挑战主要表现在非裔美国人研究单独立系的问题、非裔美国人研究的共同知识基础问题、发展该项目核心师资队伍的问题、招收和留住选择非裔美国人研究为专业的学生问题以及提高和改善参与此项目的黑人学生的地位和生计问题等。列出这些挑战并不是说，非裔美国人研究没有取得进展，而是想说明：在这个阶段，从事非裔美国人研究的人需要做一些反思工作。譬如，他们有必要自问：现在的教学和研究处于什么境地？未来如何发展？作为一门学科，应该如何健全和完善？此外，他们也有必要思考怎样进一步拓展研究范围，譬如，如何为黑人社区计划提供服务和支持？如何增加黑人学生的

① J. B. Cole, "Black studies in liberal arts education", in J. E. Butler and J. C. Walter (ed.), *Transforming the Curriculum*, Albany: State University of New York Press, 1991, pp.131–147.

录取比例？如何加强和稳定黑人教师队伍？以及如何确保黑人学生不仅了解自己民族的发展经历，而且了解其他群体的发展经历？概言之，非裔美国人研究有必要使这门课程既有一定的学术理论性质，又有有效的实践意义。

20世纪90年代，一部分学者对非裔美国人研究在高校中的地位表示担忧。原因有几个：第一，90年代末，美国保守主义势力崛起，试图把非裔美国人研究领域已经取得的成就推翻；第二，随着文化战争的打响，校园内种族冲突加剧，不利于非裔美国人研究学科的健康发展；第三，一些基金会削减了对该学科的财政支持，使得相关机构的教学和研究出现资金短缺；第四，选修该学科的学生人数逐渐减少，使人们对它的未来发展产生怀疑。[①]但也有学者既看到了它积极的一面，又注意到了它所面临的巨大挑战。譬如，克拉克·海恩指出，从积极面来看，非裔美国人研究这一学科取得了惊人的进步，涌现出了大批一流学者，且有越来越多的学者加入该队伍中去。从挑战方面来说，该学科领域面临着如何完善教学大纲、如何确立自己的学术身份、如何命名该学科、如何确定自己的学术任务、如何规划未来发展、如何建立研究生教育、如何发展师资力量、如何建立学位制度以及如何使该学科专业化等问题。海恩强调说，只有当这些挑战逐步得到较满意的解决之后，非裔美国人研究才可能作为一门学科得到健康和稳定的发展，在高等院校里站稳脚跟，占据一席之地。[②]

综上所述，作为多元文化主义的一部分，族裔学在开设初期面临着重重困难。这种困难有来自体制上的，有来自多元文化主义内部的，有来自学校管理层的，也有来自学科本身建设和建立方面上

① H. L. Gates, "African American studies in the 21st Century", *Black Scholar*, 1992, 22(3), pp.3–9.

② 转引自 Thomas J. La Belle and Christopher R. Ward, *Ethnic Studies and Multiculturalism*, New York: State University of New York, 1996, p.79.

的。出于对自己民族的自豪，出于对历史的公正、出于对平等的追求，出于对“承认”的需求、出于民族之间的相互了解，多元文化主义者在实践多元文化主义理想时，坚定地要求把族裔学列入大中小学的课程设置中。不过，从历史上看，族裔学并非始于多元文化主义兴起之时。作为一个移民国，美国始终面临着各种各样的族裔问题。从早期的犹太学到后来的非裔美国人研究都是在多元文化主义正式提出族裔学之前就开始了。它们的建立和发展为多元文化主义把它们纳入其体系奠定了良好基础。

第六章
从“大熔炉”走向多元文化愿景

“大熔炉”，从本质上讲，宣扬的是单元文化主义，主张继承和发扬美国立国以来形成的以WASP为主体的单一文化。多元文化主义，从根本上讲，就是要打破“大熔炉”，认为美国从她诞生之日起，就是一个以多样性为主调的民族。以此来衡量，美国教育界针对多元文化主义的争论，实际上是单元文化主义与多元文化主义之争。单元文化主义代表传统力量，多元文化主义代表新兴力量；单元文化主义以既得利益者为主，多元文化主义以社会弱势群体为主；单元文化主义试图保护他们的话语权，多元文化主义力图解析和解构这个话语权，构建新的话语权。

第一节 “大熔炉”之说

自美国诞生之日起，美国人就对自己的身份既感到困惑不已，又充满着惊讶好奇。有关这一点，法国政论家艾历克斯·托克维尔1831年在写给其友人欧内斯特·查布罗（Ernest de Chabrol）的一封信中经典地表达了这一点：“我亲爱的朋友，请你想象一下一个由世界各民族组成的社会……大家讲不同的语言，持不同的信仰，有不同的观念。简言之，这是一个没有根底、没有记忆、没有偏见、没有惯例、没有共同思想、没有民族特性的社会，但是，她是一个比现在快乐100倍的社会。”如此这般描述了美国之后，托克维尔提出了一个令美国思考至今的问题：“是什么把如此多样化的人群联系在一起的？是什么把所有这些人变成美利坚民族的？”①

实际上，从历史上看，早在托克维尔提出这个问题五十多年前，另外一个法国人约翰·克雷夫科尔（John de Crevecoeur）也针对美国斑驳复杂的人群提出了类似的问题：“作为人类星球上的新人，美国人到底是什么人？”（What, then, is the American, this new man?）对这么一个异质民族，克雷夫科尔自问自答道：“美国人是这么一个人：他把自己古老的偏见和行为都丢弃于一边，接受新大陆新的生活方式，遵守新的政令，建立自己新的地位。美国这个伟大的母亲把他抱在其宽广的胸怀里，于是，他成了美国人。这里，所有民族的人被熔炼成一个新的民族。他们付出的劳动和他们抚养的后代将在未来改变这个世界。”如同美国历史学家弗莱德瑞克·杰克逊·特纳（Frederick Jackson Turner）100年后赞赏美国西部的荒原和田野一样，克雷夫科尔对北美处女地对美国人的形成和塑造所起的积极

---

① “Alexis de Tocqueville to Ernest de Chabrol”, 9 June 1831, in Alexis de Tocqueville, *Selected Letters on Politics and Society*, ed. by Roger Boesche, Berkeley: University of California Press, 1985, p.38.

作用也赞口不绝:“人类如同植物，其果实和香味源于独特的生长土壤。”在北美这个自由且未被糟蹋的土地上，移民们经历着一个“再生”过程，然后“成为人类地球上的新人，用一套新原则规范自己的行为”[①]。

这段话，从历史上讲，就是“大熔炉”概念的源头，即认为一批批移民来到美国后，会从异质性走向同质性。“大熔炉”概念从此成为最流行的说法，成为解释美国民族身份的最具影响力的观点。1845年，拉夫尔·爱默生在他的《日志》中写道，“人类是综合组成的最复杂的动物”，如同铸造一种新的、更牢固的金属物需要不同的矿物质如金、银、铜等一样，人也需要不同的种族或族裔来构造。“北美大陆恰恰提供了这么一个场所。她如同一个避难所，来自世界各个地方的人群，如爱尔兰人、德国人、瑞典人、波兰人和哥萨克人以及非洲人等都来到这里，用他们的能量和精力来构建一个新的种族，一个新的宗教，一个新的国家，一种新的文学。”[②]赫尔曼·梅尔维尔（Herman Melville）也十分赞同“大熔炉”之说。1849年，他强调说:“我们美国人不是狭隘意义上的人类，其血液没有遭到污染，因为美国从来没有为使自己崇高而排外，而是张开双臂欢迎各种人群。美国的血液如同亚马逊河一样，由千百条溪流汇聚而成……我们不是一个民族，我们是整个世界……在这个西半球，所有的族群和民族相聚在一起，构成一个联合体。”[③]

19世纪末，前面提到的史学家特纳对“大熔炉”之说也充满信心，认为整个西进运动过程就是美国人被“大熔炉”“熔化”的过程。1893年，他在其著名的《边疆在美国历史中的意义》一文中指出，在边疆这个熔炉里，移民被美国化了。他们获得自由后，熔化

---

① Hector St. de Crevecoeur, “Letter III: What is an American”, in *Letters from an American Farmer, 1782,* New York: Penguin, 1981, pp.66—70.

② Ralph H. Orth and Alfred R. Ferguson (ed.), *The Journals and Miscellaneous Notebooks of Ralph Emerson,* Cambridge: Harvard University Press, 1971, pp.ix, 299—300.

③ Herman Melville, *Redburn: His First Voyage, 1849,* New York: A. and C. Boni, 1924, pp.189—191.

成了一个混合体，成了一个独特的民族。无论从民族性来说，还是从美国特性来说，他们都不再是英国人了。这个过程从早期拓殖开始，一直延续到19世纪末。他强调说，“西部开发为开创一个更新的和更丰富的文明提供了可能”。这种开创不是通过毫无保留地留存欧洲古老文明的组成部分之方法来实现的，“而是通过打破界限藩篱、通过把个人生活与大家一起融合成一体的方式来完成，从而产生出一个新产品，为未来的和谐世界提供希望”①。

在法国移民克雷夫科尔使用“熔炉”一词126年之后，一个英国犹太移民索性以更明确的方式点明了美国的单一文化特性。1908年，伊斯瑞尔·赞维尔（Israel Zangwill）编写了一出戏，取名为《大熔炉》（*The Melting Pot*）。该剧的男主角大卫·库夏诺（David Quixano）最具典型意义。他是一位俄罗斯犹太移民，专门从事音乐创作。在戏中，库夏诺以十分动情的表情把美国比拟成一个“上帝的熔炉锅，在这个大熔炉里面，所有的欧洲人正在熔化，形成一个新的人类”。他告诉他的舅舅说，真正的美国人还没有到来，因为他还在熔炉锅里熔化，待他把所有欧洲的人熔合成一体之后，他才形成自己的民族特性。库夏诺所说的熔炉锅并不排外，但强调熔化。如果说他原先仅认为所有欧洲人在熔炉锅里得到熔化的话，后来，当他看到纽约市里的许多黑人和黄种人后，他认为他们也可以被熔化。于是，他把他们也“放入”熔炉锅里，因为“移民们来自世界的东南西北，来自北极和南极，来自赤道地区，来自伊斯兰教国家和基督教国家，他们在伟大的炼金术士的熔化下，合并成一体，共同团结起来去建设一个共和国，去建造一个上帝之国”②。从此之后，“大熔炉”一词就成了描述美国民族文化特性的代表性词语，喻指美国文化是一种混合文化。

---

① Frederick Jackson Turner, “The significance of the frontier in American history”, in Turner, *The Frontier in American History*, New York: Henry Holt and Co., 1928, p.23; Frederick Jackson Turner, “Middle western pioneer democracy”, New York: Henry Holt and Co., 1928, p.351.

② Israel Zangwill, *The Melting Pot*, New York: Macmillan, 1920.

根据上述有关“大熔炉”之说的内涵，我们可以推论说，“大熔炉”之说意味着美国文化始终处于不断变化的动态中，因为新移民到来后需经过熔炼一番，导致熔炉内的成分结构发生相应变化。如此一来，不少美国人发现这种动态性、不断变化的民族特性过于复杂、过于变化多端、过于不确定。于是，不少美国人对“大熔炉”之说提出质疑。最早提出质疑的是本杰明·富兰克林。他在克雷夫科尔提出“熔炉”概念几十年前，就“先知先觉”地质问道：美国“为什么要在她人群中有黑人存在？为什么要增加非洲黑人？为什么要把他们置于我们之中？我们原本有一很好的机会来增加可爱的白人和印第安人，为什么不把黑人和亚洲人排除在外呢”？这里需要指出的是，富兰克林对印第安人并没有特别的好感。尽管上面的句子好像显示出他对印第安人的积极看法，但在其他地方他指责印第安人“在我们的星球上四处乱跑，砍伐美洲大陆的森林”。至于白人，富兰克林更是要求严苛——“纯粹的白人人数实在太少了”。他曾无奈地叹息道：“大多数在美国的欧洲人，如西班牙人、意大利人、法国人、俄罗斯人、瑞典人以及德国人，都属于肤色黝黑的人，不够白，只有盎格鲁—撒克逊人是例外。”富兰克林认为，正是这些盎格鲁—撒克逊人和英格兰人构成了“地球上的主要白人人群”，美国人应该属于那个人群。不过，富兰克林害怕激化矛盾，在称颂了盎格鲁—撒克逊人和英格兰人一番之后，立马补充说明道：“也许我对自己国家的人有偏见，但这类偏见是人类的通病，难以避免。”[①]

富兰克林自己所说的“偏见”值得注意。它说明，我们在讨论“大熔炉”之说时，不能仅仅围绕“大熔炉”本身，因为在提出这个概念时，就存在着另外一个且常常是与此相对的观念。譬如，所谓“大熔炉”原指不同文化在“熔炉”里熔化后成为一个混合体。但在实际运用中，“大熔炉”喻指弱势文化被强势文化“熔化”掉。这一

① Benjamin Franklin, *Observations Concerning the Increase of Mankind*, Boston: S. Kneeland, 1755, pp.14—15. 转引自 Lawrence W. Levine, *The Opening of the American Mind: Canons, Culture, and History*, Boston: Beacon Press, 1993, p.108.

解释很简单："大熔炉"里，强势文化占主体，弱势文化自然不是其"对手"，会轻易地被强势文化的"高温"熔化，并因此而失去自己的文化特性。由于盎格鲁—撒克逊长期以来在美国占主导地位，所以，社会学家把这种"熔化"现象称为"遵从盎格鲁人"（Anglo-Conformity）。简言之，"遵从盎格鲁人"观念认为，既然英国为美国的母国（Mother Country），其文化与制度当然应该占主导地位，来自其他国家的人理应遵从代表英国文化和制度的盎格鲁—撒克逊人，与他们保持一致。唯有如此，他们才适合生活在美国。

应该说，"遵从盎格鲁人"早期阶段相当成功。举例来说，1745年，一个瑞典牧师造访居住在新泽西特拉华河（Delaware River）一带的瑞典移民时不无惊奇地发现："我几乎无法找到一个生活在美国的纯粹的瑞典人。英格兰人显而易见地在吞噬这里的瑞典人。人们在这里已经不讲瑞典语，要不是我懂英语的话，我还真没办法理解我的那些可爱的瑞典人了。"同样，19世纪初，一个访问南卡罗来纳州的史学家也有同感。他发现，南卡罗来纳州的人来自五湖四海，也许需要相当长的时间才可能形成统一的国民性。但毫无疑问，这一天不可避免地越来越靠近，因为由来自不同国家的人所带来的语言和地方话正逐渐让位给英语。来自旧世界早期移民的第二代身上，相同处远远多于差异处，任何外来者都无法辨析目前居住在这里的人的祖先来自何处。①

可以这么说，"遵从盎格鲁人"实际运用于移民时，已经变成了一个历史事实，其背后隐含的是一个思想原则。说"历史事实"，指的是英语语言和政府形式。这些移民们都必须遵守，以确保生存和发展。说"思想原则"，指的是移民在思想观念上有义务和责任主动"遵从盎格鲁人"，思为盎格鲁所思，想为盎格鲁所想。那些以"遵从盎格鲁人"为思想原则的人，不满足于由"时间老人"慢慢使移

① Benjamin Franklin, *Observations Concerning the Increase of Mankind*, Boston: S. Kneeland, 1755, pp.14—15. 转引自 Lawrence W. Levine, *The Opening of the American Mind: Canons, Culture, and History*, Boston: Beacon Press, 1993, p.109.

民逐渐美国化，而是坚持要移民自愿和快速地“立地成佛”，即刻成为美国人。就此而言，1818年美国国务卿约翰·昆斯·亚当斯在回复一位德国贵族有关移民问题时的一封信中最为清晰地表达了这一“思想原则”。他这样写道：如果移民至美国的人不能调整，适应于“美国的道德、政治和地理特点，”“大西洋永远为他们敞开着，以便他们随时打道回府，回到欧洲去”。相反，如果他们想在新世界找到幸福，那就应该做出这样一个决定：“他们必须丢弃欧洲的习俗和观念，永远不再把它们作为生活原则。同时，他们必须朝前看，为他们未来的子孙着想，而不是朝后看，为他们的前辈着想。他们必须明白，不管他们自己的感受如何，他们的孩子将坚守美国的各种偏好。”①

美国国父中，并非只有亚当斯一个人要求移民美国化；托马斯·杰弗逊对大批欧洲移民对美国政府和美国社会的影响也表示担忧。用他的话来说，移民们必须皈依美国人的价值、原则和道德标准，以避免欧洲移民把美国社会引向一个错误的方向，使美国成为“异质的、分散的一团乱麻”②。另外一位美国国父本杰明·莱胥（Benjamin Rush）也表达了类似的观点。依他看来，如果移民要在美国政府制定的政策下合适地生活和工作，那么他们就有必要接受共和国理念，按共和国思想在美国生活和工作。正是在这种思想的指导下，美国长期以来一直强调用美国思想来影响移民的思维方式和行为准则，以确保移民后代们“坚守美国的各种偏好”。莱胥指出，如果学校培育出“一个总体上统一的教育制度，那么，它将有助于美国人更趋向同质化，使得人们更适应于统一、平和的政府管理”③。

上述描述表明，强调皈依美国价值观与“大熔炉”观点和“遵

---

① John Quincy Adams to Baron von Furstgenwaerther, published in *Niles Weekly Register* 18, 29 April 1820, pp.157—158. 转引自 Lawrence W. Levine, *The Opening of the American Mind: Canons, Culture, and History*, Boston: Beacon Press, 1993, p.109.

② Thomas Jefferson, *Notes on the State of Virginia*, Chapel Hill: University of North Carolina Press, 1955, pp.83—85.

③ Benjamin Rush, “Of the mode of education proper in a republic”, in *Essays, Literary, and Moral and Philosophical*, Schenectady: Union College Press, 1988, pp.5—9.

从盎格鲁人”理念一脉相承，两者无法分离。更多的情况下，两者可以轻易地融为一体，变成一枚硬币的两面。简言之，所谓的皈依美国价值观就是在“大熔炉”里“熔化”成美国人，或者说“遵从盎格鲁人”，成为盎格鲁—撒克逊人。美国学者路易斯·格奈特（Lewis Gannett）早在1923年就看到了这一点。他说，“盎格鲁—撒克逊美国人对‘大熔炉’概念无甚兴趣，仅仅是把它看做一个英语短语。原因很简单：他们不想与其他种族、传统和文化融合在一起。当他们谈起‘大熔炉’时，他们指的是一个熔化过程。在这个过程中，各个移民种族的差异将像垃圾一样被卷走，剩下的仅是他们自己纯粹的质地和特性”[①]。显然，这里所讲的“大熔炉”与爱默生、特纳、赞维尔所讲的“大熔炉”是两码事。如果说前者的“大熔炉”说的是“由多成一”，产生出一个全新的结果，那么后者讲的则是“众变成一”，产生出一个模式的人。这里，“大熔炉”变成了一种工具，把各种各样的人群放入“大熔炉”，经“大熔炉”“冶炼”一番后，他们出来时，老老少少各个都变成了盎格鲁—撒克逊人。当然，这里主要指欧洲人，不包括黑人和黄种人。此外，所谓“成了盎格鲁—撒克逊人”是指他们按盎格鲁—撒克逊人的思维方式思考和行事，并不是指享受盎格鲁—撒克逊人的特权。

福特汽车公司可以说把这个过程做得最具典型意义。1914年，福特汽车公司推出一个项目，规定移民若想在该公司谋职，必须参加“福特英语学校”，接受英语语言和美国文化训练。1914年至1921年期间，共16 000人在该学校接受和完成了学业。据福特汽车公司一位发言人的说法，举办“福特英语学校”的目的，是“让移民们明白，他们是或者说应该是美国人，他们有必要忘却他们原先国家的种族、民族和语言传统”[②]。该校举行的毕业典礼更是把盎格

---

① Lewis Gannett, “Is America anti-Semitic?” *Nation*, 21 March 1923, pp.330–331.

② Jonathan Schwartz, “Henry Ford’s melting pot”, in Otto Feinstein (ed.), *Ethnic Groups in the City: Culture, Institutions, and Power*, Lexington: Heath Lexington Books, 1971, pp.191–198.

鲁—撒克逊化表现得淋漓尽致。通常，毕业典礼在学校大厅举行。舞台上安放着一艘模型船，其正前方是一只大锅，高7.5英尺，宽15英尺。毕业生们身穿各民族服饰，手提来美的行李包，然后排成队伍，踏上登船跳板，鱼贯而入地进入大锅。接着，6位教师用长达10英尺的长柄搅动大锅。待大锅“烧开”冒出一股股蒸汽后，毕业生们一下子变成了工人，身穿漂亮的美国服饰，手中挥舞着美国国旗。①

这出戏典型地表达了文化同化的观念：来自他国的移民，作为局外人和陌生人，一个个地经历“大熔炉”的熔化过程，最后“修成正果”，成为美国人。从此，他们身上不再留有他们过去的痕迹、过去的文化和过去的身份。这就是所谓的美国化进程。如同美国工厂把原材料加工生产出产品一样，美国化进程也把移民们加工一番，把他们批量生产出来，变成美国人。实际上，福特汽车公司对此不仅毫不掩饰，而且深感荣幸。一位该公司“社会学部”的主任就是用了这样的比拟来解释福特汽车公司的办学目的：“我们所寻求的是生产人类产品。如同我们在工厂车间里生产汽车时考虑的是如何使机器适应生产，我们在构建我们的教育体系时考虑的是如何使我们的教育方式和内容适应我们的教育目的。”②事实上，福特本人也对此表示赞同。一次，在讨论其公司效果时，福特说：“我更多生产的是人，而不是汽车。”③福特的这句话鲜明地概括了20世纪初现代意义上的“大熔炉”之说。

无论以什么形态出现，“遵从盎格鲁人”观念坚持认为，移民及其后代必须脱去他们身上那层“文化皮”（cultural skins），丢弃他

① Stephen Meyer, “Adapting the immigrant to the line: Americanization in the Ford factory, 1914—1920”, *Journal of Social History*, 14, Fall 1980, pp.67—82.

② The Marquis quote in on p.47 of Stephen Meyer, “Adapting the immigrant to the line: Americanization in the Ford factory, 1914—1920”, *Journal of Social History*, 14, Fall 1980.

③ The Ford quote is on p.191 of Jonathan Schwartz, “Henry Ford’s melting pot”, in Otto Feinstein (ed.), *Ethnic Groups in the City: Culture, Institutions, and Power*, Lexington: Heath Lexington Books, 1971.

们的民族特色，与标准的美国模式保持一致。这里需要指出的是，所谓“标准的美国模式”，指的就是盎格鲁美国模式。试举例说明。1909年，美国教育家伊尔伍德·库伯利（Ellwood Cubberly）对南欧和东欧移民倾向于居住在一起的现象十分担忧，因为如此一来，这些移民将保持他们的文化习俗、节日礼仪和行为举止等，不利于他们的“文化脱皮”。他为此指出，教育的目的就是“破除移民集聚地，把他们驱散开来，通过同化和融合的手段，使他们成为美利坚民族的一部分。同时，有必要想方设法地向移民子女灌输盎格鲁—撒克逊的正义、法律、秩序和民选政府等理念”①。1918年，纽约市教育主管对“美国化”作了下面的定义：美国化不仅意味着移民“赞赏美国社会体制”，而且意味着“绝对忘却与其原先国家的义务和联系”。显而易见，移民美国化等同于接受美国的一切，忘却自己本土国家的一切。

有趣的是，这种美国化不只是本土美国人在宣传，移民中也不乏积极响应者。譬如，吉诺·斯帕拉扎（Gino Speranze）就号召与他一样的南欧或东欧移民抛弃自己的文化传统，拥抱美国文化传统。他明确指出：“考验新移民对美国提供服务或者做出贡献，不是看他奉献了多少，而是看他否定了多少自己的文化传统。我们面临的问题和时代对我们的号召对老移民和新移民都一样，即奋力把美国保持得如同过去一样。我衷心祈祷，但愿一切如愿以偿。”斯帕拉扎这番言论表明，美国化不仅要求移民接受和采纳美国价值观，而且要求移民消除旧的价值观。既然美国化与“大熔炉”本是一回事，那么“大熔炉”也就是要求移民们丢弃本族的精神理念，赞同和支持美国的一切。

但问题是，有的民族或族裔不愿被“大熔炉”熔化掉；有的民族或族裔“大熔炉没办法把它们熔化掉”；还有的民族或族裔“大熔炉”未必想熔化。譬如，少数族裔人群，如非裔、亚裔和印第安人

① Ellwood Cubberly, *Changing Conceptions of Education*, Boston: Houghton Mifflin, 1909, pp.15–16.

等，从肤色和其他生理结构上讲，就难以与盎格鲁—撒克逊美国人“保持一致”。同样，天主教徒、犹太教徒和伊斯兰教徒也难以与主体上信奉新教的盎格鲁—撒克逊美国人“保持一致”，因为若要与后者保持一致的话，那就意味着放弃他们生活中至关重要的宗教信仰。此外，若把美国描述成一个仅仅略微改变的英国，那么盎格鲁—撒克逊以外的族群都将难以确立自己的文化。其结果是，人们被误导，以为美国文化仅是英国文化的翻版或是改编版，忘却了美国文化实际上是各种文化互相作用、互相影响、互相交流的结果。最为严重的是，这种仅坚持盎格鲁—撒克逊文化的做法，把非裔、印第安人、拉丁裔和亚裔排斥在塑造美国文化的外面。关于这一点，克雷夫科尔在自问自答“谁是美国人”这个问题时明确地说，他们不是欧洲人，就是欧洲人的后裔。克雷夫科尔的这番话表明，他心目中的美国人，仅是欧洲人，所有非欧洲人都不包括在内。从相当程度上讲，这种排斥非欧洲人的做法已经成了白人的思维定式，似乎其他人群要么不存在，要么没有给美国做出什么贡献。举例来说，长期以来，非裔在南卡罗来纳州占总人口一半，但白人在论述起对该州文化发展做出贡献的人群时，几乎无一例外地把黑人排除在外。[①]

上述有关“大熔炉”之说产生的历史背景和演变过程告诉我们：（1）所谓的“大熔炉”旨在熔化的对象主要指以欧洲人为主体的白人群体，因为相对于非白人群体，他们更容易“熔化”;（2）“大熔炉”的内涵是盎格鲁—撒克逊，所以，所谓“大熔炉”之说，是指把非盎格鲁—撒克逊人熔化成盎格鲁—撒克逊人;（3）由于宗教信仰不一或民族习俗相异，相当多的人群，如天主教徒、犹太教徒和伊斯兰教徒，都无法被“熔化”;（4）“大熔炉”其实包含两层意思。第一层意思指的是“合众为一”，喻指各族裔群体熔化成一个混合体；第二层意思指的是“众变成一”，喻指各个族裔群体按盎格鲁—撒克

① David Ramsay, *History of South Carolina from Its First Settlement in 1670 to the Year 1808*. Charleston: David Longworth, 1809, p.22—23.

逊模式转变，成为一个单一文化；(5)对非裔美国人、亚裔美国人、拉丁裔美国人和美国印第安人来说，“熔化”不易，而且有的情况下，他们本身也不愿意被“熔化”；(6)作为一种比拟，“大熔炉”长期以来一直是解读和解释美国民族特性的一种典型说法，至今仍很有市场。

对多元文化主义者来说，这恰恰是对美国多元社会的误读和误解。不仅美国历史上一直以多样性为特征，而且现实生活中也以多元性为主调。如果在教育体系内贯彻“大熔炉”观念，那意味着所有来自不同文化群体的人不是被排斥就是被“熔化”成盎格鲁—撒克逊模式。为此，多元文化主义者要求：(1)改革教学大纲，突显少数族裔人群的文化；(2)录取更多的少数族裔学生，招聘更多的少数族裔教师，一方面为他们争取更多的平等权利，另一方面在校园里塑造一个多元化的环境；(3)录用更多的少数族裔管理人员，以便让学校领导层面倾听到少数族裔人群的呼声和诉求；(4)改变人们对“他者”的误解和偏见，为他们平等享受公民权提供保障，使他们真正得到社会的“承认”和接纳。显而易见，学生们如果在学校里被“熔化”的话，美国文化就将成为单一文化，失去其多样性和丰富性。这即为多元文化主义者试图反对和阻止的趋势。

第二节　走向文化多元主义的愿景

如前所述，“大熔炉”观念长期以来占据着诠释美利坚民族特性的主导地位。20世纪初，伴随着文化人类学的发展，人们对文化的认识和解读发生了变化。如果说“大熔炉”对文化的理解是从外部来理解的话，文化人类学则强调从文化内部来理解文化。以“大熔炉”为例，它就是从欧洲文化视角来观察和评判非欧洲文化的。因为它自视甚高，具有天生的优势，所以，它认为其他文化都必须向它靠拢，与它看齐，以它为标准。由于欧洲白人占据主导地位，且手握“话语权”，“大熔炉”于是变成了解释美国文化特征无法撼动的词语。

1915年，霍瑞斯·凯伦（Horace Kallen），一位在哥伦比亚大学执教的教授，在《民族》杂志上发表了两篇文章，向“大熔炉”之说提出挑战。在这两篇论述文化多元主义的文章中，他指出，使用“大熔炉”比拟美国社会的多样性不仅不恰当，而且即便美国曾是“大熔炉”，现在也已经彻底失败了。凯伦认为，为了适应美国的社会环境，移民们也许会在外部经历一些改变，但在内心深处，他们大多仍保持着自己本民族的特性。凯伦强调说：“无论移民怎么样改变自己，他无法改变自己的祖父。”此外，凯伦还指出，“移民来美国时，很少自己单个人来，更多的情况下是与相识的人一起来。同样，移民抵达美国后，也并不是马上处于孤立无助的境地，而往往会去寻找已经在美国安居下来的亲朋好友的帮助”。之后，“当他慢慢适应新的环境后，他开始与其他不认识的人接触，并在接触过程中慢慢意识到自己与‘他者’各方面的差异，如民族、宗教和习俗等”。有了这种差异意识后，他与其说会抛弃自己熟悉的文化传统，还不如说会保持这些对他生活具有重大意义的文化传统。①

凯伦的这一观点很重要，揭示了移民来美后的经历：他们可能会弱化族裔之间的联系，但更多情况下是强化族裔之间的联系。如果这一论述成立，“大熔炉”之说便不攻自破。凯伦指出，尽管会出现代沟、文化适应和跨文化婚姻等现象，但族裔性基本上不会改变。譬如，“斯拉夫人仍然为斯拉夫人，犹太人还是犹太人，德国人或者爱尔兰人也不会忘了自己是德国人或者爱尔兰人……不仅他们的子辈，而且他们的孙辈也不会忘却自己族裔特性。若他们不想做犹太人或者爱尔兰人，他们基本上等于否定了自己的存在”。那么，为什么美国人长期以来总认为这些不同族裔的人群都被“大熔炉”“熔

① Horace Kallen, “Democracy versus the melting pot”, *Nation*, 18 February 1915, p.190–194; 25 February 1915, pp.217–220.

化”，以至于都不存在了呢？凯伦认为，主要原因在于这些族裔都被剥夺了发言权，他们的呼声要么无处发出，要么被盎格鲁—撒克逊话语给掩盖了起来。总之，美国是一个“杂音”无处不在的国家，问题是如何处理这个“杂音”。是把它统一化？还是把它和谐化？凯伦指出，统一化的话，意味着教育的全面国有化，不允许任何教会或私立学校存在。同时，统一化还意味着课堂上只允许用英语讲课，排斥其他任何语言。更重要的是，统一化意味着教育重心将放在英国文化传统上，如英国历史和英国文学等。凯伦明确指出，若按此思路推进的话，它几乎等同于欧洲文化帝国主义。[①]其结果是，美国人将为此付出沉重的代价——丢失他们自己建立起来的传统和立国的基本原则。相反，如果放弃这一思路和做法，美国可以迎来一个凯伦所说的“民主共同体”或者“民族共同体”。在这里，不同民族和人民将在这个“和而不同”的社会共同体中安居乐业，共享幸福。

凯伦的文化多元主义意义重大，与过去对美国的传统阐释做出决裂。根据过去的阐释，构成美国人群的不同族裔都必须经历一个由“大熔炉”“加工”“熔化”的过程，最后才成为美国人。所谓“加工”，就是价值观的改造；所谓“熔化”，就是皈依盎格鲁—撒克逊的理念。凯伦的理论贡献在于：族裔文化和族裔特性所构成的文化多元主义既不会对美国文化造成伤害，更不意味着美利坚合众国的消亡。恰恰相反，文化多元主义不仅有益于美国文化的丰富多彩、繁荣昌盛，而且能确保美国文化充满活力、魅力四射。为此，凯伦强调，美国人非但不应该把不同族裔文化“熔化”掉，而且应该好好呵护它们，为它们感到骄傲和自豪。

凯伦的文章发表之后，引起了美国学术界的积极回应。但从历史上看，美国早在20世纪初就有人挑战“大熔炉”之说。譬如1906年，伦道夫·伯恩（Randolph Bourne）就曾撰文批评“大熔炉”之说。他指出，欧洲发生第一次世界大战时，美国族裔群体纷纷根据

① Horace Kallen, “Democracy versus the melting pot”, *Nation*, 18 February 1915, p.190—194; 25 February 1915, pp.217—220.

自己原先的国家“选边站”。这说明，他们对自己的祖国仍怀有深厚的感情，对自己的民族仍保持着一份深切的情怀。德国人如此，波兰人也是如此。他们之所以这样做，就是因为他们没法忘却自己的祖国，更无法割舍对她的牵挂。可见，尽管他们都是白种人，他们也没有被“大熔炉”“熔化”掉，至少没有被完全“熔化”掉。①

更能说明族裔没有被“大熔炉”“熔化”掉的是移民社区中无处不在的外语学校、外语报纸、外语刊物等。借助这些方式，移民们不仅可以保持他们的民族文化传统，而且可以把这些传统传递给自己的子孙后代。此外，所有移民群体还有自己创建的各种组织，通过它们把自己的族裔人群凝聚在一起的方式，起到维护自己族裔文化传统的目的。伯恩指出，同化情况确实存在，这一点无可否认。但问题是如何来界定这种同化。同化是否意味着移民全部或是部分放弃自己老祖宗的文化习俗？同化是否意味着完全或是部分割舍由故乡带来的思维习惯和生活方式？伯恩特别强调指出，主张美国化的人往往依据自己的说法和观点看待美国化，根本不顾及被美国化人群的想法和意见。譬如，他们同意被美国化吗？如果同意的话，在多大程度上，他们愿意同化？如果不同意的话，他们为什么抵制同化？伯恩认为，在这些问题都还没有完全搞清楚的情况下，谈论美国化（或者说“大熔炉”）都没有什么意义。②

伯恩指出，美国化（或者说“大熔炉”）最具讽刺意味的是，那些号称要“熔化”“加工”移民的人，自己原本就是移民文化的产物。想象一下，由这些移民文化的产物来“加工”新移民会产生怎样的结果？根据伯恩的说法，“美国人不是外国出生的就是外国出生的人的后代，所以，如果有什么东西来区别美国人的话，那必定不是我们与生俱来的成分”。为此，他特别认同非盎格鲁—撒克逊人群对美国文化的贡献，因为如果没有新移民源源不断地来到美国的话，美利坚民族就会缺少新鲜血液，濒临静止状态。此外，他对所谓的

① Randolph Bourne, “ Trans-national America”, *Atlantic Monthly*, July 1916, pp.86—97.
② Ibid.

“英国人才是最同化的美国人”的说法也予以驳斥，指出如果说有哪个族裔群体最坚守自己原先祖国的人群，英国人可以说是位列第一。针对一些反对非盎格鲁—撒克逊移民的说法，如他们过于顽固地坚守自己的文化传统习俗和他们拒绝美国化等，伯恩也不屑一顾，认为这是一种偏见。相反，他看到了过于偏向盎格鲁—撒克逊文化的弊端。譬如，他入木三分地指出，如果美国一味推崇“英国的势利眼光……英国文学风格、英国经典、英国自大习性”，美国人将“无视自己的才华”、自己的传统和自己的文化。美国智慧、传统和文化来自不同族裔群体，其优越性不言自明，其潜力没有其他国家可比拟。他特别指出，欧洲国家由于采取“好斗、排外和近亲繁殖的政策，其文化已经遭到了严重的毒化”[①]。美国不同，她采取热情欢迎移民的政策，为不同民族间的互动和交流提供了极大的便利，使自己不断焕发出青春的活力。

伯恩对“大熔炉”范式做出严厉批评，认为这种范式仍停留在美国历史早期的经历，且主张一成不变，让所有新近到来的不同移民群体与其保持一致。他强调说：“我们美国的文化传统存在于未来；它是否实现取决于我们是否可以有效地利用这样一个难得的机会，用手中的新钥匙打开通向未来的大门。”[②]这里所谓的“难得的机会”，指的是美国社会越来越走向多元化的趋势。这里所谓的“手中的新钥匙”，指的是美国人要转变思维方式，走出“大熔炉”思路，接受多元化现实，拥抱多族裔社会。伯恩所憧憬的社会，是一个由多种族、多民族构成的社会，是一个跨民族国家，是一个微缩的世界联盟。其中的优越性可以说数不胜数。譬如，她将是人类历史上第一个由世界不同种族、族裔构成的国家。再譬如，在这个多元社会里，不同民族群体一方面可以保持自己的文化特性和文化身份，另一方面又可以大家一起携起手来，共同创建一个真正意义上的国际社会。更重要的是，一旦这一目标得到实现，“单元文化造成的无趣和单调色彩将一去不

---

① Randolph Bourne, “Trans-national America”, *Atlantic Monthly,* July 1916, pp.86—97.

② Ibid.

复返”，代之而起的是“丰富多彩的文化和多族裔联盟带来的民族强盛”。伯恩再三强调指出，移民并不是异类人群，“等待着盎格鲁—撒克逊人把他们‘熔化’成千篇一律的‘生面团’”。恰恰相反，他们是活生生的文化绸带，可以编织成崭新而又漂亮的图案。他最后以不置可否的语气说，美国社会真正的融合“不是靠狭隘的美国主义，或者是强迫性质的沙文主义，而是靠来自各族裔群体的信念：所有生活在美国的人对美国命运都有把握权”①。

需要指出的是，尽管凯伦和伯恩大谈文化多元主义，但他们心目中的文化多元主义紧紧围绕着欧洲白人，并没有包括黑人或者其他有色人种。这不能不说是一个缺陷，一个严重的缺陷。弥补这一缺陷的是美国黑人杜波依斯。作为一个非裔学者，杜波依斯早在凯伦和伯恩之前就开始探讨许多涉及非裔在美国的地位和身份的问题。譬如，1897年，他就提出了这样一些深刻的问题：“我到底是什么？我是个美国人还是个黑人？我可能两者都是吗？我的责任是不是尽早停止做黑人，以便快点做上美国人？如果我积极奋斗做黑人，那是否意味着我将使白人与黑人永远分离的鸿沟无法消除？”杜波依斯的这些问题，他自己实际上早有答案：黑人的命运“不在于被白人文化吸纳和消融，而在于坚守自己的本土文化，坚定不移地遵循自己的理想生活”。他强调指出，“没有任何人有理由说，在同一个国家里，在同一条街道上，两到三个伟大民族的理想不可以同时蓬勃发展；也没有理由说，不同的民族不可以为各自的理想积极奋斗”②。为此，杜波依斯号召美国黑人坚守自己的种族特性，继续以自己独特的方式为美国社会做出自己的贡献。

如同其他美国黑人一样，杜波依斯对黑人文化感到骄傲和自豪。譬如，他指出黑人用其微妙的感受创造了美国音乐，用其丰富的想象力创造了美国童话故事，用其哀伤感情和独特幽默抵御了美国拜

① Randolph Bourne, “Trans-national America”, *Atlantic Monthly*, July 1916, pp.86—97.

② W. E. B. Du Bois, “The conservation of the races”, in *The American Negro Academy Occasional Papers*, No. 2, 1897, pp.5—15.

金主义。鉴于美国黑人具有这些白人欠缺的优点，杜波依斯呼吁“黑人同胞保存好自己的体质、黑人的智力和黑人的精神理想”[①]。之后，针对黑人的文化身份问题，杜波依斯以更尖锐的方式提出了黑人双重意识问题：在同一个黑色躯体里存在着两个敌对的理想——做美国人与做黑人之争。杜波依斯在提出此问题后指出，“黑人想既做黑人又做美国人”。如若可能实现，那就意味着，黑人“一方面不会因此而受到白人同胞的诅咒和唾弃，另一方面不会因此而发现美国社会提供的机会之门朝他关闭”。显然，杜波依斯在这里所论述的没有任何“大熔炉”的痕迹。相反，他所叙述的是黑人作为工作伙伴，与白人一起工作，共同生活在“文化王国”了。一旦有了这样一个环境，黑人就可以充分利用其最好的力量和潜在的智慧，为美国社会发展做贡献。不幸的是，因为种族歧视政策，“黑人的这些潜能在过去不是给白白浪费了，就是被彻底忘却了”。杜波依斯指出，如果美国想实现其神圣使命的话，就完全有必要这样做，因为“在当今美国，没有其他人比黑人更适合做独立宣言真正的阐释者和支持者”[②]。这里，杜波依斯的意思很清晰：《独立宣言》宣称人人生而平等，但是如果美国不平等地对待黑人，那就说明《独立宣言》乃废纸一张。应该说，杜波依斯在文化多元主义方面的论述说到了关键处，即黑人要同时做美国人和黑人。

无论是凯伦的观点，还是伯恩的观点，抑或是杜波依斯的观点，其共同点是：美国人口构成错综复杂，非单一文化组合，阐释美国文化时必须考虑到美国多元文化的特性和本质。然而，在20世纪末掀起多元文化主义思潮之前，美国历史学家也好，美国学者也好，他们在书写美国移民经历或美国社会变化时，不是有意忽略这一现象，就是对它视而不见，似乎移民抵达美国后就自然而然地

① W. E. B. Du Bois, "The conservation of the races", in *The American Negro Academy Occasional Papers*, No. 2, 1897, pp.5—15.

② W. E. B. Du Bois, "Of our spiritual strivings", in Du Bois, *The Souls of Black Folk*, New York: Dodd Mead, 1961, pp.15—22.

在“大熔炉”里“熔化”了。1964年，著名社会学家密尔顿·戈登（Milton Gordon）指出，尽管文化多元主义者从多元视角对美国社会做了解释，但从总体上讲，他们的思想观点都没有改变美国公众社会对美国作为“大熔炉”的解释。更令文化多元主义者不安的是，那些关心社会思潮变化的人群，如社会学家，对文化多元主义思想不是很感兴趣。[①]1966年，美国社会学泰斗级人物塔尔科特·帕森斯（Talcott Parsons）指出，伴随着美国社会更倾向于用普世性准则（universalistic norms）来解释美国社会特性，从族裔、宗教、地方或者阶级角度来阐释美国社会的做法越来越没有市场。[②]

对美国社会文化多元性质的反思随着黑人民权运动的深入开展而取得进展。20世纪60年代末至90年代末，不同学科领域里越来越多的学者们注意到，美国社会并非由普世性准则统摄，个别性准则（particularistic norms）也行之有效。两者非但没有互相排斥，反而相互共存。这种现象不仅历史上如此，而且现实生活中到处可见。这就是20世纪80年代末兴起的多元文化主义所指出的现象和力图追求的目标。如果说反对多元文化主义者试图以全景式方法，把美国描述成一个“大熔炉”，并在此基础上构建一个单元文化的社会——一种语言（英语）、一个国家、一个民族，多元文化主义者则反其道而行之，主张“美国从一开始就是一个以多样性为特征的国家——不同的种族、不同的宗教、不同的民族、不同的哲学观念、不同的语言、不同的阶级和不同的地区”构成了美国之所以为美国的最显著特性。[③]即便是在成为一个国家的过程中，美国内部也一直存在着不和谐的因素。有些源于宗教，有些源于种族，有些源于族裔，还有些源于阶级。总之，单元文化主义者所称的普世性准则不是美国

① Milton Gordon, *Assimilation in American Life: The Role of Race, Religion and National Origins*, New York: Oxford University Press, 1964, p.157.

② Talcott Parsons, “Full citizenship for the negro American?” in Talcott Parsons and Kenneth Clark (ed.), *The Negro American*, Boston: Houghton Mifflin, 1967, p.739.

③ Lawrence Levine, *The Opening of the American Mind: Canons, Culture and History*, Boston: Beacon Press, 1997, p.119.

历史经历的主调，多样性和多元性才是美国社会的真实写照。

对多元文化主义者来说，他们所憧憬的社会就是一个体现美国历史和现实的社会，一个多民族、多种族、多族裔、多宗教、多语言、多阶层共存的社会。如果不承认这一点，那等于是否定美国历史和美国现实。在这过程中，美国有必要认识到，美国不仅是一个多民族构成的国家，而且这种构成对美国而言是一种福音，而不是累赘。更重要的是，美国有必要认识到，那些长期以来被边缘化的少数族裔群体渴望保持他们的文化身份，并要求主流社会倾听他们的诉求，了解他们的差异，承认他们的平等权利，给予他们足够的关注。这种变化不仅意味着主流社会观念的改变，而且意味着整个社会观念的改变。为此，多元文化主义者要求从教育着手，在学校里开始这个改变进程。于是就出现了围绕多元文化主义教育的争论及由此而爆发的“文化战争”。从这个意义上讲，多元文化主义从理论层面上讲，试图构建一个以“承认政治”“差异政治”和“平等政治”为主体的体系，从实践层面上讲，它试图在教育等领域具体落实这些政治主张。毕竟，多元文化主义并不仅仅是一种理论，它更主要的是一种政治实践，因为只有通过实践，多元文化主义才具有真实的意义。也正是在这种思想的指导下，多元文化主义者要求在美国大中小学校实行教育改革，从各个方面朝多元文化主义方向转变，以体现美国的多元社会特性，使各个种族、各个族裔和各个社会群体平等相处，共建一个和谐社会。

历经三十多年的努力和斗争，多元文化主义不仅在理论上日趋完善，而且在实践上也取得了令人刮目相看的成绩。作为理论，“承认政治”“差异政治”和“平等政治”已经被广泛接受，成为政治学领域里的一部分。作为一种实践，多元文化主义已经深入人心，在美国教育界得到深入和广泛的落实，成为大中小学学生录取、教师聘用、管理人员录用和教学课程设置时的考核指标。尽管仍有不少人热衷于用“大熔炉”来比拟美国社会，但是更多的美国人认为美国是一个多元化社会。同样，尽管多元文化主义理论，尤其是此理论的鲜明政治倾向，仍没有被美国社会全部接受和认同，但它所提出的"承认""差异"和"平等"观念根植于美国的自由和平等理念，具有强大的说服力。在实践层面，美国少数族裔和女性在高等教育领域的人数日益增多，学生、教师和管理人员都如此。更重要的是，女性学、非裔美国人研究、亚裔美国人研究、拉丁裔美国人研究和印第安人研究等，不仅牢固地占据着美国高等院校的学科领域，而且得到越来越多学生的肯定和认可。所有这些变化表明，多元文化主义是一个具有强大改革精神的思想理论，对长期以来"霸占"美国教育界的单元文化主义造成了强大的冲击，为美国教育界走向多元化做出了可圈可点的重要贡献。

但是，如同任何理论都存在缺陷一样，多元文化主义也存在一些不尽如人意之处，其中最具代表性的就是多元文化主义强调的相对主义思想。根据多元文化主义的观点，各种文化都具有平等价值，它们之间的差异都是相对而言的，因而所有文化都应该得到平等的尊重和对待。从抽象性的理论意义上讲，多元文化主义的这种说法是可以成立的，但是，从历史和现实角度观之，这种观点存在着不少可以商榷的地方。譬如，世界上有些国家，根据其文化习俗，男人可以娶四个女人。还有的地方，男人可以随意殴打自己的妻子。在非洲国家，割礼仍相当盛行。在中国旧社会，女子裹脚也是一种文化习俗。诸如此类的例子可以说是数不胜数，不一而足。如果它们也以"差异"文化的身份得到"承认"，被允许继续存在下去，这显然有违人类基本价值观念。此外，多元文化主义走向极端时，常常会提出一些有失理性的主张。譬如，在"政治正确"思想的指导下，多元文化主义激进者要求学校制定"言论规则"（speech code），规定学生和教师可以讲什么，不可以讲什么。这种做法显然有损美国学生和教师的言论自由权利。毕竟，作为一个民主国家，美国宪法明确保证公民的言论自由权利。如果仅仅出于反种族和反性别歧视等原因而对一些人的用词不当现象无限"上纲上线"、严厉限制，这样做不仅不利于思想交流，而且还影响了年轻人的思想成长。毋庸否认，有些词语确实带有明显的歧视性质，但如果过于扩大，把任何涉及种族和性别的词语都列入言论规则里，那不仅会使人们的言论自由权利受到侵犯，而且还会导致严肃的学术讨论难以进行。这显然不是一个合适和健康的政治文化氛围。

不过，尽管多元文化主义本身存在着理论（相对主义）和实践（言论规则）上的不足，但总体上讲，它的积极作用远远大于它的消极作用。从多元文化主义者的角度来看，无论是对社会弱势群体的"承认"，还是对少数族裔差异的"认识"，抑或是对社会边缘人群的"平等"对待，这些都是他们对美国价值观的修正和改进。从美国社会角度来看，多元文化主义思想无疑为不同种族和不同族裔之间的沟通和了解注入了新鲜的活力，使美国社会更丰富多彩、更富有韧性、更朝气蓬勃。目前，美国几乎没有一个人会否认，美国是一个多元文化社会（a multicultural society）。这恰如格雷泽一部著作的书名所言——《我们现在都是多元文化主义者》。①

但是，我们同时必须认识到，尽管"我们现在都是多元文化主义者"，但这并不意味着大家对多元文化主义有相同的界定和一致的看法，更不意味着大家对多元文化主义者提出的理论和实践达成了共识。从相当程度上讲，美国远没有实现多元文化主义倡导者所提出的一系列主张。譬如，非裔美国人、亚裔美国人、拉丁裔美国人、美国印第安人的政治、社会和文化权利与权益全部得到承认了吗？美国伊斯兰教宗教信仰与占主导地位的基督教宗教信仰存在很大的差异，他们的这种差异性得到认可了吗？同性恋和性改变者与异性恋之间也存在差异，他们得到平等对待了吗？少数族裔在美国高等院校里的人数确实出现了上升，但他们在高校里的人数比例是否与全国人口中的比例接近或一致？少数族裔群体大多都倾向于认同杜波依斯所说的——既做黑人又做美国人，以保持和维护自己的文化身份，这能够得到主流社会的完全认同吗？最后，美国大学里的课程设置确实进行了大改革，但这是否意味着少数族裔群体掌握了话

① Nathan Glazer, *We Are All Multiculturalists Now*, Cambridge: Harvard University Press, 1998, third printing.

语权？所有这些问题都相当棘手，有待多元文化主义倡导者在理论层面和行动层面上进一步努力探索和实践。从这个意义上讲，无论是作为一种政治思潮，还是作为一种政治实践，多元文化主义都远没有结束。在它前面仍存在着许多阻力和障碍需要克服。